学生
数学反思能力
培养策略研究

袁晓婷 / 高美莲 / 王晓东 主编

图书在版编目（CIP）数据

学生数学反思能力培养策略研究/袁晓婷，高美莲，王晓东主编. --沈阳：辽宁大学出版社，2024.7.
ISBN 978-7-5698-1734-8

Ⅰ.G623.502

中国国家版本馆 CIP 数据核字第 2024KY0024 号

学生数学反思能力培养策略研究
XUESHENG SHUXUE FANSI NENGLI PEIYANG CELÜE YANJIU

出 版 者：	辽宁大学出版社有限责任公司
	（地址：沈阳市皇姑区崇山中路66号　邮政编码：110036）
印 刷 者：	沈阳文彩印务有限公司
发 行 者：	辽宁大学出版社有限责任公司

幅面尺寸：170mm×240mm

印　　张：20

字　　数：285 千字

出版时间：2025 年 5 月第 1 版

印刷时间：2025 年 5 月第 1 次印刷

责任编辑：李振宇

封面设计：韩　实

责任校对：张宛初

书　　号：ISBN 978-7-5698-1734-8

定　　价：48.00 元

联系电话：024-86864613
邮购热线：024-86830665
网　　址：http://press.lnu.edu.cn

前　　言

在教育的广阔天地中，数学教育始终占据着举足轻重的地位。数学，作为一门基础学科，不仅是培养学生逻辑思维能力、分析解决问题能力的重要途径，更是推动科技进步和社会发展的关键所在。然而，传统的数学教育方式往往侧重于知识的灌输和技能的训练，而忽视了对学生思维能力和自主学习能力的培养。在这样的背景下，我们越来越认识到，数学反思能力的培养至关重要。

数学反思能力，简而言之，就是学生在学习数学过程中对自己的思维过程、解题方法、学习策略等进行回顾、分析和评价的能力。这种能力的强弱，直接关系到学生学习数学的深度和广度，也影响着他们未来的学术和职业发展。一个具备良好数学反思能力的学生，不仅能够更高效地掌握数学知识和技能，还能够在遇到问题时独立思考、灵活变通，找到最适合自己的解决方案。

本书正是基于这样的认识，来系统探讨和阐述小学生数学反思能力的培养问题。我们希望通过本书的出版，为广大教育工作者和家长提供一种全新的视角和方法，以更加科学、有效的手段来引导学生走进数学的世界，培养他们的数学思维和解决问题的能力。

在本书的撰写过程中，我们力求做到理论与实践相结合，既深入探讨数学反思能力的理论基础，又详细分析当前学生数学反思能力的现状，并提出了一系列切实可行的培养策略和方法。无论是课堂教学中的情境创设、自我提问，还是数学日记、错题集的巧妙运用，都是我们经过深思熟虑和实践验证后的教育心得。我们相信，这些方法对于提升学生的数学反思能力，提高他们的数学思维水平和问题解决能力，都将起到积极的推动作用。

当然，数学反思能力的培养并非一蹴而就，它需要教育者、学生和家长的共同努力和长期实践。因此，在本书中，我们也特别强调了教师、家长在培养过程中的角色和责任，以及如何利用现代信息技术手段来辅助教学。同时，我们还建立了一套科学有效的评价体系，旨在帮助教育者及时了解学生的学习情况，调整教学策略，确保培养工作的针对性和实效性。

编写本书的过程，既是一次深入的理论探索，也是一次富有挑战性的教育实践。我们衷心希望，通过本书的出版和传播，能够激发更多教育者对数学反思能力培养的关注和热情，共同推动我国数学教育的创新与发展。同时，我们也期待与广大读者一起，不断探索和完善数学反思能力的培养路径，为培养更多具备创新精神和实践能力的新时代人才贡献我们的智慧和力量。

数学的世界是广阔而深邃的，而数学反思能力则是通往这个世界的一把钥匙。愿每一个学生都能掌握这把钥匙，打开数学的大门，领略其中的奥秘与美丽。

目　　录

第一章　数学反思能力的理论基础 …………………………… 1

　　第一节　数学反思能力的定义 ………………………………………… 1
　　第二节　数学反思能力的心理机制 …………………………………… 9
　　第三节　数学反思能力与数学思维的关系 …………………………… 18

第二章　小学生数学反思能力的现状分析 ………………………… 24

　　第一节　小学生数学反思能力的普遍水平 …………………………… 24
　　第二节　小学生数学反思能力存在的问题 …………………………… 33
　　第三节　小学生数学反思能力问题的原因分析 ……………………… 37

第三章　小学生数学反思能力培养的重要性 ……………………… 49

　　第一节　小学生数学反思能力培养对数学思维发展的影响 ………… 49
　　第二节　小学生数学反思能力培养对数学问题解决能力的提升 …… 56
　　第三节　小学生数学反思能力培养对学生长期数学学习的意义 …… 62

第四章　小学生数学反思能力培养的基本原则 …………………… 69

　　第一节　学生主体性原则 ……………………………………………… 69

第二节　循序渐进原则 ··· 75

　　第三节　启发式教学原则 ··· 83

　　第四节　及时反馈原则 ··· 93

第五章　课堂教学中的小学生数学反思能力培养 ······················· 104

　　第一节　创设问题情境，激发反思欲望 ································ 104

　　第二节　引导学生自我提问，促进反思深入 ························ 116

　　第三节　开展小组合作，交流反思成果 ································ 123

第六章　数学日记在小学生数学反思能力培养中的应用 ············ 132

　　第一节　数学日记的定义与功能 ··· 132

　　第二节　如何引导学生写数学日记 ······································ 136

　　第三节　数学日记的评价与反馈 ··· 145

第七章　数学错题集在小学生数学反思能力培养中的作用 ········· 157

　　第一节　错题集的意义与制作方法 ······································ 157

　　第二节　如何利用错题集进行反思学习 ······························· 163

　　第三节　错题集的定期复习与巩固 ······································ 169

第八章　小学生数学反思能力培养的家长角色 ··························· 176

　　第一节　家长对数学反思能力培养的认识 ··························· 176

　　第二节　家长如何辅导孩子进行数学反思 ··························· 182

　　第三节　家校合作，共同促进孩子数学反思能力的发展 ······ 191

第九章　小学生数学反思能力培养的教师角色 ··························· 201

　　第一节　教师的专业素养对数学反思能力培养的影响 ········· 201

第二节　教师如何设计并实施反思性教学 …………………… 209

  第三节　教师如何引导学生进行数学反思 …………………… 216

第十章　信息技术在小学生数学反思能力培养中的应用 ………… 224

  第一节　信息技术对数学反思能力培养的促进作用 ………… 224

  第二节　如何利用信息技术辅助数学反思教学 ……………… 232

  第三节　信息技术在数学反思学习中的应用实例 …………… 239

第十一章　小学生数学反思能力培养的评价体系 ………………… 252

  第一节　小学生数学反思能力培养评价的原则与方法 ……… 252

  第二节　小学生数学反思能力培养评价的指标体系 ………… 259

  第三节　小学生数学反思能力培养评价结果的反馈与应用 … 269

第十二章　小学生数学反思能力培养的未来发展 ………………… 275

  第一节　小学生数学反思能力培养的趋势与挑战 …………… 275

  第二节　未来小学生数学反思能力培养的策略与建议 ……… 280

  第三节　小学生数学反思能力培养与数学教育改革的关联 … 283

第十三章　小学生数学反思能力培养的案例分析 ………………… 293

  第一节　小学生数学反思能力培养的成功案例分享 ………… 293

  第二节　小学生数学反思能力培养过程中的问题与解决策略 … 296

  第三节　小学生数学反思能力培养成功案例的启示与意义 … 301

参考文献 ……………………………………………………………… 309

第一章　数学反思能力的理论基础

第一节　数学反思能力的定义

一、数学反思能力的概念

（一）数学反思能力的定义

1. 对自己的思维过程进行审视

数学反思能力的核心在于学习者对自己的思维过程进行深度的审视。这种审视不仅仅是简单的回顾，而是站在一个更高的角度，以更加客观和全面的视角来观察和理解自己在解题过程中的思维路径。

这种审视要求学习者明确自己在解题过程中的每一个步骤和决策。他们需要清晰地知道自己在何时选择了何种方法，以及为何选择这种方法。这种对思维过程的清晰认识，有助于学习者更好地理解和掌握数学知识，同时也能够帮助他们发现并纠正自己在解题过程中可能出现的错误。

对自己的思维过程进行审视，还需要学习者具备一种批判性的眼光。他们不仅需要检查自己的答案是否正确，还需要对自己的解题方法和思维路径进行深入的剖析和评价。这种批判性的审视，有助于学习者发现自己在解题过程中的不足和可以改进的地方，从而不断提高自己的解题能力。

对自己的思维过程进行审视，也是一种自我提升的过程。通过不断地审视和评价自己的思维过程，学习者可以逐渐形成一种更加科学、更加高效的思维方式，从而提高自己的数学素养和解题能力。

2. 对解题方法进行反思

在数学学习和问题解决过程中，解题方法是至关重要的环节。一个恰当的解题方法往往能够事半功倍，而一个不恰当的解题方法则可能导致解题过程复杂且效率低下。因此，具备数学反思能力的学习者会在解题后对自己的解题方法进行深入的反思。

反思解题方法的有效性是关键。学习者会评估自己所采用的解题方法是否直观、简洁且高效。他们会思考是否有更优化的方法来解决问题，以及如何调整自己的解题思路以达到更好的效果。这种反思有助于学习者在下一次遇到类似问题时，能够更迅速地找到最佳的解题方法。

反思解题方法的适用性也很重要。不同的数学问题可能需要不同的解题方法。学习者会思考自己所采用的方法是否适用于当前的问题类型，是否考虑了问题的所有条件和要求。通过这种反思，学习者可以更加灵活地运用各种解题方法，提高解题的准确性和效率。

反思解题方法还可以帮助学习者发现和纠正自己的错误。在解题过程中，学习者可能会因为某些疏忽或误解而导致解题错误。通过对解题方法的反思，学习者可以找出自己的错误所在，并加以纠正。这种自我纠正的过程有助于学习者避免在未来的学习中犯同样的错误。

3. 对学习策略进行评价

数学反思能力中的对学习策略进行评价，是提升数学学习效果的关键环节。具备这种能力的学习者会根据自己的学习进度和效果，主动反思现有的学习策略是否合适、是否需要调整或改进。

学习策略的有效性是评价的重点。学习者会关注当前的学习策略是否能够帮助自己高效地掌握数学知识和技能。如果某种策略在实施过程中效果不佳，学习者就会及时进行调整，尝试其他更适合自己的学习方法。

学习策略的灵活性也是评价的重要方面。数学学习过程中，不同章节和知识点的难度和特点各不相同。因此，学习者需要灵活调整学习策略以适应不同的学习需求。通过反思，学习者可以发现自己在学习策略上的不足和局限性，进而寻求更加灵活多样的学习方法。

对学习策略进行评价还有助于培养学习者的自主学习能力。通过不断地反思和调整学习策略，学习者可以逐渐找到最适合自己的学习方法，从而提高学习效率和质量。这种自主学习能力的培养，对于学习者的长远发展具有重要意义。

（二）数学反思能力的特点

1. 自觉性

数学反思能力的自觉性特点，主要体现在学习者能够主动地对自己的思维过程、解题方法等进行回顾和思考。这种自觉性不仅驱动学习者深入理解和掌握数学知识，更促使他们不断提高学习效果。

自觉性表现在学习者在学习过程中能够有意识地监控自己的思维状态。他们会时刻关注自己是否理解了当前学习的数学概念、定理或方法，是否能够熟练运用这些知识解决问题。当发现自己的理解或应用存在问题时，他们会主动进行反思和调整，以确保自己的学习沿着正确的方向进行。

自觉性还体现在学习者对自己的学习方法和策略进行主动的评价和改进上。他们不会满足于现有的学习方法和成绩，而是会积极地寻求更优化的学习策略，以提高学习效率和质量。这种对学习方法和策略的自觉反思和改进，有助于学习者形成个性化的学习路径，更好地满足自己的学习需求。

自觉性也表现为学习者对数学学习的持续投入和热情。具备数学反思能力的学习者通常对学习数学保持着浓厚的兴趣，他们愿意花时间和精力去深入探索和理解数学知识。这种自觉性和热情不仅驱动他们在学习过程中不断取得进步，更有助于培养他们的数学素养和创新能力。

2. 批判性

数学反思能力的批判性特点，体现在学习者在反思过程中以批判性的眼光审视自己的数学思维和解题过程。这一特点的核心在于，学习者不仅满足于得到正确答案，更追求解题方法和思维过程的优化与创新。

具有批判性的学习者会质疑和挑战现有的解题方法和思维模式，他们不满足于传统的、既定的解决方案，而是努力寻找更简洁、更高效的解题方法。这种质疑和挑战的精神，推动他们不断探索数学的新领域，发现新的数学规律和问题解决方法。

此外，批判性还体现在学习者对自己的思维定式和偏见进行反思。在数学学习中，思维定式和偏见可能会阻碍我们找到最优解决方案。具备批判性反思能力的学习者能够识别并克服这些障碍，以更加开放和多元的视角审视数学问题，从而得出更全面、更准确的结论。

通过批判性反思，学习者不仅可以优化解题方法和思维模式，还可以培养自己的创新思维和问题解决能力。这种能力在未来的学习和工作中都具有重要意义，它使学习者能够灵活应对各种挑战，提出新颖、独特的解决方案。

因此，批判性是数学反思能力中不可或缺的特点之一。它鼓励学习者以开放、质疑和挑战的态度面对数学学习，不断追求解题方法和思维模式的创新与优化。

3. 监控性

数学反思能力的监控性特点主要体现在学习者在解题过程中能够时刻关注自己的思维状态和解题进度，确保思维始终沿着正确的方向进行。这种监控性不仅有助于学习者及时发现问题并调整策略，还能提高解题的准确性和效率。

具备监控性的学习者在解题时，会密切关注自己的思维过程，确保每一步推理和计算都基于正确的数学原理和公式。当发现思维出现偏差或解题遇到困难时,他们会立即进行调整,避免走入误区或陷入不必要的复杂计算中。这种对思维状态的实时监控,使得学习者能够在遇到问题时迅速作出反应,减少错误和无效努力。

此外,监控性还体现在学习者对整个解题进度的把握上。他们会根据自己的解题速度和进度,合理安排时间,确保在规定的时间内完成解题任务。这种对进度的监控,有助于学习者更好地管理自己的学习时间,提高学习效率。

4. 调节性

数学反思能力的调节性特点,指的是学习者在反思过程中能够根据反思结果对自己的学习方法和策略进行调整和优化。这种调节性不仅有助于学习者适应不同的学习环境和问题类型,更能提升他们的学习效果和解题能力。

具备调节性的学习者,会在反思过程中对自己的学习方法和策略进行深入的剖析。当他们发现现有的学习方法或策略无法达到预期的学习效果时,会积极主动地寻找更适合自己的方法。这种灵活的调节能力,使得学习者能够根据实际情况作出最优的学习决策。

同时,调节性还体现在学习者对待错误和困难的态度上。当遇到解题困难或错误时,具备调节性的学习者不会气馁或放弃,而是会以此为契机进行深入的反思和调整。他们会从错误中汲取教训,优化自己的解题方法和思维路径,以便更好地应对未来的学习挑战。

二、数学反思能力与一般反思能力的关系

数学反思能力与一般反思能力之间既存在共性,也有其独特的特性。这两种能力虽然都涉及对思维过程的审视和评价,但是数学反思能力更专注于数学领域的思维活动和解题策略。

（一）数学反思与一般反思的共性

1. 思维过程的审视

在人的认知活动中，反思是一项至关重要的能力。它不仅仅是对过去行为的简单回顾，更是一种深入的、批判性的思考。当我们谈论数学反思能力与一般反思能力时，我们首先注意到的应是它们对于思维过程的共同关注。

（1）仔细检查和思考。无论是数学反思还是一般反思，它们都强调对思维过程的仔细检查和思考。这意味着，我们需要回顾自己之前的思考路径，去深入理解和评估每一步的逻辑性和有效性。这样的审视不仅有助于我们发现思维中的漏洞或错误，更能帮助我们进行及时的纠正，避免在未来的思考中重复相同的错误。

例如，在数学问题中，当我们解决了一个复杂的数学题目后，通过反思，我们可以重新审视解题过程，检查每一步的推理和计算是否正确，是否有更简洁、更高效的方法。而在日常生活中，当我们做了一个重要的决定后，通过反思，我们可以评估自己的决策过程是否明智，是否考虑到了所有的可能性和风险。

（2）提升思维质量和深度。这种对思维过程的审视，实际上是一种元认知的过程，它使我们能够对自己的思维进行监控和调节。通过这样的过程，我们可以更好地理解自己的思维方式，发现其中的不足，并进行改进。这样，我们的思维质量和深度都会得到提升。

2. 评价思维结果

评价思维结果是反思过程中的一个重要环节，它涉及对之前思考或行动的结果进行深入的分析和评估。这个过程不仅有助于我们了解自身的思维水平和质量，更能为我们提供改进和提升的方向。

（1）正确性的评估。在评价思维结果时，我们首先关注的是答案或结论的正确性。这需要我们回顾整个思维过程，确保每一步推理都是合理的，没有逻辑错误。在数学领域，这意味着验证答案是否符合题目的要求和条件；

在日常生活中，它可能意味着评估我们的决策是否达到了预期的效果。

（2）完整性和适用性的考量。除了正确性，我们还需要考虑答案或结论的完整性和适用性。完整性是指我们的答案或结论是否涵盖了问题的所有方面，没有遗漏。适用性则是指我们的解决方案是否能在实际中得到有效应用，是否符合实际情况。

（3）提升思维水平和质量。通过对思维结果的评价，我们可以了解自己的思维水平和质量，发现其中的不足，并进行针对性的改进。这是一个持续的过程，只有我们不断地进行反思和实践，才能逐步提升自己的思维能力。

（二）数学反思能力的特性

数学反思能力，相较于一般反思能力，具有其独特的侧重点和价值，尤其在数学领域的学习和问题解决中表现出其不可或缺的重要性。以下将详细论述数学反思能力的三大特性：

1. 专注于数学领域

数学反思能力的首要特性是其对数学领域的专注性。这种能力主要关注数学问题的解决过程和策略，深入探究数学概念、定理和公式的理解和应用。它要求学习者在回顾解题过程时，不仅关注答案的正确性，还要审视自己对数学概念的理解是否准确，定理和公式的应用是否恰当。

此外，数学反思能力还强调对数学知识的内在联系和规律性的深入探索。通过反思，学习者可以更好地理解和掌握数学知识体系，提高解题的灵活性和创新性。这种对数学领域的专注性，使得数学反思能力成为数学学习和问题解决中的一大法宝。

例如，在解决一个复杂的几何问题时，具备数学反思能力的学习者会在解题后回顾自己的解题过程，思考是否有更简洁、更有效的方法，同时检查自己对几何概念的理解是否准确，定理的应用是否得当。这种反思过程不仅有助于提升解题技巧，还能加深对几何知识的理解。

2. 强调解题策略的优化

数学反思能力不仅要求学习者对解题过程进行简单的回顾，更强调对解题策略的优化和改进。这意味着学习者需要具备尝试不同解题方法的勇气，通过实践找出最有效的解题路径，从而提高解题效率和准确性。

优化解题策略的过程中，数学反思能力发挥着关键作用。学习者需要对自己的思维过程进行深入的剖析，找出可能存在的思维定势和盲区，进而调整解题策略。这种优化意识不仅有助于提升数学问题解决能力，还能培养学习者的创新思维和自主学习能力。

以一道复杂的代数题为例，具备数学反思能力的学习者会在解题过程中不断尝试不同的方法，通过比较和分析，找出最适合的解题策略。这种优化过程不仅提高了解题效率，还锻炼了学习者的思维灵活性和创新能力。

3. 与数学思维紧密相连

数学反思能力与数学思维之间存在着紧密的联系。数学思维强调逻辑性、严谨性和创新性，而数学反思能力则是对数学思维的一种自我监控和调节。通过反思，学习者可以检查自己的思维过程是否符合数学逻辑、是否严谨无误，并在此基础上寻求创新。

数学反思能力的培养有助于提升数学思维水平。通过不断地反思和实践，学习者可以更加深入地理解数学知识的内在联系和规律性，提高解题的灵活性和准确性。同时，数学反思能力还能帮助学习者克服思维定势和盲区，拓展思维视野，激发创新思维。

以一道数学应用题为例，具备数学反思能力的学习者会在解题后对自己的思维过程进行深入的剖析和评估。他们会思考自己在解题过程中是否运用了恰当的数学思维方法，是否存在思维漏洞或误区，并在此基础上进行改进和创新。这种与数学思维紧密相连的反思过程对于提升数学问题解决能力具有重要意义。

第二节　数学反思能力的心理机制

一、认知过程

（一）信息处理：数学反思的信息流动与加工

数学反思不仅仅是简单的回顾与思考，它是一个涉及信息接收、存储、加工和输出的复杂过程。在这个过程中，信息流动与加工显得尤为重要，以下是对这一过程的详细论述。

1. 信息的接收

信息的接收是数学反思的起始点，也是整个反思过程的基础。在数学学习与问题解决中，我们通过各种渠道接收信息，这些信息可能来自教科书、课堂讲解、同学间的交流，或是自己独立探索时的发现。这些信息形式多样，既有文字描述，也有数学符号、图形和图表等。

在接收信息时，我们需要保持高度的敏感性和选择性。敏感性帮助我们捕捉到每一个可能对学习和解题有用的信息，而选择性则确保我们筛选出真正有价值的信息进行后续处理。例如，在阅读数学教材时，我们不仅要关注公式和定理的表述，还要留意其背后的逻辑推导和应用场景。

2. 信息的存储

接收到的信息需要经过有效的存储，以便在需要时能够迅速准确地提取。数学信息的存储有其特殊性，它要求我们将抽象的概念、公式和解题技巧转化为可以长期记忆的形式。

在数学反思中，信息的存储不是简单的堆砌，而是需要经过精心的组织和编码。我们将重要的数学概念和解题步骤转化为易于记忆的形式，如通过关联记忆、图像记忆等方法，增强信息的可回忆性。同时，我们还会不断地对存储的信息进行复习和巩固，以确保其长期稳固地保存在记忆中。

3. 信息的加工

信息的加工是数学反思的核心环节。在这一阶段，我们对存储的信息进行深入的分析、比较、归纳和推理，以形成新的理解和认知。在加工过程中，我们不仅要关注信息的表面形式，更要挖掘其深层次的逻辑关系和数学规律。

例如，在解决一个复杂的数学问题时，我们可能需要综合运用多个数学概念和解题技巧。通过信息的加工，我们可以将这些概念和技巧有机地结合起来，形成一个完整的解题思路。同时，加工过程还能够帮助我们发现信息之间的内在联系和规律，从而更深入地理解数学问题的本质。

4. 信息的输出

信息的输出是数学反思的成果展示阶段。经过前面几个阶段的处理，我们已经形成了对数学问题的新理解和解决方案。现在，我们需要将这些理解和方案以某种形式表达出来，这既是对自己学习成果的检验，也是与他人交流和分享的途径。

信息的输出可以是多种形式，如书面解答、口头讲解、图形绘制等。无论采用哪种形式，我们都要确保输出的信息准确、完整且有条理。通过信息的输出，我们不仅能够巩固自己的学习成果，还能够激发他人的思考和讨论，进一步推动数学学习的深入发展。

（二）元认知监控：数学反思中的自我意识与调节

在数学学习和问题解决的过程中，元认知监控发挥着至关重要的作用。它是指个体对自己的思维过程进行有意识的监视和控制的能力，以确保数学反思的高效和准确。以下是对元认知监控在数学反思中的具体作用的详细论述：

1. 计划与策略选择

在数学反思的开始阶段，个体会根据问题的具体性质和难度来制订相应的计划，并选择合适的解题策略。这一过程需要个体对自己的数学知识储备和解题技巧有清晰的认识，以便能够根据问题的需求作出最合理的选择。

例如，当面对一个复杂的数学问题时，个体会首先评估自己的数学能力和解题经验，然后制订一个详细的解题计划，包括解题步骤、可能遇到的困难和应对策略等。同时，个体会根据自己的实际情况选择最合适的解题策略，如尝试不同的解题方法、寻求他人的帮助或利用辅助工具等。

这种计划与策略选择的能力不仅有助于提高解题效率，还能帮助个体更好地理解和掌握数学知识，培养自主学习和解决问题的能力。

2. 监控思维过程

在数学反思的过程中，个体需要时刻关注自己的思维状态，确保思维始终沿着正确的方向进行。当个体发现自己的思维出现偏差或遇到困难时，会及时调整策略，避免走入误区。

例如，在解题过程中，如果个体发现自己的解题思路与问题的实际需求不符，或者解题步骤出现错误，就会立即进行调整，重新规划解题路径。这种对思维过程的实时监控能力，可以帮助个体及时纠正错误，避免在错误的道路上越走越远。

3. 评估与反馈

完成数学反思后，个体会对自己的思维过程和成果进行评估。通过对比预期目标与实际成果，个体可以了解自己的反思效果，并根据反馈信息进行相应的调整和优化。

评估过程中，个体会对自己的解题步骤、方法选择、时间管理等方面进行全面的审视和分析。如果发现自己在某些方面存在不足或错误，就会制定相应的改进措施，以便在未来的数学学习和问题解决中取得更好的成绩。

同时，个体还会将自己的反思成果与他人进行交流与分享，从他人的反馈中获取更多的信息和建议。这种评估与反馈的机制不仅有助于个体提升自己的数学素养和问题解决能力，还能促进学习共同体的形成与发展。

二、情感体验

（一）情感驱动：好奇心与探究欲在数学反思中的推动作用

数学反思，作为一种深度的思考与审视过程，往往受到多种情感因素的驱动。其中，好奇心与探究欲是两种至关重要的情感力量，它们在推动数学反思的深入进行中扮演着举足轻重的角色。

1. 好奇心：激发数学反思的初始火花

好奇心是人类探索世界的原始动力，它引导我们走向未知，去挖掘那些隐藏在表面之下的奥秘。在数学反思中，好奇心就像是一把钥匙，为我们打开了一扇通往更深层次数学世界的大门。

（1）引发兴趣：好奇心能够唤起我们对数学问题的浓厚兴趣。当我们遇到一个新奇、有趣的数学问题时，好奇心会驱使我们去深入了解它，探究其中的规律和奥秘。

（2）提出问题：在反思过程中，好奇心促使我们不断地提出问题。这些问题可能是关于数学概念的本质、解题方法的原理，或者是数学问题背后的实际意义。通过提出问题，我们能够更深入地理解数学，发现其中的内在联系和规律。

（3）拓宽视野：好奇心还鼓励我们跳出传统的思维模式，去寻找新的解题方法和思路。这种拓宽视野的过程，不仅能够帮助我们解决当前的数学问题，还能够激发我们的创新思维，为未来的数学学习打下坚实的基础。

2. 探究欲：推动数学反思的深入进行

如果说好奇心是激发数学反思的初始火花，那么探究欲则是推动反思深入进行的不竭动力。它驱使我们不要满足于表面的理解，而要深入挖掘数学现象背后的本质和规律。

（1）深入钻研：在数学反思中，探究欲促使我们不断地深入钻研。当我们遇到难以理解的概念或问题时，探究欲会激励我们去查找更多的资料、尝试更多的解题方法，直至找到满意的答案。

（2）克服困难：当面临困难或挑战时，探究欲使我们不轻易放弃。它鼓励我们坚持下去，通过反复尝试和不断调整策略来克服困难，实现问题的解决。

（3）创新思维：探究欲还能够激发我们的创新思维。在反思过程中，我们可能会发现传统的解题方法无法满足需求，这时探究欲就会推动我们去寻找新的思路和方法，从而推动数学的发展和创新。

（二）自我效能感：数学反思中的信心与预期

自我效能感是个体对自己完成某项任务或实现某个目标的信心和预期，其深刻影响着个体的学习态度、努力程度和持久性。以下是对自我效能感在数学反思中具体作用的详细分析：

1. 自我效能感对数学反思态度的影响

自我效能感的高低直接决定了个体对数学反思的态度。具有高自我效能感的个体，通常对自己解决数学问题的能力充满信心，他们更愿意积极主动地投入数学反思，面对挑战和问题时表现出更强烈的探究欲望和解决意愿。这种积极的态度有助于个体在数学反思中保持高度的专注力和投入度，从而更有可能发现问题的本质和规律，提升数学学习的效果。

相反，自我效能感较低的个体可能会因为对自己的能力缺乏信心而回避数学反思中的挑战。他们可能害怕面对自己的不足和错误，因而选择逃避深入的反思和探究。这种消极的态度无疑会阻碍个体在数学学习中的进步和发展。

2. 自我效能感对数学反思中努力程度的影响

在数学反思过程中，自我效能感也深刻影响着个体的努力程度。具有高自我效能感的个体在面对困难和挑战时，通常会表现出更强烈的坚持性和毅力。他们相信自己有能力克服一切障碍，因而会不断地尝试、探索和努力，直至找到问题的解决方案。这种坚持不懈的努力是数学反思中不可或缺的品质，它有助于个体深入挖掘数学问题的本质和规律。

自我效能感较低的个体在面对困难时可能会轻易放弃。他们可能对自己的能力产生怀疑，认为无论如何努力也是徒劳无功的，因而缺乏持续努力的动力和决心。这种消极的态度和行为无疑会阻碍个体在数学反思中的进步和成长。

3. 自我效能感对数学反思持久性的影响

自我效能感除了影响数学反思的态度和努力程度外，自我效能感还对数学反思的持久性产生深远影响。具有高自我效能感的个体通常会将数学反思视为一种习惯和学习方式，长期坚持下来。他们相信通过不断反思和实践，自己的数学能力会得到持续提升和发展。这种长期的坚持和努力是数学学习取得成功的关键要素之一。

然而，自我效能感较低的个体可能会因为看不到明显的进步而失去对数学反思的兴趣和动力。他们可能难以坚持长期的反思和学习，导致数学知识的学习和应用效果不佳。因此，提升个体的自我效能感对于保持数学反思的持久性至关重要。

三、意志品质

(一) 自觉性：数学反思中的主动性与自主性

在数学学习中，自觉性是推动学习者持续进步的重要动力。它体现了学习者在数学反思中的主动性和自主性，是深化数学思维、提升数学能力的关键因素。以下是对自觉性在数学反思中作用的详细论述。

1. 自觉性激发学习者的主动性

自觉性首先表现为学习者在数学反思中的主动性。这种主动性不仅驱动学习者积极回顾和审视自己的学习过程，还促使他们主动发现问题、分析问题，并寻求解决问题的方法。具体来说，具备自觉性的学习者会做到以下几点：

（1）主动回顾解题过程：他们会自发地回顾自己的解题步骤，检查是否有遗漏或错误，以此确保解题的准确性和完整性。

（2）分析思路的正确性：学习者会深入分析自己的解题思路，验证其逻辑性和合理性，从而确保解题方向的正确性。

（3）寻求改进之道：当发现错误或不足时，他们会主动寻找原因，并尝试采用不同的方法或策略进行改进，以优化解题过程。

这种主动性使学习者能够在数学反思中占据主导地位，而不是被动地接受知识或方法。通过主动反思，学习者可以更加深入地理解数学概念、原理和解题方法，从而提升自己的数学素养和解题能力。

2. 自觉性增强学习者的自主性

除了主动性，自觉性还体现在学习者的自主性上。在数学反思中，自主性使学习者能够根据自己的实际情况和需求，有选择地进行反思和学习。具体来说：

（1）自主选择反思内容：学习者会根据自己的学习进度和掌握情况，选择适合自己的反思内容。他们不会盲目跟从教材或老师的步伐，而是有针对性地选择对自己有价值的问题进行深入研究。

（2）自主调整反思方式：不同的学习者有不同的学习风格和习惯。具备自主性的学习者会根据自己的特点，选择最适合自己的反思方式，如独立思考、小组讨论、实践操作等，以提高反思效果。

（3）自主形成独特思维：通过自主反思，学习者可以逐渐形成自己独特的数学思维和解题策略。这种独特的思维方式不仅有助于解决当前问题，还能为未来的数学学习奠定坚实基础。

自主性使学习者在数学反思中更加灵活和自主，能够根据自己的需求和特点进行有针对性的学习。这种学习方式有助于提高学习效率，培养学习者的创新思维和解决问题的能力。

3. 如何培养自觉性

要培养学习者的自觉性，可以从以下几个方面入手：

（1）制订明确的反思计划和目标：为学习者提供具体的反思指导，帮助他们制定明确的计划和目标。这有助于激发学习者的主动性和自主性，使他们更加有目的地进行数学反思。

（2）定期回顾和总结：鼓励学习者定期回顾自己的学习过程和成果，进行阶段性的总结。这有助于他们及时发现问题并寻求改进之道，同时增强他们的自我监控和调节能力。

（3）激发学习者的兴趣：通过丰富多样的教学方式和实践活动，激发学习者对数学的兴趣和热情。当学习者对数学产生浓厚兴趣时，他们会更加自发地投入数学反思，提高自己的自觉性和主动性。

（二）坚韧性：数学反思中的毅力与耐心

坚韧性是数学反思中不可或缺的品质，它体现了学习者在面对困难和挑战时的毅力与耐心。这种品质对于深入探究数学问题、持续提高数学能力具有重要意义。以下是对坚韧性在数学反思中作用的详细分析。

1. 坚韧性助力持久投入

数学反思是一个需要长时间投入和持续努力的过程。在这个过程中，学习者可能会遇到各种困难和挑战，如复杂问题的解析、抽象概念的理解等。具备坚韧性的学习者能够保持对反思活动的持久投入，不轻易放弃。他们会做到如下几点：

（1）持续努力探究：当面对难以解决的问题时，坚韧的学习者会坚持不懈地进行尝试和思考，直至找到解决方案。他们不会因为一时的困难而放弃，而会选择持续投入，寻求突破。

（2）耐心分析问题：数学反思中，有时需要对问题进行深入细致的分析。坚韧的学习者会耐心地逐步推进，不急于求成，从而确保反思的深度和广度。

通过坚韧不拔的努力，学习者能够逐渐攻克难题，提升自己的数学理解和解题能力。

2. 坚韧性促进深入挖掘

数学反思不仅要求学习者对表面问题进行思考，更需要他们对数学知识进行深入挖掘。坚韧性在这方面发挥着重要作用，它使学习者能够深入钻研概念，探究问题本质。

（1）深入钻研概念：数学概念往往具有深刻的内涵和外延，坚韧的学习者会不畏艰难，对概念进行深入的钻研和理解，从而确保对数学的准确掌握。

（2）探究问题本质：在数学反思中，学习者需要透过现象看本质，抓住问题的核心。坚韧性使学习者能够持之以恒地探究问题的本质和规律，发现数学中的奥秘。

通过深入挖掘，学习者可以更加全面地掌握数学知识，提高自己的数学思维能力和解决问题的能力。

3. 如何培养坚韧性

为了培养学习者的坚韧性，可以采取以下措施。

（1）树立正确的学习态度：引导学习者认识到数学反思的重要性和必要性，帮助他们树立正确的学习态度和价值观。这有助于激发学习者的内在动力，使他们在面对困难时能够保持坚韧不拔的精神。

（2）设定明确的目标：为学习者设定明确、可衡量的学习目标。这有助于他们保持清晰的方向感，在面对挑战时能够坚定信念、勇往直前。

（3）提供适时的支持与鼓励：在学习者进行数学反思的过程中，给予他们适时的支持和鼓励，这可以增强学习者的自信心和提高抗压能力，使他们在面对困难时更加坚定和勇敢。

第三节　数学反思能力与数学思维的关系

一、数学反思能力对数学思维的影响

（一）深化理解：反思与数学概念的深度掌握

1. 反思助力梳理与整合数学知识

在数学学习的过程中，初步的理解和掌握新概念往往停留在表面层次。而通过深入的反思，学习者能够更系统地梳理和整合所学的数学知识。初次接触某个数学概念时，我们可能只能理解其表层的定义和公式。但当我们进行反思时，我们开始重新审视这些知识的产生背景、应用场景以及它们在整个数学知识体系中的位置。

例如，当学习三角函数时，初步的理解可能只是关于正弦、余弦和正切的基本定义和性质。但通过反思，我们可以深入探究这些函数在实际问题中的应用，如物理学中的波动、天文学中的星体运动等，从而更好地理解和整合这一知识点。

2. 反思揭示理解误区与盲点

在学习过程中，我们可能会因为先前的知识、经验或认知的局限对某些数学概念产生误解。而通过反思，我们可以及时找出并纠正这些理解上的误区和盲点。

以概率论中的"独立事件"为例，在初步学习时，我们可能误以为两个事件不相关就是独立，但通过反思和深入研究，我们会发现这种理解是错误的。独立事件的定义远比不相关更为严格，它要求一个事件的发生不影响另一个事件的发生概率。

3. 反思促使数学概念的拓展与延伸

当我们对某个数学概念有了深入的理解后，反思可以帮助我们探索这一概念与其他概念之间的联系和区别，从而发现新的数学规律和性质。

例如，在学习了线性代数中的向量空间后，通过反思，我们可以进一步探索向量空间与矩阵、线性变换等概念之间的关系，进而理解更为复杂的数学概念，如特征值和特征向量、正交性等。

（二）优化策略：反思在解题过程中的作用

1. 总结解题经验与教训

在解题过程中，我们经常会遇到陷阱和误区。通过反思，我们可以识别出过去解题中的典型错误和常见思维误区，从而避免在未来的解题中再次犯错。

例如，在解决不等式问题时，我们可能会因为忽略了某些条件而导致答案错误。通过反思，我们可以总结出在解决这类问题时应该注意的关键点，提高解题的准确性。

2. 发现并尝试新的解题策略

当面对复杂的数学问题时，单一的解题方法可能难以奏效。反思可以帮助我们探索并尝试不同的解题路径，找到最适合解决当前问题的策略。

以解析几何中的问题为例，有时我们可能需要结合代数和几何的方法来解决问题。通过反思，我们可以发现这种跨领域的解题策略，并尝试将其应用到解决其他问题中。

3. 提炼和升华解题技巧

在解题过程中，我们可能会偶然发现一些巧妙的解题技巧。通过反思，我们可以深入理解这些技巧的内在逻辑，提炼出一般性的解题方法，并将其应用到更广泛的数学问题中。

例如，在解决数列问题时，我们可能会发现某些特殊的求和技巧。通过反思和总结，我们可以将这些技巧提炼为一般性的方法，如裂项求和、错位相减等，从而提高解题效率。

（三）创新思维：反思激发的数学探索

1. 质疑与挑战现有数学知识

数学的发展是一个不断探索和进步的过程。通过反思，我们可以对现有数学知识进行审视和评估，发现其中的不足或局限性，并产生改进或创新的想法。

例如，在历史上，欧几里得几何曾被视为绝对的真理。但通过反思和深入研究，数学家们发现了非欧几何的可能性，从而推动了数学的发展。

2. 融合与创新跨领域知识

在反思的过程中，我们可能会发现不同数学概念或方法之间的内在联系，并尝试将它们结合起来，形成新的理论或方法。这种跨领域的创新思维是推动数学发展的重要途径。

以概率论和统计学的结合为例，通过反思，我们可以发现这两者之间的紧密联系，并尝试将它们融合起来解决更复杂的实际问题。

3. 激发想象力与创造力

在深入反思的过程中，我们可能会设想到一些新的数学结构、模型或规律。这些设想可能超越了现有的数学框架，为数学的发展提供了新的可能性和方向。

例如，在拓扑学中，通过反思和深入研究，数学家们设想了各种奇特的拓扑空间，如莫比乌斯带、克莱因瓶等。这些设想不仅丰富了数学的内涵，还为后续的研究提供了新的思路和方法。

二、数学思维对数学反思能力的促进作用

（一）提供素材：数学思维为反思提供丰富的案例

1. 数学思维中的成功案例是反思的宝贵资源

数学思维中的成功案例，是指那些在解决数学问题时，通过逻辑推理、

创造性思考和精确计算，最终得出正确答案的经历。这些成功的案例不仅为我们提供了验证数学知识和技能的机会，更为反思提供了丰富的素材。

当我们回顾这些成功案例时，可以深入分析解题过程中的关键步骤，总结有效的解题方法和策略。例如，在解决一道复杂的几何问题时，我们可能通过巧妙地构造辅助线，或者运用某种特定的几何定理来找到突破口。这种成功的经验值得被仔细反思和提炼，以便在未来的学习中遇到类似问题时能够迅速找到解决方案。

同时，成功的数学解题经验也有助于增强我们的自信心和学习动力。当意识到自己具备解决复杂数学问题的能力时，我们会更加积极地面对数学挑战，进一步推动数学思维的发展。

2. 失败案例同样具有反思的价值

与成功案例相反，失败的数学解题经历虽然令人沮丧，但它们同样具有重要的反思价值。分析失败的原因，我们可以发现自己在解题过程中的疏忽、误解或策略不当。

例如，在解决一道代数问题时，我们可能因为对某个公式的理解不足或者计算错误而导致解题失败。通过反思这些失败案例，我们可以找出自己的知识盲点和技能短板，从而有针对性地进行弥补和提升。

此外，失败的解题经历还能让我们更加谨慎地对待数学问题。在未来的学习中，我们会更加注意细节，避免重蹈覆辙。这种对失败的反思和总结，有助于提高解题的准确性和效率。

3. 数学思维为反思提供多样化的实际案例

数学思维涉及众多领域和题型，从基础的算术问题到复杂的微积分和抽象代数问题，每一个问题都是一个独立的案例。这些案例为反思提供了丰富的素材和多样化的视角。

我们可以根据不同的问题类型和难度级别进行分类反思。对于简单问题，我们可以重点反思解题速度和准确性；对于复杂问题，我们可以深入剖析解题思路的形成过程、策略的选择以及创新点的挖掘。

通过多样化的实际案例进行反思，我们能够更全面地了解自己的数学能力和思维特点，为未来的学习和进步奠定坚实基础。

(二) 锻炼能力: 数学思维活动提高反思技能

1. 数学思维活动中的逻辑推理与反思

逻辑推理是数学思维的核心，它要求我们根据已知条件推导出未知结论。在这个过程中，反思起着至关重要的作用。我们需要回顾并检查自己的推理步骤，确保每一步都合乎逻辑且严谨。

例如，在解决证明题时，我们需要从已知条件出发，通过一系列推理步骤得出结论。每完成一步推理，都应该进行反思：这一步的推理是否严密？是否存在逻辑漏洞？通过这种反思，我们可以及时发现并纠正逻辑错误，提高思维的严谨性和准确性。

2. 解题方法与策略的选择中的反思

数学思维活动中，我们经常会面临多种解题方法和策略的选择。在选择和应用这些方法时，反思同样必不可少。我们需要评估每种方法的适用性和有效性，以便找到最适合当前问题的解题路径。

例如，在解决优化问题时，我们可以选择代数法、几何法或图解法等不同的方法。在选择方法之前，我们应该进行反思：哪种方法更适合当前问题？哪种方法更简洁高效？通过这种反思，我们可以更好地理解各种方法的优缺点，提高策略选择能力。

3. 深入探索和试错中的反思

数学思维活动中的难题和挑战往往需要我们进行深入的探索和试错。在这个过程中，反思同样发挥着重要作用。我们需要不断地调整策略、尝试新的方法，并反思每一次尝试的结果和原因。

例如，在解决一道复杂的组合数学问题时，我们可能需要尝试多种组合方式并逐一验证其可行性。在每次尝试后，我们都应该进行反思：这次尝试为何成功或失败？有哪些值得改进的地方？通过这种反思和实践相结合的方式，我们的反思能力和解题能力都会得到显著提升。

（三）互为补充：数学思维与反思能力的相互促进

1. 数学思维推动反思能力的提高

数学思维的发展不仅提高了我们解决数学问题的能力，还推动了反思能力的提高。通过不断地进行数学思维训练，我们对数学问题的理解更加深刻，对解题方法和策略的掌握更加熟练。这种进步使得我们在反思时能够更加深入地剖析自己的思维过程和解题步骤，发现其中的优点和不足。

同时，数学思维中的逻辑推理和严谨性要求也促使我们在反思时更加注重思维的严密性和准确性。我们会更加关注每一步推理的合理性、每一个结论的可靠性以及解题过程中的各种细节问题。这种对思维过程的精细剖析和严谨反思有助于我们发现并纠正自己的错误和偏见，提高思维的批判性和创新性。

2. 反思能力提升促进数学思维的创新

反思能力的提升反过来也促进了数学思维的创新和发展。通过深入的反思实践，我们不仅能够发现自己的思维盲点和误区，还能挖掘出潜在的创新思维和解题策略。

在反思过程中，我们会不断地提出问题、分析问题并寻求解决方案。这种主动性和探索精神有助于我们打破传统的思维定式和框架束缚，尝试新的解题方法和思路。同时，反思还能激发我们的想象力和创造力，为数学思维注入新的活力和灵感。

因此，数学思维与反思能力是相互补充、相互促进的关系。通过不断地进行数学思维活动和反思实践，我们可以全面提升自己的数学素养和思维能力，为未来的学习和探索打下坚实的基础。这种相互促进的关系不仅有助于我们在数学领域取得更好的成绩，还能培养我们的创新思维和解决问题的能力，为未来的发展奠定坚实的基础。

第二章 小学生数学反思能力的现状分析

第一节 小学生数学反思能力的普遍水平

一、整体水平概述

当前，小学生数学反思能力的普遍表现是存在一定层次的。大多数小学生在数学学习中能够完成基础的数学运算和问题解决，但对于学习过程中的反思，尤其是对数学概念、解题方法和学习策略的深入思考与总结，往往显得不足。

通过近年来的测试、调查和课堂观察的数据分析，我们可以得出以下几个关键点。

（一）基础反思能力初步形成

1. 小学生能够进行简单的知识回顾

在小学数学课堂上，老师经常会在课后留出一些时间让学生回顾本节课所学的内容。大部分学生能够按照老师的提示，复述出本节课所学的数学概念、公式或定理。这种简单的回顾和总结，显示出小学生已经具备了一定的基础反思能力，能够对所学知识进行初步的梳理和归纳。

然而，这种反思往往只是对知识点的简单重复，缺乏对知识点之间内在联系和深层含义的挖掘。因此，虽然小学生能够进行简单的知识回顾，但是他们的反思能力还有待进一步提高。

2. 学生对概念的理解停留在表面

在数学学习中，概念的理解是非常重要的。然而，通过调查和测试发现，许多小学生对数学概念的理解往往只停留在表面层次。他们虽然能够复述概念的定义，但是难以解释概念背后的本质和意义。例如，对于"面积"这一概念，学生可能能够说出它的定义，但难以解释为什么需要用面积来表示物体表面的大小，以及面积与长度、宽度的关系等。这种对概念理解的肤浅性，反映了小学生在数学学习中的反思能力还有很大的提升空间。他们需要更多的引导去深入思考数学概念的本质和意义，从而加深对数学知识的理解和掌握。

3. 缺乏主动反思的意识

虽然小学生在数学课堂上能够进行简单的回顾和总结，但是他们往往缺乏主动反思的意识。在学习新知识时，他们更倾向于被动接受，而不是主动思考和理解。这种被动的学习态度限制了他们反思能力的发展。

为了培养小学生的主动反思意识，老师需要在教学过程中注重引导学生的思考。例如，老师可以在课后留出一些时间让学生自主回顾和总结本节课所学的内容，并鼓励他们提出自己的疑问和看法。同时，老师还可以设计一些具有挑战性的问题或任务，激发学生的求知欲和探索精神，促使他们主动进行反思和探究。

（二）高级反思能力有待提高

1. 解题过程的深入分析不足

在数学学习中，解题是一个非常重要的环节。然而，通过观察和调查发现，许多小学生在解题过程中往往只关注答案的正确与否，而忽视了对解题过程的深入分析。他们很少会去思考为什么要采用这种解题方法、有没有其他更好的方法等问题。

这种对解题过程深入分析的不足，反映了小学生在高级反思能力方面的欠缺。为了提高他们的这种能力，老师需要在教学过程中注重引导学生对解题过程进行深入的剖析和思考。例如，老师可以让学生解释他们的解题思路和方法，并引导他们探讨不同方法的优缺点和适用范围。同时，老师还可以设计一些开放性的数学问题或实际情境问题，让学生在解决问题的过程中锻炼高级反思能力。

2. 错误原因探究的缺乏

在数学学习中，犯错误是难免的。然而，许多小学生在面对错误时往往只是简单地改正答案，而没有深入探究错误的原因。他们缺乏对自己思维过程的反思和审视，难以发现自己在解题过程中存在的问题和不足。

为了培养小学生对错误原因的探究能力，老师需要鼓励他们勇敢面对自己的错误，并引导他们深入剖析错误背后的原因。例如，老师可以让学生分析自己在解题过程中出现的思维误区或盲点，并思考如何避免类似错误的再次发生。同时，老师还可以组织学生进行小组讨论或角色扮演等活动，让他们在交流中互相启发和借鉴经验。

3. 学习策略的调整能力有限

在数学学习中，学习策略的运用对于提高学习效率和质量具有重要的作用。然而，通过调查和观察发现，许多小学生在学习策略的调整方面能力有限。他们往往难以根据学习任务和自身特点选择合适的学习策略，导致学习效果不佳或效率低下等。

为了提高小学生的学习策略调整能力，老师需要在教学过程中注重学习策略的培养和指导。例如，老师可以向学生介绍不同的学习策略和方法，并让他们在实践中尝试和运用这些方法。同时，老师还可以根据学生的实际情况和需求进行个性化的学习策略指导，帮助他们找到适合自己的学习方法并提高学习效率和质量。

(三) 反思习惯的培养需加强

1. 缺乏定期反思的习惯

在数学学习中，定期反思是一个非常重要的习惯。它可以帮助学生及时总结经验教训、发现问题并及时调整学习策略和方法。然而通过调查和观察发现，许多小学生还没有养成定期反思的习惯，在数学学习中往往只是机械地完成作业和练习而忽视了对自己的学习过程和成果进行及时的反思和总结。

为了培养小学生的定期反思习惯，老师可以在教学过程中设置一些固定的反思环节。例如，老师在每节课后留出几分钟时间让学生对本节课的学习内容进行简短的回顾和总结；每周或每月组织一次学习反思活动，让学生对自己的学习情况进行全面的分析和评价；鼓励学生使用学习日志或学习档案袋等方式记录自己的学习过程和成果，以便随时进行查阅和反思。

2. 倾向于接受新知识而非反思旧知

在数学学习中，新旧知识之间的联系是非常重要的。学生需要不断地将新知识纳入已有的知识体系中并进行整合和重构。然而，许多小学生在面对新知识时往往只是被动地接受而忽视了与旧知识之间的联系和比较，他们很少会去思考新知识是如何与旧知识相联系的，以及它们之间的异同点和相互关系等问题。

为了改变这种状况，老师需要在教学过程中注重引导学生建立新旧知识之间的联系。例如，老师可以在引入新知识之前先回顾一下与之相关的旧知识，帮助学生建立一个完整的知识体系框架；在教学过程中，还可以适当地提出一些拓展性的问题或任务，让学生在实践中探索新旧知识之间的联系和应用。

3. 反思习惯对数学学习的长期影响

良好的反思习惯对学生的数学学习具有深远的影响，它不仅可以帮助学生更好地理解和掌握数学知识，还可以培养他们的自主学习能力和创新精神。然而，许多小学生还没有意识到反思习惯的重要性，在数学学习中往往只是注重眼前的成绩而忽视了反思习惯对长期发展的影响。

为了让学生认识到反思习惯的重要性并培养他们的反思能力，老师需要在教学过程中不断地进行引导和强化。例如，老师可以定期组织学生进行学习经验分享或开展学习成果展示活动，让他们在交流中感受反思带来的益处；还可以将反思习惯作为评价学生学习情况的重要指标之一，激励学生养成良好的反思习惯，并持续提高自己的数学学习能力。

二、发展特点

小学生的数学反思能力在不同年级呈现出不同的发展特点。这些特点既反映了学生认知水平的阶段性变化，也体现了数学教育目标的递进性。

（一）低年级：直观反思与操作反思为主

1. 直观反思的特点

低年级小学生的数学思维主要以直观为主，他们对世界的认知还处于感性阶段，更易于接受和理解直观、具体的事物。在数学学习中，这一特点表现为学生对图形、实物等直观教学材料的强烈兴趣和依赖。因此，低年级小学生的数学反思也主要体现在对这些直观材料的回顾和总结上。例如，在学习加减法时，学生可能会通过数手指或者看图形来帮助计算，计算完成后，他们会根据直观印象来反思计算过程和结果是否正确。

2. 操作反思的重要性

在低年级小学生的数学学习过程中，操作活动占据重要地位。通过动手操作，学生可以更直观地理解数学概念，掌握数学技能。在操作完成后，学生对自己的操作过程进行反思，不仅能巩固所学知识，还能培养他们的问题解决能力和批判性思维。例如，在拼图游戏中，学生需要反思自己的拼图策略是否有效，如何调整策略以更快地完成拼图。这种反思过程能帮助学生更好地理解形状、空间等数学概念。

3. 反思能力的培养策略

针对低年级小学生的特点，教师可以通过设计富有趣味性和互动性的教学活动来培养他们的反思能力。例如，教师可以利用实物、图形等直观教学材料引导学生进行观察和思考，鼓励他们在操作实践中发现问题、解决问题，并对自己的操作过程进行反思。同时，教师还可以通过小组合作、角色扮演等方式激发学生的反思兴趣，让他们在交流中互相学习、互相启发。

(二) 中年级：逐渐发展逻辑反思与推理能力

1. 逻辑思维能力的提升

中年级小学生的数学思维逐渐从直观向逻辑过渡，他们开始能够理解和运用一些基本的数学概念、原理和公式。在这一阶段，学生的反思能力也逐渐从直观反思向逻辑反思发展。他们开始对解题过程和结果进行初步的逻辑分析和推理验证，以确保答案的正确性。例如，在解决面积问题时，学生可能会先根据已知条件列出公式，然后通过逻辑推理验证答案的合理性。

2. 推理能力在数学反思中的应用

推理能力是中年级小学生数学反思能力的重要组成部分。通过推理，学生可以更深入地理解数学概念和方法之间的联系，发现数学规律，提高解题效率。在数学反思中，学生需要运用推理能力对解题过程和答案进行验证和优化。例如，在解决复杂问题时，学生可以通过逐步推理来明确解题思路，确保每一步的合理性。

3. 培养逻辑反思与推理能力的策略

为了培养中年级小学生的逻辑反思与推理能力，教师可以采取以下策略：一是加强逻辑思维训练，通过解决具有挑战性的数学问题来提高学生的逻辑思维能力。二是引导学生参与数学讨论和辩论活动，让他们在交流中锻炼推理和表达能力。三是鼓励学生自主探究和发现数学规律，培养他们的创新思维和实践能力。

(三) 高年级：抽象反思与系统化思考能力的形成

1. 抽象反思能力的发展

高年级小学生的数学思维进一步抽象化，他们不仅能够理解和运用更高级的数学概念和方法，还能够对数学知识体系进行整体的把握和思考。在这一阶段，学生的反思能力也达到一个新的高度，表现为能够对数学问题进行深层次的剖析和归纳。例如，在解决复杂的数学问题时，学生可能会通过画图、列方程等多种方式进行综合分析和反思，以找到最佳的解决方案。

2. 系统化思考能力在数学反思中的作用

系统化思考能力是高年级小学生数学反思能力的关键。通过系统化思考，学生能够将零散的数学知识整合成一个有机的整体，从而更好地理解和应用数学知识。在数学反思中，学生需要运用系统化思考能力对解题过程和答案进行全面的分析和评价。这种能力不仅有助于学生提高解题效率，还有助于培养他们的创新思维和解决问题的能力。

3. 培养抽象反思与系统化思考能力的策略

为了培养高年级小学生的抽象反思与系统化思考能力，教师可以采取以下策略：一是加强抽象思维训练，通过解决复杂的数学问题来提高学生的抽象思维能力。二是引导学生构建数学知识网络，帮助他们形成系统化的数学知识体系。三是鼓励学生进行自主学习和探究性学习，让他们在实践中锻炼抽象反思与系统化思考能力。同时，教师还可以通过组织数学竞赛、开展数学项目式学习等方式激发学生的创新思维和实践能力。

三、与课程标准要求的对比

对照数学课程标准，教师们可以评估小学生的反思能力是否达到要求，并识别出他们在数学反思能力方面的优势和不足。

(一) 达标情况分析

1. 低年级学生的反思能力达标情况

低年级小学生在数学学习中主要表现出直观反思与操作反思的特点。根据课程标准，他们应能对简单的数学问题进行回顾和总结。从实际情况来看，大部分低年级学生能够完成课程标准的要求。他们能够通过直观的方式理解数学问题，并在完成操作后进行简单的反思，检查答案的正确性。然而，也有部分学生在这方面存在困难，可能是由于注意力不集中或缺乏足够的引导的原因，导致他们无法有效地进行反思。

2. 中年级学生的反思能力达标情况

中年级学生的数学反思能力逐渐从直观向逻辑过渡，他们开始能够进行初步的逻辑分析和推理验证。课程标准要求中年级学生能够进行简单的逻辑推理，并对解题过程和结果进行反思。从整体来看，大部分中年级学生的反思能力能够达到课程标准的要求。他们能够在解题过程中运用逻辑思维，对答案进行推理验证。但仍有部分学生在这方面存在不足，可能是逻辑思维能力尚未得到充分发展，需要更多的指导和练习。

3. 高年级学生的反思能力达标情况

高年级小学生的数学思维进一步抽象化，他们的数学反思能力也相应提升，课程标准要求他们具备更深层次的剖析、归纳和策略总结能力。大部分高年级学生能够达到这一要求，他们能够对数学问题进行深层次的剖析，总结出一般性的规律和策略。然而，也有部分学生在这方面存在问题，可能是由于缺乏足够的抽象思维能力或缺乏有效的反思策略。

(二) 优势与不足识别

1. 小学生的数学反思能力优势

(1) 直观反思与操作能力强。

小学生通常具有较强的直观反思和操作能力，尤其是在低年级阶段。他们善于通过直观的物体和动作来辅助数学学习，这种学习方式有助于他们更直观地理解数学概念。在完成操作后,他们还能够进行简单反思,检查自己的操作过程和结果。这种直观反思与操作能力强的特点,使得小学生在数学学习中表现出色。

(2) 部分学生逻辑反思和推理能力得到发展。

随着年级的升高,部分学生的逻辑反思和推理能力也得到了较好的发展。他们能够运用所学的数学概念、原理和公式进行较为复杂的数学运算和问题解决。在解题过程中,他们能够进行初步的逻辑分析和推理验证,确保答案的正确性。这种能力的发展对于提高他们的数学素养和解决问题的能力具有重要意义。

2. 小学生的数学反思能力不足

(1) 反思深度不够。

部分小学生在进行数学反思时,往往停留在表面层次,缺乏对知识内在联系和深层含义的理解。他们可能只是简单地回顾了一下解题过程,而没有深入思考问题的本质和解题方法的优劣。这种反思深度的不足限制了他们对数学知识的深入理解和掌握。

(2) 面对复杂问题时缺乏有效的反思策略和方法。

当遇到复杂的数学问题时,一些学生往往缺乏有效的反思策略和方法。由于他们解题思路不清晰的原因,导致解题效率低下或无法找到正确的解题思路。这种情况表明,这些学生在数学反思能力方面还有待提高,需要更多的指导和练习。

(3) 部分学生尚未养成良好的反思习惯。

少数小学生尚未养成良好的数学反思习惯,缺乏定期回顾和总结所学知识的意识。他们可能只是在完成作业后简单地检查一下答案,而没有进行深入的反思和总结。这种习惯的缺失可能会影响他们对数学知识的巩固和提升,因而教育者和家长需要引导他们养成良好的反思习惯。

针对以上优势与不足,教育者和家长应该采取相应的措施来扬长避短。

首先，要充分利用小学生直观反思与操作能力强的特点，通过具体的物体和动作来辅助数学学习。其次，要加强逻辑反思和推理能力的训练，帮助学生更好地理解数学概念和方法之间的联系。再次，要引导学生深入思考问题的本质和解题方法的优劣，提高他们的反思深度。最后，要培养学生良好的反思习惯，鼓励他们定期回顾和总结所学知识，以便更好地巩固和提升数学素养。

第二节 小学生数学反思能力存在的问题

一、反思意识不强

（一）小学生在数学学习中缺乏反思意识的表现

在小学数学学习过程中，部分学生往往只是机械地完成作业和应对考试，而很少主动去思考解题过程中的问题，也缺乏对解题方法、策略以及错误的深入反思。这种缺乏反思意识的表现主要体现在以下几个方面：

1. 作业完成后不检查

很多小学生在完成数学作业后，没有养成检查的习惯。他们往往急于完成任务，而忽略了检查这一重要环节。这实际上是一种缺乏反思意识的表现，因为他们没有意识到通过检查可以发现并纠正自己的错误，从而提高学习效果。

2. 对错误缺乏深入分析

当学生在数学学习中出现错误时，他们往往只是简单地改正答案，而没有深入分析错误产生的原因。缺乏对错误的深入反思，会导致学生在遇到类似问题时再次犯错。

3. 不善于总结经验

在学习过程中，学生很少主动总结自己的学习经验和解题策略。他们往往只是满足于解决当前的问题，而没有意识到通过总结经验可以提高自己的学习效率。

（二）影响小学生反思意识的因素

小学生反思意识不强，受多方面因素的影响，主要包括以下几点：

1. 年龄与认知水平

小学生的年龄较小，认知水平有限，这导致他们在学习过程中往往只注重表面现象，而缺乏对问题深入探究的能力。因此，他们可能难以意识到反思的重要性。

2. 学习习惯与态度

部分小学生没有养成良好的学习习惯，对待学习的态度也不够认真。他们往往只是被动地接受知识，而缺乏主动思考和反思的习惯。

3. 教学环境与氛围

教学环境和氛围对小学生的反思意识也有很大影响。如果教师在教学过程中没有强调反思的重要性，或者没有为学生提供足够的反思机会，那么学生的反思意识就很难得到培养。

为了提升小学生的反思意识，教师需要在教学过程中注重培养学生的反思习惯，鼓励他们多思考、多总结。同时，家长也应该在日常生活中引导孩子进行反思，帮助他们建立起良好的学习习惯和态度。

二、反思方法掌握不足

（一）小学生在数学反思方法上的欠缺

小学生在数学学习中，除了反思意识不强外，还存在反思方法掌握不足的问题。具体表现在以下几个方面：

1. 缺乏系统性的反思方法

小学生在进行数学反思时，往往缺乏系统性的方法指导。他们可能只是零碎地回顾一下解题过程，而没有形成一套完整的反思流程和方法。

2. 不会利用图表等工具辅助反思

在数学学习中，图表等工具可以有效地帮助学生理解和分析问题。然而，小学生在进行反思时，往往忽略了这些工具的作用，没有充分利用它们来辅助自己的反思过程。

3. 缺乏与同伴的交流与讨论

反思不仅是个人的思考过程，也可以通过与他人的交流与讨论来深化理解。然而，小学生在进行数学反思时，往往缺乏与同伴的交流与讨论，从而限制了反思的深度和广度。

（二）小学生对有效反思方法的了解和运用情况

对于有效的数学反思方法，小学生的了解和运用情况并不理想。一方面，由于教师在教学过程中可能没有充分强调和传授反思方法，导致学生对这些方法缺乏了解。另一方面，即使学生了解一些反思方法，但在实际运用中往往存在困难，他们可能不知道如何将这些方法融入自己的学习过程中，或者在运用过程中遇到问题时不知道如何调整和改进。

为了提高小学生的数学反思能力，教师需要在教学过程中注重传授有效的反思方法，并引导学生逐步掌握和运用这些方法。同时，家长也可以在家庭教育中引导孩子进行反思训练，帮助他们形成良好的反思习惯和能力。

三、反思深度不够

（一）小学生在数学反思中的浅显现象

小学生在进行数学反思时，往往表现出反思深度不够的问题。具体来说，他们的反思往往停留在表面层次，只是简单地回顾解题过程或答案的正确性，而缺乏对问题本质和解题策略的深入思考。这种浅显的反思现象主要体现在以下几个方面：

1. 只关注答案的正确性

小学生在反思时往往只关注答案是否正确，而忽略了解题过程中的思路和方法。他们很少去思考为什么会选择这种方法、是否有其他更好的方法等问题。

2. 缺乏对问题本质的探究

在反思过程中，小学生往往没有深入挖掘问题的本质和规律。他们只是就题论题，没有意识到通过探究问题本质可以更好地理解和掌握数学知识。

3. 缺乏对自己思维过程的审视

小学生在反思时很少审视自己的思维过程。他们往往只是简单地回顾解题步骤，而没有深入思考自己在解题过程中的思维方式和策略是否合理、是否有效等问题。

（二）影响小学生反思深度的原因

小学生数学反思深度不够的原因主要有以下几个方面：

1. 认知水平有限

由于小学生的认知水平有限，他们可能难以深入理解数学问题的本质和规律。这导致他们在反思时往往只能停留在表面层次，无法进行深入的思考和分析。

2. 缺乏有效的引导

教师在教学过程中可能没有为学生提供有效的引导，导致学生在反思时缺乏明确的方向和目标。这使得学生的反思往往缺乏深度和广度。

3. 学习习惯不佳

部分小学生可能没有养成良好的学习习惯，导致他们在学习过程中缺乏主动性和探究精神。这使得他们在反思时往往只是被动地接受知识，而没有进行深入的思考和总结。

为了提高小学生的数学反思深度，教师需要在教学过程中注重引导学生深入思考和分析问题。同时，家长也可以在日常生活中培养学生的探究精神和主动学习的习惯。通过这些措施的实施，可以帮助学生逐渐提高数学反思的深度和广度。

第三节 小学生数学反思能力问题的原因分析

一、教育教学因素

（一）当前数学教育教学方式对小学生反思能力的影响

1. 传统填鸭式教学方式的局限性

传统的填鸭式教学方式在数学教育中仍然占有一定的比重。在这种教学方式下，教师是知识的传授者，而学生则处于被动接受的状态。教师往往按照教材的内容，将知识点灌输给学生，而学生则通过记忆和重复练习来掌握知识。这种方式虽然能够在短时间内提高学生的应试能力，却忽视了对学生的主体性和思考能力的培养。

填鸭式教学对小学生的反思能力产生了负面影响。首先，它限制了学生的思维发展空间。在填鸭式教学中，学生很少有机会主动思考和探索问题，而是被动地接受教师的讲解和答案。长此以往，学生的思维变得僵化，缺乏灵活性和创新性。其次，填鸭式教学削弱了学生的自主学习能力。由于学生长期处于被动接受的状态，他们很难形成自主学习的习惯和能力。当遇到新的问题时，他们往往无法独立思考和解决问题，而是依赖教师的指导和答案。

为了改善这种情况，教师需要转变教学方式，从填鸭式教学向引导学生主动思考和探索的教学方式转变。例如，可以采用问题式学习、探究式学习等教学方法，激发学生的学习兴趣和思考欲望，培养他们的自主学习能力和反思能力。

2. 考试导向的教学方式对反思能力的制约

在当前教育体系中，考试是衡量学生学习成果的重要手段。然而，以考试为导向的教学方式却可能对学生的反思能力产生制约。在这种教学方式下，教师和学生都过于关注考试成绩，而忽视了学习过程和学习方法的重要性。

考试导向的教学方式对小学生的反思能力产生了不利影响。首先，它导致学生缺乏实践机会。为了应对考试，学生往往将大量时间用于记忆和练习题目，而很少有机会将所学知识应用于实际生活中。这种缺乏实践的学习方式很难让学生真正理解和掌握知识的内在联系和深层含义。其次，考试导向的教学方式限制了学生的思维广度。为了取得好成绩，学生可能只关注考试范围内的知识点，而忽视了对其他相关知识的探索和思考。这种狭窄的思维视野不利于学生形成全面的知识体系和深入的思考能力。

为了解决这些问题，教师需要关注学生的全面发展，而不仅仅是考试成绩。教师可以通过开展多样化的教学活动及鼓励学生参与课外实践等方式来拓宽学生的思维视野和提高学生的实践能力。同时，家长和社会也应该更加关注学生的学习过程和综合素质的培养，而非仅仅关注考试成绩。

3. 缺乏有效的教学策略来培养学生的反思能力

在小学数学教学中，很多教师未能采用有效的教学策略来培养学生的反思能力。一些教师可能认为小学生还不具备深入的反思能力，因而在教学过程中忽视了对这一方面的培养。然而，实际上从小培养学生的反思能力是非常重要的，它有助于学生形成良好的学习习惯和自主学习能力。

教师可以通过一些具体的教学策略来培养学生的反思能力。例如，教师可以在课堂上引导学生进行小组讨论和交流，让他们在互相探讨和分享的过程中学会思考和表达自己的观点。同时，教师还可以鼓励学生在课后进行自主学习和总结，让他们对自己的学习过程进行反思和改进。这些教学策略不仅能够提高学生的反思能力，还能够促进他们的全面发展和综合素质的提升。

(二) 教材和教学方法在培养反思能力方面的不足

1. 教材内容过于注重知识点的罗列

当前的部分数学教材在内容设计上过于注重知识点的罗列和应试技巧的传授，而忽视了对学生思维能力，尤其是反思能力的培养。这种教材内容的设计容易使学生陷入机械记忆和应试的误区，不利于培养他们的独立思考能力和反思习惯。

为了改善这种情况，教材编写者应该更加注重对学生思维能力的引导和培养。在教材中可以增加一些具有启发性和探索性的问题，引导学生主动思考和探索数学知识。同时，还可以设置一些反思环节，让学生在完成学习任务后进行自我评估和反思，从而培养他们的反思能力。

2. 教学方法无法满足学生独立思考的要求

目前的教学方法往往过于依赖教师的讲授和学生的被动接受，而无法满足对学生独立思考和实践的要求。在这种教学方法下，学生不仅很难真正理解和掌握数学知识的内在联系和深层含义，也限制了他们反思能力的发展。

为了改善这种情况，教师应该转变教学方法，从传统的讲授式教学向更加灵活多样的教学方式转变。例如，教师可以采用探究式学习、合作学习等教学方法，让学生在实践中探索和发现数学知识，培养他们的独立思考能力和解决问题的能力。同时，教师还可以鼓励学生在课堂上提出问题和发表观点，激发他们的思考欲望和表达能力。

3. 缺乏针对反思能力的专项训练

在小学数学教学中，很少看到专门针对学生反思能力的训练。这种缺失使得学生在遇到问题时往往无法进行有效的反思和总结，从而影响了他们的学习效果和问题解决能力。

为了提高学生的反思能力，教师可以在教学中增加一些专项训练。例如，教师可以设置一些具有挑战性的问题让学生解决，并要求他们在完成后进行反思和总结。同时，教师还可以引导学生对自己的学习过程进行监控和评估，从而培养他们的元认知能力。这些训练不仅能够提高学生的反思能力，还能够促进他们的自主学习和终身发展。

二、教师指导与支持

(一) 教师在培养小学生数学反思能力方面的作用

1. 教师在知识传授与反思能力培养之间的平衡作用

在小学数学教育中，教师的作用不仅仅局限于传授知识，更重要的是引导学生学会学习、学会思考。然而，在实际教学过程中，部分教师可能过于注重知识的传授，以应对考试这一目标，从而忽视了对学生反思能力的培养。这种做法在短期内可能会提高学生的应试成绩，但从长远来看，并不利于学生的全面发展。

为了平衡知识传授与反思能力培养之间的关系，教师需要调整教学策略。首先，教师可以在传授知识的过程中穿插反思环节。例如，教师在讲解完一个知识点后，引导学生回顾并思考自己是否真正理解了这个知识点，是否有其他解题思路等。其次，教师可以设计一些具有开放性的问题，激发学生的好奇心和探索欲，让他们在解决问题的过程中学会反思和总结。

通过平衡知识传授与反思能力培养，教师不仅可以帮助学生掌握数学知识，还能培养他们的自主学习能力、创新能力和批判性思维，从而为他们未来的学习和生活奠定坚实的基础。

2. 教师作为反思引导的角色定位

在培养小学生数学反思能力的过程中，教师需要明确自己的角色定位，即作为反思的引导者。这意味着教师不仅要传授知识，更要引导学生学会如何学习、如何思考。

作为教师，要时刻关注学生的学习状态，发现他们在学习过程中遇到的问题和困惑，并及时给予指导和帮助。教师可以通过提问、讨论等方式激发学生的思考，引导他们深入探究数学问题的本质和规律。同时，教师还要鼓励学生大胆表达自己的观点和想法，培养他们的批判性思维和创新能力。

为了更好地担任反思引导者，教师需要不断提升自己的专业素养和教学能力。只有具备了足够的专业知识和教学技能，教师才能更好地引导学生进行反思，帮助他们发现问题、分析问题并解决问题。

3. 教师对学生反思意识的培养与激发

在小学数学教育中，培养学生的反思意识是至关重要的。一个具有反思意识的学生，能够在学习过程中不断审视自己的学习方法和效果，及时调整学习策略，从而提高学习效率和质量。因此，教师需要注重对学生反思意识的培养和激发。

教师可以通过多种方式来培养和激发学生的反思意识。教师可以在课堂上创设问题情境，引导学生通过解决问题来培养他们的反思能力。在解决问题的过程中，教师需要鼓励学生从不同角度思考问题，尝试多种解题方法，并对自己的解题过程进行反思和总结。

教师可以定期组织学生进行学习反思活动。例如，在每个学习阶段结束后，教师可以引导学生回顾自己的学习过程和成果，分析自己的优点和不足，并提出改进措施。这样的反思活动不仅可以帮助学生发现自己的问题并及时改进，还能激发他们的学习动力和自信心。

(二) 教师对小学生反思能力培养的支持与指导情况

1. 教师提供具体的反思方法和策略指导

在培养小学生数学反思能力的过程中，教师需要为学生提供具体的反思方法和策略指导。只有掌握了有效的反思方法，学生才能更好地进行自主学习和问题解决。

教师可以根据学生的年龄特点和认知水平，向他们介绍一些常用的反思方法，如自我提问、总结归纳、对比分析等。同时，教师还可以结合具体的数学问题，引导学生运用这些反思方法进行思考和探索。例如，在解决一个复杂的数学问题时，教师可以引导学生通过自我提问来明确问题的本质和解题思路；在完成一个数学实验后，教师可以指导学生进行总结归纳，提炼出实验中的规律和经验；在学习新知识时，教师可以鼓励学生与已有知识进行对比分析，发现它们之间的联系和区别。

通过提供具体的反思方法和策略指导，教师可以帮助学生养成良好的反思习惯，提高他们的自主学习能力和问题解决能力。

2. 教师及时给予学生正面的反馈和鼓励

在培养小学生数学反思能力的过程中，教师的反馈和鼓励起着至关重要的作用。及时的正面反馈可以增强学生的自信心和激发学习动力，引导他们更深入地进行反思和探索；而鼓励则可以帮助学生克服困难和挫折，保持积极的学习态度。

因此，教师需要注重对学生的表现进行及时、具体的评价。当学生表现出色时，教师要给予充分的肯定和赞扬；当学生遇到困难时，教师要鼓励他们勇敢面对并寻求解决方法。同时，教师还可以根据学生的个体差异和需求，提供个性化的反馈和指导，帮助他们更好地发展自己的反思能力。

3. 教师创造有利于反思的学习环境

除了提供具体的反思方法和策略指导以及及时给予学生正面的反馈和鼓励外，教师还需要创造一个有利于反思的学习环境。一个良好的学习环境可以激发学生的学习兴趣和积极性，促进他们进行深入的思考和反思。

为了创造有利于反思的学习环境，教师可以采取以下措施：首先，建立民主、平等的师生关系，让学生敢于表达自己的观点和想法；其次，提供丰富的学习资源和材料，让学生有更多的机会进行自主学习和探索；最后，定期组织小组讨论和交流活动，让学生在互相分享和探讨的过程中学会反思和总结。

通过创造一个有利于反思的学习环境，教师可以帮助学生更好地发展自己的反思能力，提高他们的学习效果和质量。同时，这样的学习环境还能培养学生的团队合作精神和创新意识，为他们的全面发展奠定坚实的基础。

三、学生自身发展因素

(一) 小学生自身认知发展对数学反思能力的影响

1. 小学生认知发展阶段的特点

小学阶段是儿童认知发展的关键时期,其特点是从具体形象思维逐步过渡到抽象逻辑思维。在这一阶段,小学生对事物的认识逐渐从感性直观向理性抽象发展,但他们的抽象思维能力尚未完全成熟。这种认知特点使得小学生在面对数学这一需要较高抽象思维能力的学科时,可能会感到困难和挑战。特别是在进行数学反思时,他们可能难以跳出具体的数学问题和情境,从更抽象的层面对自己的思考过程进行审视和调整。

在数学学习中,这种从形象思维到抽象思维的过渡表现为学生开始能够理解和运用更复杂的数学概念,如分数、比例等,但他们在理解和运用这些概念时可能还存在一定的困难。同时,他们的注意力也开始从无意注意向有意注意发展,但有意注意的持续时间仍然较短,这也会影响到他们进行深入反思的能力。

2. 认知发展对数学反思能力的影响

由于小学生的抽象思维能力尚未完全发展,他们在解决数学问题时可能更多地依赖于直观和具体的思维方式。这种思维方式虽然有助于他们理解一些基本的数学概念,但在面对更复杂的数学问题时,却可能限制他们的解题思路和方法。同时,他们的注意力集中时间相对较短,可能在进行深入反思的过程中出现注意力分散的情况,从而影响反思的效果。

此外,小学生的认知发展水平也影响着他们对数学知识的整合和运用能力。在反思过程中,学生需要对自己的思考过程进行梳理和总结,找出其中的问题和不足,进而调整自己的解题思路和方法。然而,由于小学生的认知能力有限,他们可能难以全面地审视自己的思考过程,或者无法准确地找出其中的问题所在。

因此,教师在培养小学生的数学反思能力时,需要充分考虑他们的认知发展特点，采用适当的教学方法和手段来引导他们进行深入有效的反思。

3. 根据小学生认知发展特点培养其数学反思能力

针对小学生的认知发展特点，教师可以通过以下方法来培养他们的数学反思能力：首先，教师可以利用直观的教学辅助材料来帮助学生理解抽象的数学概念，同时引导他们通过观察和分析这些材料来反思自己的理解过程。其次，教师可以设计一些具有层次性的数学问题，让学生在解决问题的过程中逐步发展自己的抽象思维能力，并鼓励他们对自己的解题过程进行反思和总结。最后，教师还可以组织学生进行小组讨论和交流活动，让他们在互相分享和探讨的过程中学会从不同的角度审视数学问题，从而提高自己的反思能力。

(二) 小学生在学习过程中自我反思的主动性和能力

1. 小学生自我反思的主动性分析

小学生在学习过程中的自我反思主动性受到多种因素的影响。首先，学生的学习兴趣和学习动机对自我反思的主动性有着重要影响。对数学感兴趣的学生往往更愿意主动回顾自己的学习过程，思考如何改进和提高。其次，学生的学习习惯也影响着他们的反思主动性。良好的学习习惯，如定时复习、整理错题等，有助于学生形成自我反思的习惯。最后，教师的引导和鼓励也是提高学生自我反思主动性的关键。教师需要在教学过程中有意识地引导学生进行自我反思，并给予积极的反馈和鼓励。

为了提高小学生的自我反思主动性，教师可以采取以下措施：一是激发学生的学习兴趣和学习动机，让他们认识到自我反思对于提高学习效果的重要性。二是帮助学生养成良好的学习习惯，如建立错题本、制订学习计划等。三是在教学过程中注重引导学生进行自我反思，如在课堂小结时邀请学生分享自己的学习心得和体会。四是及时给予学生正面的反馈和鼓励，提高他们的自我反思动力。

2. 小学生自我反思的能力探讨

小学生自我反思的能力与其认知发展水平密切相关。在小学阶段，学生的自我反思能力逐渐从无到有、从弱到强发展起来。他们开始能够对自己的学习过程进行简单的回顾和总结，但往往缺乏深入的分析和批判性思考。同时，由于小学生的知识储备和思维能力有限，他们在进行自我反思时可能难以发现问题或提出有效的改进策略。

为了提高小学生的自我反思能力，教师需要注重培养学生的批判性思维和问题解决能力。教师可以通过引导学生参与课堂讨论、开展小组合作学习等活动，激发学生的思维火花，提高他们分析问题和解决问题的能力。同时，教师还可以教给学生一些具体的反思方法和策略，如使用思维导图整理学习思路、利用自我评价表格记录自己的学习进步等。这些方法和策略有助于学生更系统地进行自我反思，发现自己的不足并制订改进措施。

3. 家庭和学校在培养小学生自我反思能力中的作用

家庭和学校在培养小学生自我反思能力中扮演着重要角色。家长可以引导学生在日常生活中进行自我反思训练，如让其回顾自己一天的学习和生活情况并作出评价。同时家长还可以与学生一起设立学习目标并制订实现目标的计划，这有助于培养学生的目标意识和自我监控能力。

学校则可以通过开展多样化的教学活动来培养学生的自我反思能力。例如，组织学生进行课堂展示、开展实践性强的课题研究等活动都可以让学生在实践中学会自我反思和总结。此外，学校还可以定期举办学习经验交流会等活动为学生提供互相学习和借鉴的平台，从而激发他们的自我反思意识，并提升他们的自我反思能力。

四、家庭与社会环境因素

（一）家庭和社会环境对小学生数学反思能力培养的潜在影响

1. 家庭环境对数学反思能力培养的影响

家庭是孩子成长的摇篮，家庭环境以及家长的教育方式和态度，对孩子的学习习惯和能力培养有着深远的影响。在数学反思能力的培养上，家庭环境的作用不容忽视。

家长的教育理念和方法会直接影响孩子的学习态度。如果家长注重孩子的独立思考和创新能力，鼓励孩子对所学知识进行反思和质疑，那么孩子在这种环境下就更有可能形成积极的反思习惯。相反，如果家长过于强调成绩和应试，而忽视对孩子思维能力和学习方法的培养，那么孩子可能会形成被动接受的学习习惯，缺乏主动反思的意识和能力。

家庭的学习氛围会对孩子的数学反思能力产生影响。一个充满学习和探索氛围的家庭，能够激发孩子的好奇心和求知欲，使他们更愿意主动去思考和探索数学问题。例如，家长可以与孩子一起探讨数学问题，引导他们从不同的角度去思考，培养他们的发散思维；还可以鼓励孩子将自己的解题思路和过程进行复述和反思，从而提高他们的数学反思能力。

2. 社会环境对数学反思能力培养的影响

社会环境中的教育资源和氛围同样会对学生的数学反思能力产生影响。在一个积极的教育环境中，学生可以获得更多的学习机会和资源，从而有助于培养他们的数学反思能力。

学校的教育理念和教学方法对学生的反思能力有着重要影响。如果学校注重培养学生的创新思维和实践能力，提供多样化的教学方式和活动，那么学生在这种环境下就更有可能形成主动反思的学习习惯。例如，一些学校会开展数学实验室、数学建模等活动，让学生在实践中探索和发现数学规律，从而培养他们的数学反思能力。

社会上的数学活动和竞赛可以激发学生的数学兴趣，提供给他们更多的思考和反思机会。例如，全国小学数学竞赛、数学奥林匹克等竞赛活动，不仅可以锻炼学生的数学能力，还可以让他们在解题过程中学会反思和总结。此外，一些数学讲座、研讨会等活动也可以为学生提供更广阔的视野和思考空间。

(二) 家庭和社会资源在提升学生数学反思能力方面的作用与局限

1. 家庭资源的作用与局限

家庭资源在提升学生数学反思能力方面具有一定的作用。首先，家长可以通过提供丰富的学习材料和良好的学习环境来支持孩子的数学学习。他们可以为孩子购买适合的数学书籍、软件或教具，激发孩子对数学的兴趣并培养他们的反思能力。此外，家长还可以与孩子一起解决数学问题，鼓励他们进行探索和思考，从而培养他们的数学思维和反思能力。

然而，家庭资源也存在一定的局限性。首先，不同家庭的教育背景和资源存在差异，这可能导致一些家庭无法提供足够的学习支持和资源。有些家长可能缺乏数学教育知识或指导方法，无法有效地引导孩子进行数学反思。其次，一些家庭可能面临经济或其他方面的限制，无法购买高质量的学习材料或提供最佳的学习环境。这些因素都可能限制家庭资源在提升学生数学反思能力方面的作用。

为了克服这些局限性，家长可以积极寻求外部支持和资源，如参加家长教育培训课程、加入数学学习社群等，以提升自身的教育能力和获取更多教育资源。同时，学校和社区也可以为家庭提供更多支持和帮助，如开展家庭教育指导、提供学习资源共享等。

2. 社会资源的作用与局限

社会资源在提升学生数学反思能力方面同样具有重要的作用。学校和社会组织可以提供丰富的数学活动和竞赛机会，帮助学生锻炼数学思维和解决问题的能力。这些活动可以激发学生的数学兴趣，培养他们主动探索和创新的精神。同时，通过与同龄人的交流和合作，学生还可以学会从不同的角度思考问题并寻求最佳解决方案。

然而，社会资源也存在一定的局限性。首先，教育资源的分布并不均衡，一些地区或学校可能缺乏高质量的数学活动和竞赛机会。这可能导致部分学生无法获得足够的挑战和锻炼机会，从而影响他们数学反思能力的提升。其次，社会资源的有效利用也面临一定的挑战。例如，一些学生可能因为时间、交通或其他原因无法充分参与社会活动或竞赛，从而限制了这些资源发挥作用。

为了克服这些局限性并最大限度地发挥社会资源的作用，学校和社会组织可以采取多种措施。例如，加强校际合作与资源共享，为更多学生提供参与高质量数学活动的机会；利用互联网和现代教育技术手段拓展学习资源和互动平台；加强对学生参与社会活动的支持和指导等。这些措施有助于促进学生数学反思能力的全面提升。

第三章　小学生数学反思能力培养的重要性

第一节　小学生数学反思能力培养对数学思维发展的影响

一、数学反思能力与数学思维的关系

（一）反思促进数学思维的深化

1. 反思对解题过程的回顾与提升

小学生在解决数学问题时，往往只是机械地套用公式或方法，而缺乏对问题本质的深入思考。而通过反思，他们可以对自己的解题过程进行回顾，重新审视自己的解题思路和方法。在这一过程中，学生不仅能够检查自己的错误，更能深入理解题目背后的数学原理和逻辑结构，从而提升解题的层次和深度。

例如，在解决一道复杂的分数应用题后，学生可以通过反思来回顾自己的解题步骤，思考是否存在更简洁、更有效的方法。这样的反思过程不仅能够让学生找出自己解题过程中的冗余步骤或错误思路，更能促使他们去探索和理解问题背后的数学规律，从而提升解题的效率和准确性。

2. 反思对批判性思维的培养

批判性思维是数学思维的重要组成部分，它要求学生能够独立思考，对信息和观点进行批判性的分析和评价。通过反思，学生可以学会对自己的思考过程和结果进行质疑和批判，不是盲目接受现有的答案或方法，而是寻求更深层次的理解和掌握。

在数学学习中，学生常常会遇到一些看似简单但实际上富有挑战性的问题。通过反思，学生可以培养自己发现问题、分析问题和解决问题的能力，从而形成批判性的数学思维。这种思维方式不仅有助于学生在数学学习中取得更好的成绩，更能够培养他们的创新精神和解决问题的能力。

3. 反思对创新能力的提升

创新能力是数学思维中的高级能力，它要求学生能够打破常规，提出新颖、独特的观点和解决方案。通过反思，学生可以对自己的思维方式和方法进行挑战和突破，从而激发出新的思考火花和创新灵感。

在数学学习中，创新能力往往体现在对问题的独特见解和新颖解法上。通过反思，学生可以重新审视自己的解题方法和思路，尝试从不同的角度去分析和解决问题。这种创新性的思维方式不仅可以让学生在数学学习中获得更多的乐趣和成就感，更能够培养他们的创新意识和实践能力。

（二）反思帮助构建数学思维模式

1. 通过反思总结经验教训

小学生在数学学习中经常会遇到各种问题和挑战，而通过反思，他们可以总结自己在解题过程中的经验教训，避免在未来的学习中犯同样的错误。这种经验教训的总结不仅有助于提高学生的解题效率和准确性，更能帮助他们形成具有个人特色的数学思维模式。

例如，在解决一道复杂的几何问题后，学生可以通过反思来总结自己在解题过程中的得失。他们可能会发现自己对某个几何概念的理解不够深入或者对某个解题方法的运用不够熟练。通过反思和总结，学生可以针对性地加强自己的薄弱环节,从而提升数学思维能力。

2.构建具有个人特色的数学思维模式

每个人的思维方式和方法都是独特的,而通过反思,学生可以更加清晰地认识到自己的思维特点和优势,从而构建出具有个人特色的数学思维模式。这种模式不仅可以帮助学生更快地解决数学问题,还能提高他们的思维效率和准确性。

例如,有的学生擅长通过图形来理解和解决问题,而有的学生则更善于运用代数方法来处理数学问题。通过反思和总结自己的思维方式和解题方法,学生可以找到最适合自己的数学思维模式,并在未来的学习中不断优化和完善它。

3.提升对数学概念和原理的理解

数学概念和原理是数学学习的基础,而通过反思,学生可以更加深入地理解和掌握这些基本概念和原理。通过回顾自己的解题过程和思考方法,学生可以发现自己对某些概念和原理的理解是否准确和深入。如果发现存在误解或不足,学生可以及时进行纠正和补充,从而提升对数学概念和原理的理解水平。这种理解水平的提升不仅可以帮助学生更好地解决数学问题,还能提高他们的数学素养和综合能力。

二、反思在数学概念形成中的作用

(一)通过反思理解概念本质

1.反思助力揭示概念核心

在数学学习中,概念是构建知识体系的基石。然而,学生往往只是表面地接受了概念的定义,而没有深入理解其本质。通过反思,学生可以重新审视自己对概念的理解,挖掘概念背后的深层含义。这种反思不仅包括对概念定义的再思考,还包括对概念产生背景、应用场景以及与其他概念关系的探究。通过这一系列的反思活动,学生能够更加准确地把握概念的核心,为后续的学习和应用奠定坚实的基础。

例如，在学习"函数"这一概念时，学生最初可能只是将其理解为一种对应关系。然而，通过反思，学生会意识到函数不仅仅是一种简单的对应关系，它还蕴含着变化规律和数学模型的思想。这种深入理解有助于学生更好地掌握函数的性质和应用。

2. 反思纠正概念理解偏差

由于学生的认知水平和思维习惯不同，他们在理解数学概念时可能会产生偏差或误解。这些偏差或误解如果不及时纠正，将会对学生的后续学习造成负面影响。通过反思，学生可以及时发现并纠正自己对概念的理解偏差，确保对概念的准确掌握。

以"平行线"这一概念为例，部分学生可能错误地认为只要两条直线不相交就是平行线。然而，通过反思和查阅资料，他们会意识到平行线还需要满足在同一平面内且永远不相交的条件。这种纠正过程不仅有助于学生准确理解概念，还能培养他们的严谨思维习惯。

3. 反思深化概念应用能力

理解概念的本质不仅是为了掌握数学知识，更是为了应用这些知识解决实际问题。通过反思，学生可以思考如何将所学的数学概念应用到实际生活中去，从而深化对概念的理解和应用能力。这种应用能力的提升不仅体现在解题上，更体现在学生运用数学知识解决实际问题的能力上。

例如，在学习"比例"这一概念后，学生可以通过反思思考比例在现实生活中的应用场景，如地图比例尺等。通过这种反思和应用实践，学生能够更加深刻地理解比例的概念并提升他们的应用能力。

(二) 反思促进概念之间的联系与区别

1. 反思建立概念间的桥梁

数学概念之间往往存在紧密的逻辑关系。通过反思，学生可以探究这些概念之间的内在联系，建立起概念间的桥梁，从而形成一个完整、系统的知识体系。这种知识体系不仅有助于学生更好地理解单个概念，还能帮助他们把握数学的整体结构和脉络。

例如，在学习了"整数""小数""分数"等概念后，学生可以通过反思思考它们之间的联系和转换关系。通过这种反思和探究过程，学生能够更加清晰地认识到这些数之间的内在联系和区别，从而形成一个完整的数的认识体系。

2. 反思明确概念间的界限

虽然数学概念之间存在一定的联系，但它们之间也有明显的区别和界限。通过反思，学生可以更加清晰地认识到这些区别和界限，避免在解题过程中出现混淆或误用概念的情况。这种对概念界限的明确认识不仅有助于提高学生的解题准确性，还能培养他们的逻辑思维能力和严谨性。

以"矩形"和"平行四边形"为例，虽然它们都是四边形且对边平行，但通过反思比较它们的定义和性质，学生可以明确它们之间的区别：矩形的四个角都是直角，而平行四边形的角度则没有这一限制。明确概念间的界限有助于学生更好地掌握和运用这两个概念。

3. 反思促进概念的迁移与应用

在数学学习中，学生经常需要将所学的概念迁移到新的情境中去解决问题。通过反思，学生可以思考如何将已学的概念应用到新的问题中，并探索新的应用场景。这种迁移和应用能力不仅体现了学生对概念的深入理解，也反映了他们的创新思维和实践能力。

例如，在学习了"三角形"的相关概念后，学生可以通过反思思考这些概念在几何证明、面积计算等方面的应用，并尝试将它们迁移到更复杂的图形问题中去解决实际问题。通过这种反思和实践过程，学生能够更加灵活地运用所学的数学概念，并提升他们的数学素养和综合能力。

三、反思对数学推理能力的提升

（一）反思使推理过程更加严谨

1. 反思对推理步骤的合理性的检验

在数学推理中，每一步的推理都必须有充分的依据和理由。学生常常在推理过程中因为急于求成或者对知识点理解不透彻，导致推理步骤存在不合理之处。通过反思，学生可以重新审视自己的推理步骤，思考每一步推理是否站得住脚，是否有充分的数学原理或已知条件作为支撑。这种反思能够帮助学生及时发现并纠正推理中的逻辑错误，使推理过程更加合理、严谨。

例如，在解决几何证明题时，学生可能会尝试通过一系列的推理来得出结论。然而，如果其中某一步的推理没有充分的依据，那么整个证明过程就会显得不够严谨。通过反思，学生可以检查每一步推理的合理性，确保每一步都有充分的数学原理作为支撑，从而使整个推理过程更加严谨。

2. 反思对逻辑推理的严密性的提升

数学推理不仅要求步骤合理，还要求逻辑严密。学生在推理过程中往往会出现逻辑跳跃或逻辑混乱的情况，导致推理不够严密。通过反思，学生可以仔细审视自己的逻辑推理过程，发现逻辑上的漏洞和不足，进而加以改进和完善。这种反思能够帮助学生提升逻辑推理的严密性，使他们的数学推理更加严谨、有力。

以代数方程的求解为例，学生在解题过程中可能会忽略某些条件或者错误地应用某些公式，导致逻辑推理出现漏洞。通过反思，学生可以检查自己的逻辑推理过程，发现并修正这些漏洞，从而提高逻辑推理的严密性。

3. 反思确保结论的正确性

数学推理的最终目的是得出结论。然而，如果推理过程存在漏洞或错误，那么结论的正确性就会受到质疑。通过反思，学生可以对自己的推理过程进行全面的审视和检查，确保每一步推理都是正确的，从而得出正确的结论。这种反思能够帮助学生提高结论的正确性，使他们的数学推理更加严谨、可信。

例如，在解决复杂的数学问题时，学生可能会通过一系列的推理来寻求答案。然而，如果推理过程中存在错误或漏洞，那么最终得出的结论就可能是错误的。通过反思自己的推理过程并确保每一步都是正确的，学生可以大大提高结论的正确性。

（二）通过反思发现推理中的漏洞并修正

1. 反思帮助识别推理中的错误

在数学推理过程中，学生难免会犯错误。有些错误可能是显而易见的，但有些错误却可能隐藏得很深，不容易被发现。通过反思，学生可以对自己的推理过程进行深入的剖析和检查，从而发现那些潜在的、不易察觉的错误。这种反思能够帮助学生及时识别并纠正推理中的错误，提高他们的数学推理能力。

以几何证明为例，学生可能会在证明过程中犯下一些微小的错误，如错误地使用了某个定理或者忽略了某个关键条件。通过反思自己的证明过程，学生可以及时发现并纠正这些错误，使证明更加严谨、正确。

2. 反思促进对知识点的深入理解

数学推理需要建立在深厚的对知识点的理解基础上。如果学生对知识点的理解不够深入或者存在误解，那么他们在推理过程中就可能出现漏洞或错误。通过反思，学生可以重新审视自己对知识点的理解是否准确、深入，并进一步加强对知识点的掌握和运用。这种反思能够帮助学生更加准确地掌握数学知识和方法，提高他们的数学思维能力和解决问题的能力。

例如，在学习函数的概念和性质时，学生可能会因为对函数的理解不够深入而在推理过程中出现错误。通过反思自己的学习过程和对函数的理解程度，学生可以找出自己的不足之处并加以改进，从而更加深入地理解函数的概念和性质。

3. 反思培养批判性思维和自我纠错能力

通过反思自己的推理过程并发现其中的漏洞和错误后，学生会逐渐形成批判性思维和自我纠错能力。他们能够学会对自己的思维过程进行质疑和批判，不再盲目接受现有的答案或方法；同时，他们也能够学会在发现错误后及时纠正并寻求更好的解决方案。这种批判性思维和自我纠错能力对于学生的长期数学学习和发展具有重要的指导意义。

在数学学习中，培养学生的批判性思维和自我纠错能力是非常重要的。通过反思自己的推理过程和解题方法，学生可以逐渐形成这种能力，并在未来的学习中不断运用和提升它。这将有助于他们在解决数学问题时更加严谨、准确和高效。

第二节　小学生数学反思能力培养对数学问题解决能力的提升

一、反思在问题解决策略选择中的应用

（一）反思帮助选择更有效的解题策略

1. 反思促进策略评估与选择

在解决数学问题时，尤其是复杂问题，学生常常会面临多种潜在的解题策略。这些策略可能包括直接计算、列方程求解、画图辅助理解等。然而，并非所有策略都同样有效或适合特定的问题。通过反思，学生可以仔细评估每种策略的优缺点以及它们对于特定问题的适用性。这种评估过程有助于学生根据问题的具体特点和个人能力，选择最合适的解题路径。

例如，在面对一个涉及多个变量的复杂问题时，学生可能会首先尝试直接计算，但在反思中发现这种方法既烦琐又容易出错。于是，学生会转而选择列方程求解,这种方法虽然需要一定的代数知识,但对于处理多变量问题却更为高效。

2. 反思帮助学生识别并避免无效策略

在解题过程中,学生有时会采用一些看似合理但实际上无效或低效的策略。通过反思,学生可以及时发现这些策略的问题所在,从而避免在后续解题中继续使用。这种识别并摒弃无效策略的能力,对于提高学生的解题效率和准确性至关重要。

以几何问题为例,学生可能会尝试通过复杂的构造和计算来求解,但在反思中发现这种方法既费时又容易出错。于是,学生会学会识别这种策略的局限性,并尝试寻找更为简洁、直接的方法。

3. 反思提升学生解题的自适应性

数学问题的种类繁多,每种问题可能需要不同的解题策略。通过反思,学生可以逐渐学会根据不同问题的特点灵活调整自己的解题策略。这种自适应性不仅有助于学生解决当前问题,还能为他们在未来遇到更复杂、更多样化的问题时提供有力的思维支持。

例如,在面对不同类型的应用题时,学生可能需要运用比例、百分数、分数等不同的数学概念。通过反思,学生可以学会根据问题的具体需求,选择合适的数学概念和方法来解决问题。

(二)通过反思优化解题步骤

1. 反思促进解题步骤的简化与明晰

在解题过程中,学生有时会陷入复杂的步骤和计算中,导致解题思路变得混乱不堪。通过反思,学生可以重新审视自己的解题过程,发现其中的冗余和不合理之处,进而对步骤进行简化和明晰化。这种优化不仅有助于提高解题效率,还能使学生的解题思路更加清晰、有条理。

例如,在解决一个涉及多个计算步骤的问题时,学生可能会在反思中发现某些步骤是重复的或者是可以合并的。于是,学生会将这些步骤进行简化或者整合，从而提高解题效率并减少出错的可能性。

2. 反思帮助学生形成系统化思维方式

数学问题的解决往往需要一种系统化、条理化的思维方式。通过反思优化解题步骤的过程，学生可以逐渐学会如何有条理地分析和解决问题。这种系统化思维方式不仅有助于学生在数学领域取得更好的成绩，还能为他们在其他学科和日常生活中提供有力的思维支持。

以解决实际问题为例，学生可能需要综合运用多种数学知识和方法来进行分析和计算。通过反思和优化解题步骤，学生可以学会如何将这些知识和方法有机地结合起来，形成一种系统、高效的解题方式。

3. 反思提升学生的问题解决能力

优化解题步骤的过程实际上是一个不断试错和改进的过程。通过这个过程，学生可以逐渐提升自己的问题解决能力，学会在面对复杂问题时如何寻找最佳的解决方案。这种能力提升不仅对学生的数学学习有重要意义，还能为他们在未来的生活和工作中提供更多的可能性和机会。

例如，在面对一个实际应用的数学模型时，学生可能需要运用多种数学知识和方法来构建和解决模型。通过反思和优化解题步骤的过程，学生可以逐渐学会如何根据实际情况灵活选择和运用这些知识和方法，从而提升自己的问题解决能力。

二、反思对问题解析的深化

（一）反思有助于理解问题的深层结构

1. 反思促进对问题本质的把握

数学问题，尤其是复杂的应用题，其表面描述可能掩盖了问题的真正本质。通过反思，学生可以逐步剥离问题的外层，深入问题的核心，从而更准确地把握问题的本质。这种深入探究的过程，有助于学生发现隐藏在复杂情境下的数学原理和规律，使解题过程更加有的放矢。

例如，一些看似复杂的比例问题，通过反思和深入分析，学生可能会发现其实质是简单的比例关系，从而能够更快速地找到解题思路。

2. 反思揭示条件间的逻辑关系

数学问题中的各个条件往往不是孤立的，它们之间存在着复杂的逻辑关系。通过反思，学生可以更加清晰地认识这些关系，理解条件之间是如何相互影响、相互制约的。这种对条件间逻辑关系的深入理解，有助于学生构建更加完整、系统的数学知识网络，提高解题的准确性和效率。

以几何问题为例，通过反思不同条件之间的关联，学生可能会发现某些看似无关的条件实际上存在着微妙的联系，这些联系正是解题的关键所在。

3. 反思提升对数学模型的认知

数学模型是解决实际问题的重要工具。通过反思，学生可以更加深入地理解数学模型的构建过程和应用场景，从而提升对数学模型的认知和运用能力。这种认知能力的提升，有助于学生将实际问题抽象为数学问题，进而运用数学知识和方法进行求解。

例如，在解决最优化问题时，通过反思不同模型的特点和适用范围，学生可以选择最合适的模型进行求解，从而提高解题的效率和准确性。

(二) 通过反思发现问题的多种解法

1. 反思拓宽解题思路

面对一个数学问题，学生往往会首先想到一种解法并尝试去实施。然而，通过反思，学生可以打破思维定式，从不同的角度去审视问题，从而发现更多的解法。这种拓宽的解题思路有助于学生更加全面地理解问题，提高解题的灵活性和创新性。

例如，在解决一些代数问题时，除了常规的代数方法外，学生还可以通过反思发现图形化、数值化等多种解法。这些不同的解法可以相互验证，提高解题的准确性和可靠性。

2. 反思培养创新思维

数学问题的多种解法往往蕴含着创新思维的火花。通过反思和探索不同的解法，学生可以锻炼自己的创新思维能力，发现更多新颖、独特的解题方法。这种创新思维能力的培养对于学生的长期发展具有重要意义，不仅可以提高他们在数学领域的竞争力，还可以迁移到其他学科和生活中去。

以组合数学为例，通过反思不同组合方式的特点和规律，学生可以发现一些非常规的解法，如利用对称性、递推关系等巧妙地解决问题。

3. 反思提升问题解决能力

数学问题的解决能力是学生数学素养培养的重要组成部分。通过反思和探索问题的多种解法，学生可以更加全面地掌握数学知识和方法，提高问题解决的能力。这种能力的提升不仅可以帮助学生更好地应对数学考试和竞赛的挑战，还可以为他们的未来学习和职业发展打下坚实的基础。

例如，在解决实际问题时，学生可能需要综合运用多种数学知识和方法。通过反思和探索不同的解法，学生可以更加灵活地运用这些知识和方法去解决实际问题，从而提升问题解决的能力。

三、反思在预防解题错误中的作用

（一）反思帮助识别潜在的错误

1. 反思促进答案复核与错误发现

小学生在解题时，由于各种原因，如粗心、对概念理解不清或计算失误等，可能会导致答案错误。通过反思，学生可以在解题后对答案进行复核，及时发现并更正这些错误。这种复核不仅限于答案的正确性，还包括解题步骤的合理性和逻辑性。通过认真反思，学生可以识别出潜在的逻辑漏洞或计算失误，从而提高解题的准确性。

例如，在解决算术问题时，学生可能会因为计算疏忽而导致答案错误。通过反思和复核，他们可以找出计算中的错误并进行纠正，确保答案的正确性。

2. 反思帮助学生识别典型错误与思维定势

小学生在解题过程中，由于思维定势或习惯性思维，可能会反复犯同样的错误。通过反思，学生可以识别出自己在解题过程中容易犯的典型错误，从而有意识地避免这些错误。同时，反思还有助于学生打破思维定势，尝试从不同的角度思考问题，寻找新的解题思路和方法。

以几何题为例，学生可能习惯于使用某种特定的方法求解，而忽视了其他更有效的解题方法。通过反思，他们可以意识到这种思维定势，并尝试采用其他方法进行求解，从而提高解题的灵活性和准确性。

3. 反思提升学生对错误的警觉性

通过反思，学生可以更加警觉地对待解题过程中的每一个步骤，减少因为粗心或急躁而导致的错误。他们会更加谨慎地检查每一个计算步骤、每一个公式和定理的应用是否正确，从而提高解题的精确性和可靠性。

例如，在解决复杂的应用题时，学生可能需要运用多个公式和定理进行计算。通过反思，他们可以更加警觉地检查每一个公式和定理的应用是否正确，确保解题的准确性。

（二）通过反思减少同类错误的再次发生

1. 深入分析错误原因与根源

当学生在解题过程中犯错时，通过反思深入分析错误的原因和根源是至关重要的。这种分析可以帮助学生明确自己在解题过程中的薄弱环节和易错点，从而有针对性地加以改进。例如，如果错误是由于对某个数学概念理解不清造成的，那么学生就需要重新回到课本中，加深对该概念的理解；如果错误是由于计算粗心导致的错误，那么学生就需要加强计算练习，提高自己的计算能力。

此外，学生还可以将自己的错误进行记录和整理，形成一个"错题集"。通过定期回顾这些错题，学生可以不断提醒自己避免再犯类似的错误。

2. 针对性改进与练习

在找出错误原因和根源后，学生需要采取针对性的措施进行改进。如果是因为知识点掌握不牢固导致的错误，学生可以通过复习相关知识点、做相关练习题来巩固自己的知识体系。如果是因为解题方法不当导致的错误，学生可以尝试学习并掌握更多的解题方法，以便在遇到类似问题时能够灵活应对。

同时，学生还可以通过大量练习来提高自己的解题速度和准确性。在练习过程中，学生要时刻保持警惕，避免再犯之前的错误。通过不断练习和反思，学生可以逐渐提高自己的解题能力并减少错误的发生。

3. 建立正确的解题习惯和态度

通过反思，学生不仅可以找出并改正具体的错误，更重要的是可以建立起正确的解题习惯和态度。首先，学生要养成认真审题的习惯，确保自己完全理解题目的要求和条件。其次，在解题过程中，学生要保持清晰的思路，避免盲目下笔。最后，在完成解题后，学生要对答案进行复核和检查，确保答案的正确性。

同时，学生还要保持谦虚和开放的态度，勇于承认并改正自己的错误。在面对困难和挑战时，学生要积极寻求帮助和支持，不断提高自己的解题能力和思维水平。通过这种正确的解题习惯和态度的培养，学生可以更好地预防解题错误的发生，并提高解题质量。

第三节 小学生数学反思能力培养对学生长期数学学习的意义

一、反思与自主学习能力的培养

（一）反思促进学习自主性的提高

1. 反思激发学习主动性

小学生在数学学习过程中，通过反思能够意识到自己的学习主体地位，从而更加主动地投入学习。反思鼓励学生回顾自己的学习过程和成果，评估自己的学习方法和策略是否有效，这种自我评估的过程能够激发学生的学习主动性。当学生发现自己的学习方法有待改进时，他们会积极寻找更有效的学习策略，以提高学习效果。

例如，在学习新的数学概念时，学生可以通过反思发现自己对概念的理解程度，如果发现理解不够深入，就会主动查找资料、请教老师或同学，以加深对概念的理解。

2. 反思培养自我监控能力

反思有助于学生培养自我监控能力，即对自己的学习过程进行实时监控和调整。通过反思，学生可以及时发现自己在学习过程中的问题和不足，进而调整学习策略，确保学习目标的实现。这种自我监控能力是学生自主学习能力的重要组成部分，也是学生终身学习的关键能力。

例如，在解决数学问题时，学生可以通过反思监控自己的解题过程，及时发现问题并调整解题思路，以确保解题的正确性和效率。

3. 反思促进学习策略的调整与优化

学生在反思过程中，会不断审视和调整自己的学习策略，以适应不同的学习任务和情境。这种策略调整的能力是自主学习能力的重要体现，也是学生未来学习和职业发展的关键能力。通过反思，学生可以逐渐找到最适合自己的学习方法，提高学习效率和质量。

以数学学习为例，学生可能会发现某些章节的内容更适合通过刷题来掌握，而其他章节则可能需要通过阅读教材、做笔记或参加讨论来加深理解。通过反思和调整学习策略，学生可以更加高效地完成学习任务。

（二）通过反思制订个性化的学习计划

1. 反思帮助学生认识自己的学习特点

每个学生都有自己的学习特点和风格，通过反思，学生可以更加清晰地认识自己的学习方式和偏好。这种自我认知有助于学生制订更加符合自己特点的学习计划，从而提高学习效果。

例如，有的学生喜欢通过动手实践来学习数学，而有的学生则更善于通过阅读和理解来学习。通过反思自己的学习方式和特点，学生可以选择更适合自己的学习方法，如实验操作、阅读理解等，以制订个性化的学习计划。

2. 反思帮助学生发现学习弱点与盲点

学生在数学学习过程中难免会遇到困难和挑战，通过反思，他们可以及时发现自己的学习弱点和盲点。这些弱点和盲点可能是对某个具体的知识点掌握得不牢固，也可能是对某种解题方法不熟练。通过识别这些问题，学生可以更加明确地知道自己的学习需求，从而在学习计划中加强对相关内容的学习和训练。

例如，在解决数学问题时，学生可能会发现自己在某些类型的题目上容易出错。通过反思和分析这些错误，学生可以找出自己的学习弱点，并在学习计划中加强对相关知识点的学习和练习。

3. 反思有助于学生制订和调整学习计划

制订学习计划是学生自主学习的重要环节。通过反思自己的学习过程和成果，学生可以更加明确自己的学习目标和方向，从而制订出更加合理的学习计划。同时，在实施学习计划的过程中，学生还需要不断反思和调整计划以适应自己的学习进度和需求。

例如，学生在学习某个数学章节时可能会发现原计划的学习进度过于紧凑或过于松散。通过反思和调整学习计划，学生可以更加合理地安排自己的学习时间和任务量，以确保学习计划的顺利实施。这种灵活调整学习计划的能力是学生自主学习能力的重要体现之一。

二、反思对数学学习兴趣的激发与维持

（一）反思提升数学学习的成就感

1. 反思助力解决难题，提升成就感

小学生在数学学习中，时常会面临一些复杂和棘手的问题。这些问题可能初看起来无从下手，但通过深入反思，学生就可以通过尝试从不同的角度审视问题的方法，找到突破口。当学生通过自己的努力和反思，最终解决了这个难题时，他们就会获得巨大的成就感。这种成就感不仅来自问题的解决，更来自对自己能力的肯定和自信心的提升。

例如，当面对一道复杂的数学题时，学生初次尝试可能会失败。但通过反思，他们可以重新审视题目，发现之前忽略的信息，或者尝试新的解题方法。当最终得到正确答案时，那种从失败到成功的转变会给他们带来极大的满足感和成就感。

2. 反思中纠正错误，增强自信

在数学学习中，错误是难免的。当学生发现了自己的错误时，可能会感到沮丧和挫败。但正是这些错误，为学生提供了反思和学习的机会。通过反思，学生可以找出错误的根源，理解为何会犯这样的错误，并采取措施避免再次犯错。

当学生成功地纠正了自己的错误，并理解了背后的原因，他们会感受到一种由内而外的成就感。这种成就感不仅来自错误的纠正，还来自对自身知识体系的完善和提升。

3. 反思展现进步，激发动力

数学学习是一个持续的过程，学生在这一过程中会不断地进步和成长。通过反思，学生可以清晰地看到自己的进步和变化。他们可以回顾过去的学习过程，对比现在的自己，从而感受到自己的成长和提升。

这种自我肯定和自我认知会极大地增强学生的自信心，他们会更加珍惜自己的努力和付出，也会更加期待未来的学习和进步。

(二) 通过反思发现数学学习的乐趣

1. 反思中的探索与发现

数学学习不仅仅是解题和应试，更是一个充满探索和发现的旅程。通过反思，学生可以更加深入地理解数学概念和原理背后的逻辑和美感。他们会发现数学中蕴含的规律和奥秘，从而感受到数学学习的乐趣。

例如，在学习几何图形时，学生可能会通过反思发现不同图形之间的关联和转换规律。这种探索和发现会带给他们极大的满足感和兴奋感，也会让他们更加珍惜和享受数学学习的过程。

2. 反思中的实际应用与问题解决

数学不仅仅是一门理论学科，更是一门应用广泛的实用学科。通过反思，学生可以将数学知识与实际生活联系起来，发现数学在解决实际问题中的应用价值。这种联系会让学生更加感受到数学学习的实用性和趣味性。

例如，在学习统计和概率时，学生可能会通过反思发现这些知识在生活中的广泛应用。他们可以运用所学知识去解决实际问题，如分析数据、预测结果等。这种实际应用的过程会让他们感受到数学学习的乐趣和价值。

3. 反思中的自我挑战与超越

数学学习是一个不断挑战自我和超越自我的过程。通过反思，学生可以对自己的学习过程和成果进行客观的评价和分析，从而找到自己的不足和提升空间。他们会设定更高的学习目标，挑战自己的极限，实现自我超越。

例如，在解决一个复杂的数学问题时，学生可能会通过反思发现自己的思维局限和解题方法的不足。他们会尝试新的方法和思路去解决问题，实现自我挑战和超越。这种过程本身就会带给他们极大的乐趣和满足感。

三、反思对未来数学学习的基础性作用

（一）反思为高级数学学习打下基础

1. 反思促进数学知识的系统化和深化

高级数学的学习往往涉及更复杂的概念、定理和证明过程，这就要求学生不仅需要掌握基础知识点，还需对这些知识有深入的理解和系统的把握。通过反思，学生可以将新学到的知识与已有的知识体系相连接，形成一个更加完整和系统的数学认知结构。例如，在学习新的数学定理时，通过反思其与前述知识的关联，学生能够更清晰地理解定理的来龙去脉，从而加深对数学原理的认识。

2. 反思有助于发现与弥补知识漏洞

在数学学习过程中，学生难免会遇到难以理解或容易混淆的概念。通过反思，学生可以及时发现自己对哪些知识点的掌握还不够牢固，对哪些地方存在疑惑或误解。这种自我检查的过程有助于学生及时发现并弥补知识漏洞，防止在未来的高级数学学习中因为这些基础知识的薄弱而影响到整体学习效果。

3. 反思提升解决复杂数学问题的能力

在高级数学学习中，问题的复杂性和抽象性会大大增加。通过反思，学生可以锻炼自己分析问题的能力，学会从不同的角度审视和解决问题。这种能力在未来的高级数学学习中尤为重要，因为学生需要面对更多维度、更深层次的数学挑战。通过不断反思和总结解题经验，学生能够更加灵活地运用所学知识，提高解决复杂数学问题的能力。

（二）通过反思培养终身学习的习惯与能力

1. 反思塑造自主学习的思维模式

终身学习强调个人的自主学习和自我提升能力。在数学学习中培养反思习惯，有助于学生形成自主学习的思维模式。学生会逐渐习惯于在学习过程中不断自问自答，检查自己的学习效果，调整学习策略，这种自我驱动的学习模式将为他们的终身学习奠定坚实的基础。

2. 反思提升学习的迁移能力

反思不仅有助于学生在数学学科内的学习，还能促进学习迁移，即将在一个领域学到的知识和技能应用到其他领域。通过反思，学生可以提炼出学习过程中的通用方法和策略，这些方法和策略在未来的其他学科学习和职业发展中同样具有指导意义。因此，反思能够帮助学生更好地适应多变的学习环境，实现学习的迁移和拓展。

3. 反思培养持续学习的动力

终身学习需要持续的学习动力和热情。在数学学习中，通过反思，学生可以清晰地看到自己的进步和成就，这种正面的反馈会激发他们的学习热情，激发他们的学习动力。同时，反思还能帮助学生及时调整学习状态，克服学习中的困难和挑战，保持对学习的持续兴趣和投入。这种持续的学习动力是终身学习不可或缺的重要因素。

第四章 小学生数学反思能力培养的基本原则

第一节 学生主体性原则

一、尊重学生主体地位

(一) 给予学生更多的自主权和选择权

1. 赋予学生自主选择学习路径的权利

在传统的教学模式中,学生往往只能按照教师设定的路线进行学习,这种方式虽然能够确保教学内容的统一性,却忽视了学生的主体性和差异性。为了培养学生的反思能力,教师应当给予学生自主选择学习路径的权利。例如,在学习新的数学概念时,教师可以提供多种学习资源和学习方式,让学生根据自己的兴趣和能力去选择适合自己的学习路径。这样,学生在学习过程中不仅能够更深入地理解知识,还能在反思中不断调整自己的学习策略,从而提高学习效率。

2. 鼓励学生自主设定学习目标

学习目标是学习的指南针,它能够引导学生明确自己的学习方向。在传统的教学模式中,学习目标往往是由教师统一设定的,这种方式很难照顾到每个学生的个体差异。因此，教师应当鼓励学生自主设定学习目标，让他们根据自己的实际情况和需求来制订适合自己的学习计划。这样，学生在学习过程中就会更加有针对性和动力，同时也能在反思中不断调整自己的学习目标，实现自我超越。

3. 提供多样化的学习任务供学生选择

为了培养学生的反思能力，教师应当提供多样化的学习任务供学生选择。这些学习任务可以包括基础练习、拓展练习、探究性任务等，以满足不同学生的学习需求和兴趣。例如，对于基础较好的学生，教师可以提供一些具有挑战性的拓展练习，让他们在解决问题中锻炼自己的思维能力和反思能力；而对于基础较差的学生，教师可以提供一些基础练习，帮助他们巩固基础知识，提高自信心。

(二) 尊重学生的学习节奏和学习方式

1. 因材施教，适应学生的学习节奏

每个学生都有自己的学习节奏。有的学生接受新知识较快，有的学生则需要更多的时间来理解和消化。因此，教师在培养数学反思能力时，应当因材施教，适应学生的学习节奏。对于学习节奏较快的学生，教师可以给予他们更多的挑战性和深层次的学习任务，以激发他们的求知欲和探索欲；而对于学习节奏较慢的学生，教师则应当给予他们更多的耐心和指导，帮助他们逐步掌握知识，建立信心。

2. 尊重并引导学生选择适合自己的学习方式

不同的学生有不同的学习方式偏好，有的学生善于通过听觉来学习，有的学生则更善于通过视觉或动手实践来学习。因此，教师应当尊重并引导学生选择适合自己的学习方式。例如，对于喜欢通过听觉学习的学生，教师可以通过讲解和讨论的方式来传授知识；对于喜欢通过视觉学习的学生，教师可以提供丰富的图表和图像资料来辅助他们理解知识；而对于喜欢动手实践的学生，教师则可以设计一些实验和活动来让他们亲身体验知识的应用。

3. 创造灵活多样的学习环境以满足学生需求

为了尊重学生的学习方式和学习节奏，教师应当创造灵活多样的学习环境以满足学生的需求。例如，教师可以利用现代信息技术手段，如多媒体教学、网络教学等来丰富教学手段和形式，还可以通过小组合作学习、项目式学习等方式来促进学生的交流与合作能力的发展。这样不仅能够激发学生的学习兴趣和积极性，还能让他们在多样化的学习环境中不断反思和调整自己的学习策略和方法，从而提高学习效果和效率。

二、激发学生主动性

（一）设计有趣的教学活动

1. 利用数学游戏激发学习兴趣

数学游戏是一种寓教于乐的教学方式，能够有效吸引学生的注意力，激发他们对数学学习的兴趣。教师可以通过设计富有挑战性和趣味性的数学游戏，让学生在游戏中学习和巩固数学知识。例如，设计"数学接力赛"游戏，让学生分组进行数学问题的解答，这不仅能够锻炼他们的数学运算能力，还有助于培养团队合作精神。在游戏过程中，教师应适时引导学生进行反思，让他们思考自己在游戏中的表现，总结经验教训，以便更好地掌握数学知识。

2. 开展数学竞赛，提升思维能力

数学竞赛是一种有效的教学活动，能够提升学生的数学思维能力和解决问题的能力。通过参加数学竞赛，学生可以接触更高层次的数学问题和挑战，从而激发他们的求知欲和探索欲。在竞赛过程中，学生需要独立思考、分析问题并找出解决方案，这有助于培养他们的逻辑思维和创新能力。同时，竞赛的结果也能让学生了解自己的优势和不足，进一步激发他们的学习动力。

3. 实践活动提升数学应用能力

数学实践活动是让学生将数学知识应用于实际生活中的一种教学方式。

通过实践活动，学生可以亲身体验数学知识的实用性和趣味性，从而增强对数学学科的认识和喜爱。例如，教师可以组织学生测量学校的建筑物或场地，让他们运用所学的数学知识进行计算和分析。这样的实践活动不仅能够提升学生的数学应用能力，还能培养他们的实践能力和团队协作精神。在实践活动中，教师应鼓励学生积极反思，让他们思考如何更好地运用数学知识解决实际问题。

（二）及时鼓励和肯定

1. 具体化、个性化的鼓励

为了有效地激发学生的主动性，教师应该及时给予学生鼓励和肯定。这种鼓励不能是笼统的、泛泛的，而应该是具体的、有针对性的。例如，当学生在数学学习中表现出色时，教师可以明确指出他们在哪些方面做得好，如解题思路清晰、计算准确等。同时，鼓励也应该是个性化的，根据学生的不同特点和表现给予相应的肯定，让学生感受到教师对自己的关注和认可。

2. 正面反馈与建设性建议相结合

在给予学生鼓励和肯定的同时，教师还应该结合正面反馈和建设性建议。正面反馈能够增强学生的自信心，让他们更加确信自己在数学学习上的能力。而建设性建议则可以帮助学生识别自己的不足，并提供具体的改进方向。例如，当学生在解题过程中出现错误时，教师可以先肯定他们的努力和思考过程，然后指出错误所在，并提供正确的解题思路和方法。

3. 设立奖励机制，激发学习动力

为了进一步激发学生的主动性，教师可以设立一定的奖励机制。这种奖励可以是物质上的小奖品、加分等，也可以是精神上的荣誉证书、"优秀学生"称号等。通过设立奖励机制，教师可以让学生看到自己在数学学习中的成果和收获，从而更加积极地投入学习。同时，奖励机制还能激发学生的竞争意识，促使他们在数学学习中不断追求卓越和进步。在设立奖励机制时，教师应确保奖励的公平性和合理性，避免引起学生的不满和抵触情绪。

三、注重学生个性化发展

（一）了解学生的学习特点和兴趣爱好

1. 深入观察与沟通交流

要了解学生的学习特点和兴趣爱好，教师需要深入观察学生的课堂表现。通过观察学生在课堂上的反应、参与度和注意力集中情况等，教师可以初步判断学生的学习风格和兴趣所在。此外，教师还可以利用课间休息、课后辅导等时机与学生进行沟通交流，询问他们对数学学习的看法、感受以及在学习中遇到的困难和挑战。通过有效的沟通，教师能够更准确地把握学生的学习需求和兴趣点。

2. 分析学生的学习方式和偏好

学生的学习方式和偏好对于教师设计教学活动和作业任务至关重要。有些学生可能更倾向于视觉学习，喜欢通过阅读图表、图片或视频来学习新知识；而有些学生则可能更善于听觉学习，喜欢通过听讲、讨论或听录音来学习。因此，教师需要分析学生的学习方式和偏好，以便为他们提供更加符合其学习风格的教学资源和活动。

3. 结合学生的兴趣爱好设计教学内容

了解学生的兴趣爱好后，教师可以尝试将这些元素融入数学教学中。例如，对于喜欢运动的学生，教师可以通过引入与运动相关的数学问题来激发他们的学习兴趣；对于喜欢艺术的学生，教师可以通过探讨数学与艺术的关系来吸引他们的注意力。通过将学生的兴趣爱好与数学教学相结合，教师不仅能够提升学生的学习积极性，还能帮助他们在学习过程中建立更紧密的联系和实际应用能力。

（二）因材施教和个性化辅导

1. 针对基础较差的学生进行辅导

对于基础较差的学生，教师需要给予更多的关注和帮助。首先，教师可以通过课后辅导、作业指导等方式来提升学生的数学基础知识和解题能力。针对学生的薄弱环节进行有针对性的训练，如加强基本概念的理解、提高计算能力等。其次，教师还可以鼓励学生多参加小组讨论和合作学习活动，以便在同学间的互助中提高数学水平。

2. 为基础较好的学生提供挑战性和拓展性学习任务

对于基础较好的学生，教师需要提供更具挑战性和拓展性的学习任务来满足他们的学习需求。例如，教师可以引导学生参加一些数学竞赛或探究性学习项目，让他们在数学学习和反思中得到更多的提升和发展。此外，教师还可以推荐一些高级数学读物或设置一些难度较高的思考题来激发他们的求知欲和探索欲。这样不仅能够培养学生的创新思维和解决问题的能力，还能帮助他们在数学领域取得更大的成就。

3. 定期评估与调整教学策略

为了确保因材施教和个性化辅导的有效性，教师需要定期对学生的学习情况进行评估。通过课堂测试、作业分析等方式来了解学生的学习进度和掌握情况。根据评估结果，教师可以及时调整教学策略和辅导方法以满足不同学生的需求。同时，教师还需要与学生保持密切的沟通和反馈机制，以便及时了解他们的学习困难和需求变化。

（三）尊重学生的选择和决定

1. 鼓励学生自主选择学习内容

在数学学习和反思中，教师应该鼓励学生自主选择学习内容。这意味着教师需要提供多样化的学习资源和活动供学生选择，以满足他们的个性化需求。例如，教师可以提供不同难度级别的数学题目或项目供学生选择完成，或者允许学生在一定范围内选择自己感兴趣的数学主题进行深入研究和学习。通过尊重学生的选择权，教师能够激发学生的学习兴趣和主动性。

2. 尊重学生的不同观点和解题思路

在数学学习和反思过程中，教师应该尊重学生的不同观点和解题思路。每个学生都有自己的思考方式和解决问题的方法论，教师应该鼓励多元思考并接受不同的答案和解法。当学生在解题过程中出现错误时，教师应该引导他们分析错误原因并尝试其他可能的解法而不是直接给出正确答案或标准解法。这样不仅能够培养学生的批判性思维能力还能让他们在反思中不断完善自己的解题方法和策略。

3. 培养学生的自主学习和决策能力

为了尊重学生的选择和决定权，教师还需要培养学生的自主学习和决策能力。教师可以通过设置开放性问题或项目来引导学生自主探索和解决问题，同时提供必要的支持和指导以确保学生的学习效果和质量。此外，教师还可以鼓励学生参与学习计划的制订和实施过程以培养他们的自我管理和决策能力。这样不仅能够增强学生的责任感和自主性，还能帮助他们在未来的学习和生活中更好地应对各种挑战和变化。

第二节 循序渐进原则

一、从简单到复杂：逐步提升学生的数学反思能力

（一）从简单知识点入手，建立基础认识

1. 初步理解数学知识

在培养小学生数学反思能力的起始阶段，选择简单、直观的知识点至关重要。例如，通过实物操作、图示解释等方式，帮助学生直观感受数学中的基本概念，如数量、形状、大小等。教师可以利用日常生活中的物品进行数数练习，或者使用图形卡片来教授基础的几何概念。这些活动旨在让学生从直观上理解数学知识的起点，为后续更复杂的学习打下基础。

2. 激发学习兴趣与好奇心

简单知识点的引入，不仅是为了建立数学基础，更是为了激发学生对数学的兴趣。教师可以通过讲述数学小故事、组织数学游戏等方式，让学生在

轻松愉快的氛围中学习数学。例如，利用扑克牌进行数字配对游戏，或者通过猜数字游戏来锻炼学生的数感和推理能力。这些活动能够吸引学生的注意力，使他们在游戏中自然而然地建立起对数学的好感。

3. 引导学生初步反思

在教授简单知识点的过程中，教师应该适时地引导学生进行反思。例如，在完成一个数学活动后，教师可以提问："你觉得这个活动中最困难的部分是什么？""你是如何克服这些困难的？"教师应通过这样的问题，引导学生回顾自己的学习过程，发现其中的问题和不足，从而培养他们的初步反思能力。

（二）逐步增加问题难度，提升数学思维

1. 渐进式增加问题复杂度

随着学生数学基础的建立，教师需要逐步增加问题的难度。这可以通过在原有知识点的基础上引入更多的变量、条件或步骤来实现。例如，在教学乘法时，可以先从简单的乘法算式开始，然后逐步过渡到多位数的乘法、带有小数点的乘法等。在这一过程中，教师要确保难度的提升是渐进的，以便学生能够逐步适应并挑战自己。

2. 培养深层次数学思维

随着问题难度的增加，教师需要引导学生发展深层次的数学思维。这包括逻辑推理、归纳分类、优化选择等能力。教师可以通过设计一些需要多步骤解决的问题，或者引入一些具有多个可能解的开放式问题，来锻炼学生的这些能力。例如，让学生解决一个涉及多个条件约束的最优化问题，或者让他们自己设计一个问题并求解。

3. 引导深度反思与总结

在逐步提升问题难度的过程中，教师要引导学生进行深度的反思和总结。这可以通过组织小组讨论、撰写学习日记或进行口头汇报等方式来实现。例如，在解决完一个复杂问题之后，教师可以让学生分享他们的解题思路、遇到的困难和解决方法，以及从中学到的数学知识和思维方法。这样的反思和总结能够帮助学生巩固所学知识，提高他们的数学思维水平。

(三) 设计挑战性问题，培养创新思维

1. 设计创新性与探索性问题

为了培养学生的创新思维，教师需要设计一些具有创新性和探索性的问题。这些问题应该能够激发学生的好奇心和求知欲，让他们愿意主动去探索未知的领域。例如，教师可以设计一些与现实生活紧密相关的问题，如"如何设计一个公平的投票系统"或者"如何用最少的材料制作一个能承受一定重量的桥梁模型"。这样的问题能够引导学生进行实践性的探索和创新性的思考。

2. 鼓励多角度思考与尝试

在解决挑战性问题的过程中，教师要鼓励学生从多个角度进行思考和尝试。这可以通过提供多种可能的解决方案、引导学生进行头脑风暴或者组织小组讨论等方式来实现。例如，在解决上述"公平的投票系统"问题时，教师可以让学生思考不同的投票规则、选票设计等因素对投票结果的影响，并鼓励他们提出自己的见解和解决方案。

3. 反思过程与寻求改进

在解决挑战性问题后，教师要引导学生进行深入的反思和寻求改进的过程。这可以通过撰写反思报告、进行成果展示或者组织经验分享会等方式来实现。在反思过程中，学生要思考自己在解决问题过程中的优点和不足、遇到的困难和挑战以及如何解决这些问题等。同时，他们还要思考如何进一步优化自己的解决方案，提高解决问题的效率和质量。这样的反思过程能够帮助学生不断提升自己的创新思维和解决问题的能力。

二、分层次教学：确保每个学生都能得到发展

(一) 了解学生差异，进行合理分层

1. 学生差异的识别与评估

在进行分层次教学之前，教师需要对学生的数学基础和反思能力进行全

面而准确的评估。这包括对学生的数学知识掌握情况、解题能力、学习态度、学习习惯以及个性特点等方面的了解。教师可以通过课堂观察、作业分析、测试成绩以及与学生交流等多种方式来获取这些信息。

为了确保评估的准确性和客观性，教师可以设计一些专门的评估工具，如数学能力测试卷、学习态度调查问卷等。同时，教师还可以结合学生的日常表现，以及与其他任课教师和家长的沟通情况，来综合评估学生的实际情况。

2. 合理分层的方法与原则

在了解学生差异的基础上，教师需要按照一定的方法和原则对学生进行合理分层。分层的方法包括采用定量评估和定性评估相结合的方法，即结合学生的测试成绩、课堂表现等多方面因素进行综合判断。

在进行分层时，教师应遵循以下原则：一是要尊重学生的个体差异，避免一刀切的做法。二是要注重学生的全面发展，不仅要考虑学生的数学成绩，还要考虑他们的学习态度、兴趣爱好等因素。三是要保持分层的动态性，随着学生学习的进步和变化，及时调整分层情况。

3. 分层教学的心理准备与引导

对学生进行分层后，教师需要做好学生的心理引导工作。分层教学可能会给学生带来一定的心理压力，因而教师需要向学生解释分层教学的目的和意义，让他们理解这是为了更好地满足他们的学习需求，促进他们的个性化发展。同时，教师还要鼓励学生以积极的心态面对分层教学，勇于挑战自己，不断提高自己的数学水平和反思能力。

（二）制订针对性教学计划与目标

1. 教学计划的制订与调整

在对学生进行合理分层后，教师需要为每个层次的学生制订针对性的教学计划。对于基础较好的学生，教师可以安排更高难度的数学知识和问题，鼓励他们进行更深入的探索和创新性思维的培养；对于基础较差的学生，教师应注重基础知识的巩固和基本技能的训练，帮助他们打好基础，树立信心。

同时，教师还需要根据学生的学习情况和反馈及时调整教学计划。如果某个层次的学生在学习过程中出现困难或进步缓慢，教师需要找出原因并及时调整教学策略和方法。

2. 教学目标的设定与达成

除了教学计划外，教师还需要为每个层次的学生设定明确的教学目标。这些目标应该既具有挑战性又符合学生的实际水平和发展需求。对于基础较好的学生，教师可以设定更高的目标要求他们达到更高的数学水平；对于基础较差的学生，教师应设定更为基础的目标，帮助他们逐步提升数学素养和自信心。

在教学过程中，教师需要密切关注学生的学习进展和目标达成情况。如果发现某个学生无法达到预期目标或出现学习困难时，教师应及时给予指导和帮助，以确保每个学生都能在自己的水平上得到提升和发展。

（三）实施动态调整与评估机制

1. 动态调整的策略与实施

在实施分层次教学的过程中，教师需要密切关注学生的学习进展和反馈情况，并根据实际情况进行动态调整。这包括对学生层次的调整、教学计划的修改以及教学方法的改进等方面。

例如，当某个学生表现出超出其所在层次的学习能力时，教师可以考虑将其提升到更高的层次以满足其学习需求；相反，如果某个学生在学习过程中出现困难或无法跟上其所在层次的教学进度时，教师需要降低学习难度或提供更多的指导和帮助。

此外，教师还需要根据学生的学习情况和反馈及时调整教学方法和策略以确保教学的有效性。例如，对于基础较差的学生，教师可以采用更加直观和生动的教学方式来激发他们的学习兴趣和积极性；对于基础较好的学生，教师可以引入更多的挑战性问题和创新性思维训练来培养他们的数学素养和解决问题的能力。

2. 评估机制的建立与完善

为了确保分层次教学的有效性，教师需要建立完善的评估机制来定期对学生的学习情况和反思能力提升情况进行评估。这可以通过课堂测试、作业分析、期末考试等多种方式来实现。

在评估过程中，教师需要注重评估的全面性和客观性以确保评估结果的准确性和可信度。同时，教师还需要将评估结果及时反馈给学生，并指导他们如何改进自己的学习方法和策略，以提高学习效果和反思能力水平。通过这样的评估机制，教师可以更好地了解每个学生的学习情况和需求，为后续的教学提供参考和依据。

三、持续性与渐进性：循序渐进地提升学生的数学反思能力

(一) 明确长期目标，持续引导与训练

1. 设定并明确长期培养目标

在循序渐进地提升学生的数学反思能力过程中，首先需要设定一个明确的长期目标。这个目标不仅应该包括学生对数学知识的掌握程度，更应注重学生反思能力的提升。通过明确目标，教师和学生都能有一个清晰的方向，这有助于保持教与学的连贯性和持续性。

为了设定合理的长期目标，教师需要深入了解学生的现有水平和发展潜力，同时结合数学课程的标准和要求。目标应该既具有挑战性，又不超出学生的能力范围，以此激发学生的学习热情和求知欲。

2. 持续性的引导与激励

在实现长期目标的过程中，教师需要持续不断地对学生进行引导和激励。引导可以通过课堂上的讲解、提问和讨论，帮助学生理解数学知识的本质和内在联系，激发他们的反思意识。激励则可以通过表扬、奖励等方式，鼓励学生积极参与数学活动和思考，提高他们的学习动力。

此外，教师还可以定期与学生进行个别交流，了解他们的学习困难和需

求，并给予及时的指导和帮助。这种个性化的关注和支持，有助于增强学生的自信心和激发学习兴趣，促进他们数学反思能力的持续提升。

3. 系统化的反思训练

除了引导和激励外，教师还需要设计系统化的反思训练。这可以包括课后习题、小组讨论、项目报告等多种形式。通过这些训练，学生可以运用所学知识解决实际问题，同时培养他们的批判性思维和创新能力。

在训练过程中，教师应注重学生的参与度和反馈情况，及时调整训练内容和难度。同时，教师还应鼓励学生之间进行交流和合作，共同解决问题，提高他们的团队协作能力。

（二）注重渐进性原则，有计划地教学

1. 渐进式教学内容设计

在提升学生的数学反思能力时，教学内容的设计应遵循渐进性原则。教师需要根据学生的认知发展规律和数学知识的内在联系，合理安排教学顺序和难度梯度。教师可以先从基础知识入手，逐步过渡到复杂问题的解决；也可以根据学生的掌握情况，适时引入新的概念和方法，拓宽他们的知识视野。

此外，教师还可以结合生活实际和数学史等内容来丰富教学素材和情境设置。这样不仅可以激发学生的学习兴趣和好奇心，还能帮助他们更好地理解数学知识的来源和应用价值。

2. 分层次的教学策略实施

在教学过程中，教师应关注到学生之间的差异性，并实施分层次的教学策略。对于基础较好的学生，教师可以给予更高层次的挑战和拓展任务；对于基础较差的学生，则应注重基础知识的巩固和训练。

为了实现这一策略，教师可以采用分组教学、个性化作业等方式。通过分组教学，教师可以根据学生的实际情况进行有针对性的指导和帮助；而个性化作业则能让学生在完成任务的过程中巩固所学知识并提升反思能力。

3. 定期评估与反馈机制建立

为了确保教学的有效性及学生数学反思能力的逐步提升，教师需要建立定期评估与反馈机制，通过课堂测试、作业分析以及与学生的沟通交流等方式收集学生的学习情况反馈，并根据评估结果及时调整教学策略和进度安排，以确保教学的针对性和实效性。同时，教师还可以鼓励学生进行自我评估和反思总结活动。这样不仅可以培养学生的自主学习能力和批判性思维，还能帮助他们更好地认识自己的学习状态和提升空间。

(三) 及时调整教学策略，确保教学有效性

1. 灵活应对，调整教学方法

在教学过程中，教师需要密切关注学生的学习状态和反馈情况，以便及时调整教学策略。当发现学生对某个知识点存在困惑或理解得不透彻时，教师应灵活应对，可采用更加直观、生动的教学方式进行讲解和演示。例如，可以利用多媒体辅助教学工具展示数学概念和解题过程，帮助学生更好地理解抽象的数学知识。

同时，教师还应鼓励学生提出问题和疑惑，以便及时了解他们的学习需求和困难。针对学生的不同问题，教师可以进行个别辅导或组织小组讨论等形式进行解答和引导。通过灵活调整教学方法和策略，教师可以更好地满足学生的学习需求，提高他们的学习效果和反思能力。

2. 增加挑战性任务，激发思维活力

为了提升学生的数学反思能力，教师可以适当增加一些具有挑战性的任务或问题。这些问题可以超出学生的现有知识水平，但又不至于过于困难而让他们感到沮丧。通过解决这些具有挑战性的问题，学生可以锻炼自己的思维能力和创新能力，激发他们对数学学习的兴趣和动力。

在设计挑战性任务时，教师需要结合学生的实际情况和课程目标进行综合考虑。任务难度应适中且有趣味性，能够吸引学生的注意力并激发他们的探索欲望。同时，教师还可以鼓励学生之间的合作与交流，让他们在解决问

题的过程中相互启发和学习。

3. 定期评估与反思，优化教学策略

为了确保教学的有效性并促进学生的全面发展，教师需要定期进行评估与反思工作。这包括对学生的学习成果进行检测、对教学过程进行回顾以及对教学策略进行调整等方面的工作。

通过定期评估学生的学习成果，教师可以了解他们的掌握情况和进步程度；通过回顾教学过程并总结经验教训，教师可以发现自己在教学方法和策略上存在的不足并进行改进。结合学生的反馈意见和建议，教师可以对教学策略进行调整和优化，以满足不同学生的学习需求和期望，进而实现更好的教学效果和学生数学反思能力的提升。

第三节 启发式教学原则

一、创设问题情境

（一）问题情境的创设意义

1. 激发学习兴趣与探索欲望

在小学数学教学中，问题情境的创设对于激发学生的学习兴趣和探索欲望至关重要。通过设定与现实生活紧密相连的问题情境，可以使学生更加直观地感受到数学的魅力和实用性，从而激发他们学习数学的动力。当学生在问题情境中遇到挑战时，他们会积极主动地寻求解决问题的方法，这样不仅能够提高他们的学习效果，还能培养他们的自主学习能力。

2. 培养学生的自主学习能力

问题情境的创设有助于培养学生的自主学习能力。在问题情境中，学生需要独立思考、自主探究，寻找解决问题的策略。这个过程不仅能够锻炼学生的思维能力,还能让他们逐渐学会如何自主学习。通过不断地在问题情境中探索和实践,学生会逐渐养成自主学习的习惯,为未来的学习和发展打下坚实的基础。

3. 提升对数学知识的理解和应用

问题情境的创设能够帮助学生更好地理解和应用数学知识。在问题情境中,学生需要将所学的数学知识应用到实际问题的解决中,这样不仅能够加深他们对数学知识的理解,还能提高他们的数学应用能力。通过不断地在问题情境中实践和应用,学生会更加熟练地掌握数学知识,从而提高他们的数学素养和综合能力。

(二)创设问题情境的策略

1. 联系生活实际创设问题情境的策略

在小学数学教学中,联系生活实际创设问题情境是一种非常有效的教学策略。这种策略能够让学生感受到数学的实用性和趣味性,从而激发他们的学习兴趣。为了实施这一策略,教师需要关注学生的生活实际,了解他们的兴趣和需求,然后结合数学知识点,创设出贴近学生生活的问题情境。

例如,在教学面积单位时,教师可以让学生测量教室地面、窗户等的面积。教师可以先引导学生理解面积的概念和计算方法,然后提供测量工具,让学生分组进行测量。在这个过程中,学生可以亲身体验到数学知识的实际应用,从而加深对面积单位的理解。同时,教师还可以根据测量结果提出问题,引导学生进一步思考和探索。

2. 利用故事或游戏创设问题情境的策略

利用故事或游戏创设问题情境是一种寓教于乐的教学策略。教师通过讲述有趣的故事或设计富有挑战性的游戏,可以吸引学生的注意力,使他们在轻松愉快的氛围中思考问题和学习数学知识。

例如,在教学分数时,教师可以通过讲述"猪八戒分西瓜"的故事来创设问题情境。教师可以先讲述故事背景:"猪八戒得到了一个大西瓜,他想要将其分成几份给师傅和师兄弟们吃。但是，他不知道应该怎么分才公平。"然后，教师可以提出"如果你是猪八戒，你会怎么分这个西瓜呢"的问题，来引导学生思考并尝试用分数来表示每个人分到的西瓜部分。通过这样的故事情境，学生可以更加直观地理解分数的概念和应用。

此外，教师还可以设计一些富有挑战性的数学游戏来创设问题情境。例如，教师可以设计一个"找规律"的游戏，让学生通过观察和思考找出数字或图形之间的规律。这样的游戏不仅能够锻炼学生的思维能力，还能让他们在游戏中学习到数学知识。

3. 借助多媒体技术创设问题情境的策略

借助多媒体技术创设问题情境是一种现代化的教学策略。通过动画、视频等多媒体技术手段，教师可以创设出生动形象的问题情境，帮助学生更好地理解数学问题的本质和解决方案。

例如，在教学图形的变换时，教师可以通过动画展示图形的平移、旋转等变换过程来创设问题情境。教师可以先引导学生观察动画中图形的变换过程，然后提出"这个图形是怎么变换的？它经过了哪些步骤"的问题来引导学生思考，并鼓励其尝试总结出图形的变换规律。通过这样的动画情境，学生可以更加直观地感受图形的变换过程，从而加深对图形变换的理解和掌握。

（三）问题情境中的反思引导

在小学数学教学中，问题情境不仅是为了激发学生的兴趣，更重要的是通过问题引导他们进行深入思考。因此，教师在创设问题情境时，应注重引导学生进行反思，培养他们的数学反思能力。

1. 提出问题并关注学生的解题过程

教师在问题情境中提出具有挑战性的问题后，应关注学生的解题过程。通过观察学生的解题步骤和思路，教师可以了解他们的思维方式和解题策略。在这个过程中，教师可以鼓励学生表达自己的解题思路和方法，让他们分享自己的思考过程。

例如，在解决一个复杂的应用题时，教师可以先让学生独立思考并尝试解答。然后，邀请几位学生上台展示他们的解题过程，并解释他们的解题思路和方法。通过这样的方式，教师可以引导学生对比不同的解题方法，发现其中的优点和不足，从而培养他们的批判性思维和创新能力。

2. 引导学生进行解题过程的反思

在学生完成解题后，教师应引导他们对自己的解题过程进行反思。教师可以提出一些问题，引导学生思考自己的解题过程是否合理、是否存在更优化的解题方法、解题过程中出现的错误和原因等。通过这样的反思引导，学生能够发现自己的不足之处，并寻求改进的方法。

例如，在解决一个几何问题时，如果学生采用了复杂的计算方法，教师可以引导他们思考是否有更简单的解题方法。同时，教师还可以让学生回顾自己的解题过程，找出其中的错误和疏漏，并分析产生错误的原因。通过这样的反思过程，学生可以不断提高自己的数学素养和解决问题的能力。

3. 培养学生的自我监控和调节能力

在问题情境中进行反思引导的过程中，教师还应注重培养学生的自我监控和调节能力。教师可以鼓励学生在解题过程中对自己的思维进行调节，及时发现自己的思维偏差并加以纠正。同时，教师还可以引导学生学会如何根据问题的实际情况选择合适的解题方法和策略。

例如，在解决一个实际问题时，教师可以引导学生先分析问题的实际情况和要求，然后选择合适的数学模型和方法进行求解。在解题过程中，教师应鼓励学生不断监控自己的思维过程，发现错误及时纠正，并根据实际情况调整解题策略。通过这样的训练，学生可以逐渐提高自己的自我监控和调节能力，从而更好地应对各种复杂的数学问题。

二、引导发现式学习

(一) 发现式学习的意义

1. 培养自主学习能力

发现式学习鼓励学生通过自主的观察、实验和推理来发现问题并寻求解决方法。这一过程中，学生需要独立思考、自主探究，这有助于培养他们的自主学习能力。学生不再是被动地接受知识，而是主动地探索和构建知识，这种学习方式的转变能够使学生更加积极地参与学习，有助于提高学习效果。

2. 培养反思能力

在发现式学习的过程中，学生不仅需要找到问题的答案，还需要对自己的探究过程进行反思。通过反思，学生可以总结自己在探究过程中的经验教训，发现自己的不足之处，并思考如何改进。这种反思能力的培养有助于提高学生的自我调节和监控能力，使他们能够在未来的学习中更加高效地解决问题。

3. 深入理解数学知识的本质和规律

通过发现式学习，学生能够亲身经历数学知识的形成过程，从而更加深入地理解数学知识的本质和规律。在探究过程中，学生需要运用已有的数学知识来解决问题，这不仅能够巩固他们的数学知识，还能够让他们更加清晰地认识数学知识之间的内在联系和规律。

4. 提高数学素养和解决问题的能力

发现式学习强调学生的自主探究和问题解决能力，通过不断地探究和解决问题，学生能够逐渐提高自己的数学素养和解决问题的能力。这种能力的提升不仅有助于学生在数学学科上的发展，还能够迁移到其他学科和日常生活中，使他们成为具有创新精神和解决问题能力的人才。

(二) 引导发现式学习的策略

1. 提供丰富的探索材料以激发探究欲望

为了有效引导学生进行发现式学习，教师需要为他们提供丰富的探索材料。这些材料可以包括实物模型、图片、数据表格等，它们能够直观地展示数学问题，激发学生的好奇心和探究欲望。例如，在教学几何图形时，教师可以提供各种形状的图形卡片，让学生观察、分类、比较，从而使他们自主发现图形的特征和性质。

除了提供直观的探索材料外，教师还可以设计一些具有启发性的问题，引导学生通过观察和分析材料来发现问题。例如，教师可以提问："这些图形有哪些共同点？哪些不同点？""你能从这些图形中找出某种规律吗？"这样的问题能够激发学生的思维活力，促使他们主动地探索材料的内在联系和规律。

2. 设计具有探究性的问题以促进思维发展

在引导发现式学习的过程中，设计具有探究性的问题是关键。这些问题应该具有一定的难度和挑战性，能够激发学生的思维活力，促使他们在探究过程中发现问题、解决问题。例如，教师可以设计一些开放性的问题，如"你认为这个图形的面积应该怎么计算""这个数列的下一项应该是什么"。这样的问题能够引导学生进行深入的思考和探究。

教师还应该根据学生的实际情况和认知水平来设计问题，确保问题的难度适中，既能够激发学生的探究欲望，又不会让他们因感到过于困难而失去信心。在设计问题时，教师还可以将数学知识与实际生活相结合，创设出贴近学生生活的问题情境，从而让学生更容易地理解和解决问题。

3. 鼓励学生合作交流以拓宽思维视野

在发现式学习中，鼓励学生之间进行合作交流是非常重要的。通过合作交流，学生可以相互启发、互相补充，从而更加全面地理解数学问题并找到解决方法。为了有效促进学生的合作交流，教师可以采取以下策略。

教师可以为学生搭建合作交流的平台，如小组讨论、角色扮演等。在这些活动中，学生可以围绕某个数学问题进行深入的讨论和交流，分享彼此的观点和想法。通过这样的活动，学生能够拓宽自己的思维视野，发现更多的解题方法和思路。

教师可以引导学生学会倾听和尊重他人的观点。在合作交流中，每个学生都有自己的想法和见解，教师应该鼓励学生学会倾听他人的观点，并从中汲取有益的信息。同时，教师也应该引导学生学会尊重他人的观点，避免因为观点不同而产生冲突和矛盾。

（三）发现式学习中的反思培养

1. 引导学生对探究过程进行反思

在发现式学习中，学生经历了自主探究和解决问题的过程。然而，仅仅得到答案并不足够，更重要的是学生对整个探究过程进行反思。教师应该鼓励学生回顾自己的探究步骤、方法以及所遇到的问题，并分析这些问题产生的原因和解决方法。通过这样的反思，学生可以总结自己在探究过程中的优点和不足，以便在未来的学习中加以改进。

为了帮助学生更好地进行反思，教师可以提出一些引导性的问题，如"你在探究过程中遇到了哪些困难？是如何克服的""你在这次探究中有哪些新的发现和收获""你认为自己在哪些方面可以做得更好"。这些问题可以引导学生深入思考自己的探究过程，并发现其中的问题和不足之处。

2. 指导学生对探究结果进行反思

除了对探究过程进行反思外，教师还应该指导学生对探究结果进行反思。学生需要思考自己的探究结果是否合理、准确，并探讨其他可能的结果和解释。通过这样的反思，学生可以更加深入地理解数学问题，并发现其中的规律和内在联系。

例如，在完成一个数学实验后，教师可以让学生思考以下问题："你的实验结果是否符合预期？如果不符合，可能的原因是什么？""你在实验中是否发现了其他有趣的现象或规律？""你认为这个实验可以如何改进？"这些问题可以帮助学生更加全面地审视自己的实验结果，并从中发现新的问题和思路。

3. 培养学生的良好学习习惯和思维方式

通过引导学生对探究过程和结果进行反思，教师可以帮助学生形成良好的学习习惯和思维方式。学生需要学会独立思考、自主探究，并能够对自己的学习过程和结果进行客观的评价和分析。同时，学生还需要学会与他人合作交流，共同解决问题。这些习惯和思维方式的培养不仅有助于学生在数学学科上的发展，还能够迁移到其他学科和日常生活中，使他们成为具有创新精神和解决问题能力的人才。为了培养学生良好的学习习惯和思维方式，教师可以定期开展课堂讨论、小组合作等活动，让学生在实践中学会思考和解决问题。

三、重视思维训练

（一）思维训练的意义

1. 提高学生数学素养

在小学数学教学中，重视思维训练对于提高学生的数学素养具有显著意义。数学素养不仅是指对数学知识的掌握，更包括数学思维的形成和发展。通过思维训练，学生可以学会如何运用数学知识去分析、解决问题，进而提高他们的数学素养。这种素养的提升，不仅有助于学生在数学学科上的进步，更能够培养他们的逻辑思维、抽象思维等能力，为未来的学习和生活奠定坚实基础。

2. 提高解决问题能力

思维训练能够帮助学生提高解决问题的能力。在数学学习中，学生经常会遇到各种复杂的问题，需要通过逻辑推理、归纳总结等思维方法来寻找答案。通过思维训练，学生可以更加熟练地运用这些思维方法，提高解决问题的速度和准确性。同时，思维训练还能帮助学生形成良好的问题解决策略，使他们在面对新问题时能够迅速找到切入点，有效地解决问题。

3. 培养创新意识和实践能力

重视思维训练还有助于培养学生的创新意识和实践能力。在数学学习中，创新思维和实践能力是不可或缺的。通过多样化的思维训练活动，学生可以学会从不同角度思考问题，以及不断地寻找新的解决方法，从而培养他们的创新意识。同时，思维训练还能够帮助学生将数学知识应用于实际生活中，提高他们的实践能力。这种创新意识和实践能力的培养，对于学生的全面发展具有重要意义。

(二) 思维训练的策略

1. 一题多解训练的价值与实施

一题多解训练是小学数学思维训练中的重要策略之一。通过鼓励学生尝试用多种方法解决同一个数学问题，可以有效地培养他们的发散思维和创新能力。在实施一题多解训练时，教师应该注重题目的选择和引导方式。题目应该具有一定的开放性和灵活性，以便学生能够从不同角度进行思考和解答。同时，教师还要通过适当的引导，帮助学生打破思维定势，激发他们的创新思维。

在实施一题多解训练的过程中，教师还可以鼓励学生进行小组讨论和交流。通过小组讨论，学生可以互相启发、互相学习，发现更多的解题方法。这种学习方式不仅能够拓宽学生的思维视野，还能够培养他们的团队协作精神和沟通能力。

此外，教师还可以通过评价方式来激励学生积极参与一题多解训练。例如，教师可以设立"最佳解法奖""创新解法奖"等奖项，表彰在解题过程中表现出色的学生。这种评价方式能够激发学生的竞争意识和创新意识，促使他们更加积极地投入一题多解训练中。

2. 变式练习训练的方法与效果

变式练习训练是另一种有效的数学思维训练方法。通过改变数学问题的条件或结论，引导学生进行变式练习，可以帮助学生更加深入地理解数学知识的内在联系和规律。在实施变式练习训练时，教师应该注重题目的变式和引导方式。题目变式应该具有一定的层次性和递进性，以便学生能够逐步深入理解数学知识。同时，教师还要通过适当的引导，帮助学生发现题目变式中的规律和特点，提高他们的思维灵活性和应变能力。

变式练习训练不仅能够提高学生的数学素养和解决问题的能力，还能够培养他们的创新意识和实践能力。通过不断地进行变式练习训练，学生可以学会从不同角度思考问题、发现新的问题并寻求解决方法。这种训练方式对于学生的全面发展具有重要意义。

在实施变式练习训练的过程中，教师还可以结合学生的实际情况和认知水平进行个性化教学。例如，对于基础较好的学生，教师可以适当增加题目变式的难度和挑战性；对于基础较差的学生，教师可以先从简单的题目变式入手，逐步引导他们深入理解数学知识。这种个性化教学方式能够更好地满足学生的不同需求，提高他们的学习效果。

3. 反思性训练的重要性及实施方式

反思性训练在数学思维训练中占据着举足轻重的地位。通过引导学生在解决问题后对自己的解题思路和方法进行反思和总结，可以帮助他们发现解题过程中的不足之处，并思考如何进行优化和改进。这种反思性训练不仅能够提高学生的数学素养和解决问题的能力，还能够培养他们的自主学习能力和批判性思维。

在实施反思性训练时，教师应该注重引导方式和评价标准的制定。教师可以通过提问、讨论等方式引导学生对自己的解题过程进行反思和总结。例如，教师可以提问"你在解题过程中遇到了哪些困难？是如何克服的？""你认为自己的解题方法有哪些优点和不足"，促使学生进行深入思考。同时，教师还要制定合理的评价标准，以便对学生的反思性训练成果进行客观、全面的评价。这种评价方式可以帮助学生更加清晰地认识自己的优点和不足，为他们的后续学习提供有力支持。

(三) 思维训练中的反思实践

1. 反思解题过程，优化解题思路

在思维训练中，引导学生反思解题过程是至关重要的。通过回顾自己的解题步骤和方法，学生可以发现自己解题思路的优点和不足，从而有针对性地进行改进。这种反思实践能够帮助学生优化解题思路，提高他们的解题效率和准确性。

为了促进学生深入反思，教师可以提出一些引导性的问题，如"你在解题时是如何思考的""有没有其他更好的解题方法"等。这些问题可以激发学生的思维活力，促使他们从不同角度审视自己的解题过程。同时，教师还可以鼓励学生将自己的解题思路和过程与同学们分享，通过互相评价和建议，共同提高解题能力。

2. 反思数学知识，深化理解与应用

除了反思解题过程外，教师还要引导学生对所学的数学知识进行反思。通过思考这些知识在实际生活中的应用场景和价值，学生可以更加深入地理解数学知识的本质和意义。这种反思实践有助于学生将数学知识与实际生活相联系，提高他们的数学应用能力和实践能力。

为了帮助学生更好地进行知识反思，教师可以组织一些实践活动或讨论课，让学生在实践中运用数学知识解决问题，并讨论数学知识的实际应用价值。通过这些活动，学生可以更加深刻地认识到数学知识的重要性和实用性，从而更加珍惜和重视数学学习。

第四节　及时反馈原则

一、提供具体反馈

（一）具体反馈的重要性

1. 及时了解学习状况

学生在学习过程中，往往难以全面、客观地评估自己的学习状况。他们可能对自己的学习进度、知识掌握程度以及存在的问题缺乏清晰的认识。因此，教师需要提供具体反馈，帮助学生及时了解自己的学习状况，从而更好地规划接下来的学习计划。具体反馈可以让学生明确自己在哪些方面已经掌握得很好，在哪些方面还需要进一步加强。

2. 发现优点和不足

通过具体反馈，学生可以更清楚地认识到自己的学习特点和问题。教师在反馈中明确指出学生的优点，可以增强学生的学习信心。同时，指出学生的不足，可以帮助学生找到提升的空间和方向。这种对自我认知的深化，有助于学生在未来的学习中更加自主地调整学习策略，从而提高学习效率。

3. 提供明确的改进方向

具体反馈不仅能让学生认识到自己的学习现状，更重要的是能为学生提供明确的改进方向。教师在反馈中给出的具体建议和指导，可以帮助学生有针对性地改进自己的学习方法、提高解题技巧、拓展思维等。这样，学生在面对学习困难时，就能更加明确自己应该如何努力，从而更有效地提升学习效果。

（二）如何提供具体反馈

1. 明确反馈内容的方法与技巧

（1）具体且有针对性的描述。

教师在提供反馈时，应使用具体、明确的语言描述学生的表现，避免使用笼统、模糊的词汇，而是具体到学生在某个知识点、技能或态度上的表现。例如，在评价学生的数学解题能力时，可以说："你在解决二次方程问题时，能够准确地识别出方程的类型，并选择了合适的解法，但在计算过程中出现了小错误，需要注意运算的准确性。"

（2）平衡正面与负面反馈。

教师在给出反馈时，既要肯定学生的努力和进步，也要指出需要改进的地方。平衡正面与负面反馈，既有助于保持学生学习的积极性，也可以让学生明确自己的不足。例如："你在课堂上的参与度很高，能够积极回答问题，这是非常好的。但在做作业时，我发现你对某些概念的理解还不够深入，建议你在课后多花些时间复习和巩固。"

（3）明确改进建议和目标。

教师在反馈中不仅要指出问题，还要给出具体的改进建议和目标。这样学生可以更有针对性地进行学习和提升。例如："在接下来的学习中，你可以尝试多做一些类似的练习题，以加深对这一知识点的理解。同时，也可以寻求同学或老师的帮助，及时解决学习中的困惑。"

2. 结合实例进行反馈的实践应用

（1）作业和测试分析。

教师可以通过分析学生的作业和测试情况，找出学生在解题过程中的具体问题；将学生的答案和标准答案进行对比，明确指出学生在哪些步骤上出现了错误或遗漏。例如："在解答这道应用题时，你没有正确理解题目中的'比例'关系，导致你的答案与标准答案有较大出入。建议你重新审视题目中的条件，并尝试用比例法来求解。"

（2）课堂表现点评。

在课堂上，教师可以根据学生的表现给予及时的反馈。结合具体的课堂实例，点评学生在回答问题、参与讨论等方面的表现。例如："在今天的课堂上，你能够积极参与讨论并提出有价值的观点，这非常值得肯定。但在表述时，你可以尝试更加清晰、有条理地组织语言，以便让其他同学更好地理解你的意思。"

3. 注重个体差异的反馈策略

（1）了解学生的学习风格和需求。

每个学生都有自己独特的学习风格和需求，教师在提供反馈时应充分考虑这些因素。例如，对于视觉型学习者，教师可以多用图表、图像等方式来呈现反馈内容；对于听觉型学习者，教师可以通过口头讲解或录音的方式来传达反馈意见。

(2) 个性化反馈的制定与实施。

根据学生的实际情况和学习特点，教师应制定个性化的反馈策略。例如，对于基础较差的学生，教师可以重点强调基础知识的掌握和巩固；对于基础较好的学生，教师可以引导他们进行深入思考和拓展学习。同时，教师在给出反馈时要注重学生的情感需求和心理特点，避免伤害学生的自尊心和自信心。

(三) 反馈的及时性

1. 及时反馈对学习效果的影响

学生在学习过程中需要及时得到反馈，以便了解自己的学习效果和问题所在。及时反馈可以帮助学生及时调整学习策略和方法，避免在错误的方向上继续努力。同时，及时反馈还可以激发学生的学习兴趣和动力，让他们更加积极地投入学习中。

2. 实现及时反馈的策略和方法

(1) 利用现代科技手段提高反馈效率。

随着科技的发展，教师可以利用各种在线学习平台和工具来提高反馈的效率。例如，使用在线教育平台进行作业批改和点评，教师可以迅速将反馈信息传递给学生；利用即时通信工具进行在线答疑和交流，教师可以及时解决学生的学习困惑和问题。

(2) 合理安排教学进度和作业量。

为了确保及时反馈的实现，教师应合理安排教学进度和作业量。避免作业过多导致学生无法及时完成并得不到反馈的情况，也要避免教学进度过快导致学生无法充分消化和吸收新知识。通过合理的教学安排和作业设计，教师可以确保学生在每个阶段都能得到及时、有效的反馈。

3. 注意事项与常见问题解决方案

(1) 确保反馈的准确性和公正性。

教师在给出及时反馈时，要确保反馈的准确性和公正性，避免因为个人主观因素或误解而给出错误的反馈意见,影响学生的学习积极性和信心。同时,教师也要注重与学生的沟通和交流,确保学生能够正确理解和接受反馈意见。

(2)关注学生的心理需求和情感变化。

及时反馈不仅关乎学生的学习效果,还与学生的心理和情感状态密切相关。教师在给出及时反馈时,要关注学生的心理需求和情感变化,避免因为过于严厉的反馈而伤害了学生的自尊心和自信心。通过温和、鼓励的方式给出反馈意见,教师可以帮助学生更好地接受和改进自己的不足。

二、鼓励性反馈

(一)鼓励性反馈的意义

1. 激发学生学习动力

学生在学习过程中,难免会遇到难以理解的知识点或难以解决的问题,这时他们可能会感到迷茫、无助甚至产生厌学情绪。鼓励性反馈就像是一剂强心针,能够在学生感到疲惫、困惑时,为他们注入新的活力,激发他们的学习动力。给予积极的评价和肯定可以让学生感受到学习的乐趣和成就感,从而更加努力地投入学习。

动力是学习的重要驱动力,它来源于学生对学习目标的期望和对学习成果的渴望。当学生接收到来自教师的鼓励性反馈时,他们会感受到自己的努力得到了认可,这种认可会转化为内在的动力,推动他们不断前进。同时,鼓励性反馈还能帮助学生明确学习目标,看到自己的进步空间,从而更加有方向性地努力学习。

2. 增强学生自信心

自信心是学生走向成功的重要心理素质。学生在学习过程中,经常会因为遇到难题或者成绩不理想而丧失自信,甚至产生自卑心理。而教师的鼓励性反馈,可以让学生感受到自己的价值和能力,帮助他们重拾自信,以更加积极的心态面对学习中的挑战。

自信心的培养是一个长期的过程，需要教师在教学过程中不断地给予正面的引导和鼓励。当学生完成一个学习任务或者取得一定的进步时，教师应及时给予肯定和鼓励，让学生感受到自己的付出是有回报的。这种正面的反馈会让学生更加自信地面对未来的学习，勇敢地迎接每一个挑战。

3. 促进师生关系和谐

鼓励性反馈不仅能够激发学生的学习动力和自信心，还能够促进师生关系的和谐。当教师以鼓励的态度对待学生时，学生会感受到教师的关心和支持，从而更加信任教师，愿意与教师进行沟通和交流。这种亲密的师生关系有助于形成一个积极向上的学习氛围，提高学生的学习效果。

同时，和谐的师生关系还能够帮助学生更好地适应学校生活，减少因为学习压力而产生的心理问题。当学生遇到问题时，他们会更愿意向教师寻求帮助，而教师也能够更加及时地了解学生的需求和困惑，给予他们有针对性的指导和帮助。

（二）如何给予鼓励性反馈

1. 挖掘并强调学生的优点

每个学生都有其独特的优点和才华，但并非每个学生都能清晰地认识到自己的长处。作为教师，要善于观察和发现学生的闪光点，并在适当的时机给予肯定和表扬。这不仅有助于学生建立自信，更能激发他们的学习兴趣和潜能。

为了更有效地挖掘学生的优点，教师可以通过多种方式进行观察和评估，如课堂表现、作业完成情况、小组讨论等。同时，教师还可以与家长保持沟通，了解学生的兴趣爱好和特长，从而更全面地认识每一个学生。

在强调学生的优点时，教师要注意表达方式，确保肯定和鼓励是真诚且具体的。例如，教师可以在课堂上公开表扬学生的进步或独特见解，也可以在作业批改中写下鼓励性的话语。

2. 关注并称赞学生的进步

进步是学生学习过程中的重要里程碑，也是他们付出努力的直接体现。因此，教师要密切关注学生的学习动态，及时发现他们的进步并给予称赞。这种正面的反馈能够让学生感受到自己的努力得到了认可，进而激发他们的学习动力。

为了更有效地关注学生的进步，教师可以采用定期评估和跟踪记录的方法。例如，教师可以为学生建立学习档案，记录他们在不同阶段的学习成果和进步情况。教师还可以利用课堂小测验、期中期末考试等，对学生的知识掌握情况进行评估。

在称赞学生的进步时，教师要注重个性化和具体化。例如，可以针对学生的具体进步点进行表扬，如"你在阅读理解方面的能力有了明显的提高""你在数学解题思路上更加清晰了"。这样的称赞能够让学生更加明确地知道自己的进步所在，从而更有动力继续努力。

3. 以积极态度引导学生面对挫折

学习过程难免会遇到挫折和困难，如何引导学生正确面对这些挑战是教师的重要职责。鼓励性反馈在学生遇到挫折时发挥着关键作用。教师要以积极的态度和学生一起分析问题产生的原因，寻找问题解决的方法，并鼓励他们勇敢面对困难、坚持不懈。

为了更有效地引导学生面对挫折，教师可以采用以下方法：首先，要耐心倾听学生的困惑和抱怨，让他们感受到教师的关心和支持。其次，要帮助学生分析问题的根源，找到解决问题的切入点。最后，要给予学生具体的指导和建议，帮助他们逐步克服困难。

在鼓励学生面对挫折时，教师要注重培养学生的抗挫折能力和建立自信心。例如，教师可以分享一些成功人士的励志故事或者自己的亲身经历来激励学生。教师也要让学生学会从失败中汲取教训并寻求新的机会和挑战。通过这样的引导和支持，学生能够更加勇敢地面对未来的学习和生活。

三、及时调整教学策略

（一）教学策略调整的重要性

1. 适应学生学习需求

每个学生都是独一无二的个体，他们的学习方式、速度和兴趣点都有所不同。因此，教学策略不能一成不变，应该根据学生的实际情况进行灵活调整，这有助于更好地满足学生的学习需求，帮助他们在学习上取得进步。

随着教育的改革和发展，学生不再是被动接受知识的容器，而是主动参与、积极探究的学习者。这就要求教师必须根据学生的反馈，及时调整教学策略，以激发学生的学习兴趣和积极性，促进他们的全面发展。

2. 提高教学效果

教学策略的调整旨在使教学更加符合学生的学习特点和需求，从而提高教学效果。如果教师一直沿用固定的教学策略，不顾及学生的实际情况和反馈，那么教学效果势必会大打折扣。

通过对学生反馈的密切关注，以及及时地调整教学策略，教师可以更好地把握学生的学习状态，发现问题并及时解决。这样不仅可以帮助学生更好地掌握知识，还能培养他们的学习兴趣和自主学习能力，从而提高整体的教学效果。

3. 促进教师专业成长

教学策略的调整需要教师具备敏锐的观察力、灵活的思维和创新能力。在调整过程中，教师需要不断反思自己的教学方法和手段是否有效，是否符合学生的学习需求。这种反思和创新的过程，也是教师专业成长的重要途径。

通过不断地调整教学策略，教师可以积累更多的教学经验，提高自己的教学能力和水平。同时，教师还可以根据学生的反馈，不断完善自己的教学方法和手段，使自己的教学更加符合教育发展的要求和趋势。

(二) 如何调整教学策略

1. 收集并分析学生反馈

为了有效地调整教学策略，教师首先要做的就是收集并分析学生的反馈。这包括学生在课堂上的表现、作业完成情况、测试成绩等多方面的信息。教师可以通过观察、问卷调查、个别交流等方式，了解学生的真实想法和学习困难。

在收集到学生反馈后，教师要进行深入的分析，找出问题的根源。例如，如果教师发现学生在某一知识点上普遍存在困惑，那么教师就要思考是不是自己的教学方式存在问题，或者这一知识点本身就比较难以理解。只有找到了问题的根源，才能有针对性地进行教学策略的调整。

2. 灵活运用多种教学方法

根据学生的反馈和分析结果，教师要灵活运用多种教学方法，以提高教学效果。例如，对于难以理解的知识点，教师可以采用直观演示、实验操作等方式帮助学生理解；对于学生学习兴趣不高的问题，教师可以设计有趣的教学活动或者引入实际案例来激发学生的学习兴趣。

同时，教师还可以根据学生的个体差异，采用分层教学或者小组合作学习的方式，满足不同学生的学习需求。例如，对于基础较差的学生，教师可以给予更多的指导和帮助；对于基础较好的学生，教师可以设置更高层次的挑战和任务，鼓励他们不断探索和创新。

3. 制定个性化的教学方案

每个学生都有自己的学习特点和需求，因而教师需要制定个性化的教学方案，以满足不同学生的学习需求。在制定教学方案时，教师要充分考虑学生的实际情况和反馈意见，确保教学方案既符合学生的学习特点，又能有效地促进他们的学习进步。

个性化的教学方案可以包括针对性的教学目标、教学内容、教学方法和评价方式等。例如，对于基础薄弱的学生，教师可以降低教学难度、增加练习机会；对于有兴趣特长的学生，教师可以结合他们的兴趣点进行教学设计；对于有特殊需求的学生（如残疾学生），教师还可以提供特殊的辅助设备和支持措施。

（三）引导学生自我调整与提升

1. 培养学生自我反思的习惯

引导学生自我调整与提升的首要任务是培养学生自我反思的习惯。教师可以通过定期的学习反思活动，鼓励学生回顾自己的学习过程和成果，找出存在的问题和不足。同时，教师还可以引导学生制订改进计划，明确下一步的学习目标和方向。

为了帮助学生更好地进行自我反思，教师可以提供一些具体的问题引导，如"你觉得自己在哪些方面做得好""哪些方面还需要改进""你在学习过程中遇到了哪些困难""你是如何解决的"等。这样不仅可以帮助学生更加深入地反思自己的学习，还能促进他们的自我认知和自我提升。

2. 指导学生制订切实可行的学习计划

针对学生反馈出的问题和不足，教师需要指导学生制订切实可行的学习计划。学习计划应该包括明确的学习目标、具体的学习内容和方法以及合理的时间安排等。通过制订学习计划，学生可以更加有目的地进行学习，从而提高学习效率和质量。

在制订学习计划时，教师要充分考虑学生的实际情况和学习特点，确保计划的可行性和有效性。同时，教师还要鼓励学生严格执行学习计划，培养他们的自律性和自主学习能力。

3. 关注学生心理变化和学习态度

学生的学习态度和心理状态对他们的学习效果有着重要影响。因此，在引导学生自我调整与提升的过程中，教师需要密切关注学生的心理变化和学习态度变化。当发现学生出现消极情绪或者学习态度不端正时，教师要及时给予指导和帮助，引导他们以积极的心态面对学习挑战。

为了帮助学生保持良好的心理状态和学习态度，教师可以通过个别交流、心理辅导等方式进行干预和支持。同时，教师还可以鼓励学生参加一些有益的活动或者比赛来激发他们的学习兴趣和动力。通过这些措施的实施，学生可以更加积极地投入学习，并取得更好的成绩。

第五章　课堂教学中的小学生数学反思能力培养

第一节　创设问题情境，激发反思欲望

一、问题情境创设的理论基础

（一）心理学依据

1. 建构主义学习理论的影响

建构主义学习理论为问题情境创设提供了坚实的心理学基础。这一理论认为，学习者的知识建构是在与环境的互动中完成的，而非单纯通过教师的传授。在这个过程中，问题情境的创设成为一个关键环节。通过营造一个与学习者已有经验相关的问题情境，教师能够帮助学习者建立起新旧知识之间的联系，从而更有效地进行知识的意义建构。

在建构主义视角下，问题情境的创设需要遵循以下几个原则：首先，情境必须与学习者的已有经验相关联，以便激发他们的学习兴趣和探索欲望。其次，情境应具有挑战性，以促使学习者进行深入的思考和探索。最后，情境应提供足够的信息和资源，支持学习者进行自主的知识建构。

通过遵循这些原则，问题情境创设能够有效地促进学习者的主动学习、

合作学习和探究学习，从而实现知识的深层理解和应用。

2. 情境认知理论的指导

情境认知理论强调知识是在特定情境中建构的，这一理论为问题情境创设提供了重要的指导。根据情境认知理论，知识不是孤立存在的，而是与特定的情境紧密相连。因此，在创设问题情境时，教师应注重情境的真实性和模拟的真实性，以便学习者能够在接近实际的环境中进行学习和探索。

同时，情境认知理论还强调学习者在情境中的主动参与和交互作用。这意味着问题情境创设应鼓励学习者通过实际操作、交流和反思来深化对知识的理解。通过这种方式，学习者不仅能够掌握具体的知识和技能，还能够培养解决问题的能力、批判性思维和创新能力。

（二）教育学依据

1. 以学生为中心的教学理念

问题情境创设体现了"以学生为中心"的教学理念，这一理念强调了学生在教学过程中的主体地位。传统的教学方式是以教师为中心的，注重知识的灌输，而忽视了学生的主动性和创造性。相比之下，问题情境创设则是以学生为中心的，关注学生的需求、兴趣和发展，旨在激发学生的学习兴趣和积极性，引导他们主动参与学习过程。

在问题情境创设中，教师可以通过设计具有挑战性和探索性的问题，激发学生的学习兴趣和好奇心，促使他们主动思考和解决问题。同时，教师还可以根据学生的反馈和表现，及时调整教学策略，以满足学生的学习需求。这种教学方式不仅能够提高学生的学习效果，还能够培养学生的自主学习能力和创新思维。

2. 因材施教的教学原则

问题情境创设还体现了因材施教的教学原则。这一原则强调根据学生的个性、兴趣和能力来制订相应的教学计划和策略。每个学生都是独一无二的个体，他们有着不同的学习方式和兴趣点。因此，问题情境创设需要考虑这些因素，以满足不同学生的学习需求。

通过创设多样化的问题情境，教师可以针对学生的不同特点进行教学。例如，对于基础较差的学生，教师可以设计一些基础性的问题情境，帮助他们巩固基础知识；对于基础较好的学生，教师可以设计一些具有挑战性的问题情境，激发他们的创新思维和解决问题的能力。

同时，因材施教还意味着教师需要密切关注学生的学习进展和反馈情况，以便及时调整教学策略。通过不断地调整和优化问题情境创设方案，教师可以更好地满足学生的学习需求，提高他们的学习效果和满意度。

（三）激发求知欲

1. 利用好奇心激发求知欲

问题情境创设能够有效地激发学生的求知欲。其中，好奇心是一个关键因素。当学生遇到新颖、有趣或与自己已有经验相矛盾的问题情境时，他们的好奇心往往会被激发出来。这种好奇心驱使学生去探索问题的本质和答案，从而激发他们的求知欲和学习动力。

为了利用好奇心激发学生的求知欲，教师在创设问题情境时应注意以下几点：首先，问题情境应具有新颖性和趣味性，以吸引学生的注意力。其次，问题情境应与学生已有的知识或经验产生冲突，从而激发学生的探究欲望。最后，教师应给予学生足够的自主探索空间和时间，让他们在满足好奇心的过程中发现新知识、掌握新技能。

2. 通过成功体验增强学习信心

问题情境创设中的另一个重要方面是让学生通过解决问题获得成功的体验。当学生在问题情境中找到了解决问题的方法或得出了新的结论时，他们会感受到成功的喜悦和成就感。这种成功体验不仅能够增强学生的自信心，还能够进一步激发他们的求知欲和探索精神。

为了让学生在问题情境中获得成功体验，教师需要关注以下几点：首先，设计的问题情境应符合学生的认知水平和能力范围，避免问题过难导致学生产生挫败感。其次，教师应提供必要的指导和支持，帮助学生逐步解决问题并走向成功。最后，教师应及时给予学生正面的反馈和评价，肯定他们的努力和成果。通过这些措施的实施，学生可以更加积极地投入学习，并取得更好的成绩。

二、问题情境创设的实践方法

（一）使用生活化场景

在小学数学教学中，生活化场景的应用是一种富有创新且效果显著的教学方法。将抽象的数学知识融入学生熟悉的生活场景中，不仅降低了学习难度，还增加了学习的趣味性和实用性。

1. 选择贴近学生生活的问题背景

在小学数学教学中，选择贴近学生日常生活的问题背景至关重要。这种选择能够使学生更容易地将数学知识与生活中的实际情况相联系，从而提高学习效果。

教师可以利用学生日常生活中的场景，如购物、旅行等，作为数学问题的背景。例如，在教学加减法时，教师可以创设一个购物的场景，让学生分别扮演顾客和收银员，通过模拟购物过程中的付款和找零来计算金额。这样的场景不仅让学生感到亲切和有趣，还能在实际操作中加深对加减法的理解和应用。

教师可以结合学生的兴趣爱好来选择问题背景。比如，对于喜欢运动的学生，教师可以利用体育比赛中的得分情况来讲解分数和小数的概念；对于喜欢游戏的学生，教师可以通过游戏中的得分和排名来引入序数和基数的区别。这样的教学方法能够激发学生的学习兴趣，使他们在轻松愉快的氛围中掌握数学知识。

在选择问题背景时，教师还需要注意问题的难度和适宜性。要确保所选背景既能够体现数学知识的应用，又不会过于复杂或超出学生的认知范围。

同时，教师还应根据学生的年龄特点和认知水平来调整和优化问题背景，以确保教学效果的最大化。

2. 构建真实的问题情境

构建真实的问题情境是生活化场景教学的关键一环。通过模拟生活场景、角色扮演、实地参观等方式，教师可以为学生创造一个身临其境的学习环境，使他们在亲身体验中学习和探索数学知识。

例如，在教学"面积"这一概念时，教师可以组织学生到校园内进行实地测量。让学生分组测量不同区域的面积，如操场、花坛、教室等，并引导他们思考如何计算这些区域的面积。通过实地操作和讨论，学生不仅能够更直观地理解面积的概念和计算方法，还能培养他们的空间感和团队协作能力。

此外，教师还可以利用多媒体技术和教学道具来构建更加真实的问题情境。比如，在教学"图形的变换"时，教师可以利用动态演示软件展示图形的平移、旋转和轴对称等变换过程，让学生在观察和分析中掌握这些变换规律。同时，教师还可以让学生亲自动手操作几何画板等教学道具，通过实践来加深学生对图形变换的理解和应用。

在构建问题情境时，教师应注重情境的多样性和互动性。教师要设计多种不同类型的问题情境，以满足不同学生的学习需求和兴趣点。同时，教师还应鼓励学生积极参与情境的创设和问题的解决过程，让他们在互动中学习和成长。

3. 引导学生自主探索和解决问题

在生活化场景中，引导学生自主探索和解决问题是培养他们数学思维和实践能力的重要途径。教师可以通过设置引导性问题、提供必要的学习资源和支持等方式来帮助学生逐步深入探究数学概念和原理。

教师可以根据教学内容和目标设置一系列引导性问题。这些问题应具有一定的层次性和挑战性，能够激发学生的好奇心和探索欲望。例如，在教学

"分数的意义和性质"时,教师可以提出以下问题:"什么是分数?分数与整数有什么区别和联系?""如何比较两个分数的大小?""分数在日常生活中有哪些应用?"教师可以通过这些问题引导学生逐步深入理解分数的概念和性质。

教师应为学生提供必要的学习资源和支持,包括相关的书籍、视频、实物模型等教学材料以及在线学习平台和互动工具等。这些资源和支持能够帮助学生更好地进行自主学习和探究,提高他们的学习效果和解决问题的能力。

在引导学生自主探索和解决问题的过程中,教师还应给予学生足够的自主空间和时间。教师要鼓励学生大胆尝试、勇于创新,让他们在完成任务的过程中发现问题、分析问题并尝试解决问题。同时,教师还应及时给予学生反馈和指导,帮助他们纠正错误、总结经验并提升学习效果。

(二)设置悬念

在小学数学教学中,设置悬念是一种重要的教学策略,它可以激发学生的学习兴趣,引导学生进行深入的思考,培养他们的数学思维能力和创新能力。

1. 巧妙提出问题,引发学生思考

在小学数学课堂上,教师可以通过巧妙提出问题来设置悬念,从而引发学生的思考。这些问题应该具有启发性和趣味性,能够激发学生的好奇心和探索欲望。

教师可以提出一些与学生日常生活密切相关的问题,让学生感受到数学与生活的紧密联系。例如,在教学"百分数"时,教师可以提问:"如果你去商场购物,看到一件衣服原价100元,现在打八折出售,你需要付多少钱呢?"这样的问题能够引发学生的思考,并让他们理解百分数在实际生活中的应用。

教师可以设计一些具有挑战性的问题,激发学生的求知欲。例如,在教学"三角形的内角和"时,教师可以提出一个有趣的问题:"一个三角形的三个内角之和会是多少度呢?你们能用什么方法来验证?"这样的问题能够引导学生进行深入的思考,并通过实践操作来寻找答案。

在提出问题时,教师需要注意问题的难度和适宜性,确保问题既能够激发学生的思考,又不会过于复杂或超出学生的认知范围。同时,教师还应给予学生足够的思考时间和空间,让他们在自主探索和解决问题的过程中体验到数学的乐趣。

2. 留下未解之谜,激发学生探究欲

在小学数学教学中,教师可以通过留下未解之谜来设置悬念,激发学生的探究欲望。这些未解之谜可以是一些有趣的数学问题,也可以是与数学知识相关的实际生活中的问题。例如,在教学"平均数"时,教师可以给学生讲述一个有趣的故事:"有一个果农种了一片果园,他想知道自己果园里每棵树的平均产量。于是他开始数树上的果子,但是他发现每棵树的产量都不一样。那么他该如何计算每棵树的平均产量呢?"通过这个故事,教师可以引导学生思考如何计算平均数,并留下悬念让他们课后去探究。

另外,教师还可以利用一些有趣的数学问题来设置悬念。例如,"有一个正方形的面积是 100 平方厘米,那么它的边长是多少呢?"这个问题看似简单,但实际上需要运用平方根的知识来解答。教师可以通过这个问题来引导学生探究平方根的概念和计算方法。

在留下未解之谜时,教师需要确保问题的趣味性和挑战性,让学生能够产生强烈的探究欲望。同时,教师还需要给予学生适当的引导和支持,帮助他们逐步解决问题,满足他们的好奇心和求知欲。

3. 适时揭示答案,满足学生好奇心

在设置悬念后,教师需要适时揭示答案以满足学生的好奇心。揭示答案的时机和方式都需要教师精心考虑,以确保教学效果的最大化。

教师可以在学生充分思考并尝试解决问题后揭示答案。这样可以让学生对自己的思考过程进行反思和总结，帮助他们发现自己的不足之处，并加以改进。同时，教师还可以利用揭示答案的机会对学生的思考过程和结果进行点评和指导，帮助他们更好地理解和掌握数学知识。

教师可以通过实验验证、逻辑推理等方式来揭示答案。例如，在教学"三角形的稳定性"时，教师可以通过实验来验证三角形的稳定性原理，并引导学生观察实验结果，得出结论。这样的方式既可以让学生更加直观地理解数学知识，又培养了他们的实践能力和创新思维。

在揭示答案时，教师需要注意答案的准确性和清晰性，确保学生能够完全理解和掌握。同时，教师还应引导学生对答案进行进一步思考和应用，帮助他们巩固所学知识并拓展思维。

（三）利用多媒体技术

在小学数学教学中，多媒体技术的应用已经变得越来越重要。多媒体技术的直观性、互动性和丰富性为小学数学教学提供了无限可能，极大地提升了教学效果和激发了学生的学习兴趣。

1. 利用多媒体技术创设直观的问题情境

在小学数学教学中，利用多媒体技术可以创设出直观、生动的问题情境，这有助于学生更好地理解和掌握抽象的数学概念。多媒体技术能够通过图片、视频、动画等形式，将复杂的数学知识以直观的方式呈现出来，从而降低了学生的认知难度。

例如，在教学"图形的认识"时，教师可以通过多媒体展示各种平面图形和立体图形，让学生直观地看到图形的形状和结构，从而更好地理解图形的性质和特点。又如，在教学"分数的意义和性质"时，教师可以通过动画演示分数的分割和合并过程，让学生直观地看到分数的大小和变化，从而更深入地理解分数的概念。

此外，教师还可以利用多媒体技术制作生动的课件，将数学知识以图文并茂的形式展示出来，让学生在轻松愉快的氛围中学习知识。这样的教学方式不仅能够激发学生的学习兴趣，还能提高他们的学习效果。

2. 结合多媒体技术设计互动性强的问题情境

多媒体技术不仅可以提供直观的教学展示，还能增强教学的互动性，从而提升学生的学习参与度。通过设计具有互动性的问题情境，教师可以引导学生积极参与课堂活动，提高他们的学习效果。

例如，在教学"四则运算"时，教师可以利用多媒体技术设计一个互动游戏，让学生在游戏中进行加减乘除的运算练习。这样的教学方式不仅能够让学生在轻松愉快的氛围中掌握四则运算的方法，还能提高他们的计算能力和思维敏捷性。

同时，教师还可以利用多媒体技术搭建在线交流平台，让学生在课后也能进行互动学习。学生可以在平台上提问、讨论和分享学习心得，从而形成良好的学习氛围和合作精神。

3. 借助多媒体技术拓展问题情境的广度和深度

多媒体技术具有丰富的信息资源和强大的信息处理能力，能够帮助教师拓展问题情境的广度和深度，为学生提供更广阔的学习空间。

教师可以利用网络资源为学生搜集各种与数学知识相关的实际问题和应用场景，让学生在解决实际问题的过程中学习和运用数学知识。例如，在教学"比例"时，教师可以引入建筑、艺术等领域中的比例应用实例，让学生通过观察和分析这些实例来理解和掌握比例的概念和应用方法。

教师可以利用多媒体技术对数学知识进行深度挖掘和拓展。例如，在教学"圆"时，教师可以通过动画演示圆的性质和定理的证明过程，引导学生深入理解圆的本质特征和数学原理。同时，教师还可以引入圆周率、圆的面积等拓展内容，让学生更全面地了解圆的相关知识。

三、问题情境与反思欲望的关联

（一）创设问题情境激发反思欲望

创设问题情境是激发学生反思欲望的重要手段。通过精心设计的问题情境，教师可以引导学生深入思考，激发他们的好奇心、求知欲和批判性思维，进而培养他们的反思能力和问题意识。

1. 未知因素与挑战性任务引发的好奇心和求知欲

问题情境中的未知因素和挑战性任务是激发学生好奇心和求知欲的两大法宝。当学生面临新的问题情境时，未知的概念、原理和解决方法就像一个个神秘的宝藏，等待着他们去探寻。这种探寻的过程不仅满足了学生的好奇心，更激发了他们的求知欲。

为了充分利用这一心理机制，教师可以根据学生的认知水平和兴趣爱好，设计具有挑战性的问题情境。例如，在数学教学中，教师可以引入一些超出学生当前知识水平的数学问题，让学生通过自主探索和合作学习来寻找答案。在这个过程中，学生会不断地反思自己的学习方法和解题思路，从而培养他们的反思欲望和自主学习能力。

同时，教师还可以利用生活中的实际问题来创设问题情境。当学生发现数学知识能够解决实际问题时，他们的好奇心和求知欲会更加强烈。例如，教师可以让学生计算家庭的月度开支，或者规划一次旅行的预算。这些问题情境不仅能够让学生运用所学的数学知识，还能让他们在实际操作中不断反思和优化自己的解决方案。

2. 矛盾、冲突和疑问激发批判性思维和问题意识

问题情境中的矛盾、冲突和疑问是激发学生批判性思维和问题意识的关键。当学生在问题情境中遇到这些元素时，他们会不自觉地产生怀疑和思考，这种质疑和思考的过程正是反思欲望的体现。

在教学实践中，教师可以通过设计一些具有矛盾或冲突的问题情境来激发学生的批判性思维和问题意识。教师还可以利用学生的疑问来创设问题情境。当学生提出问题时，教师可以引导他们进行深入的思考和探讨，让他们在寻找答案的过程中不断反思自己的认知和理解。这种教学方式不仅能够满足学生的求知欲，还能培养他们的创新思维和解决问题的能力。

3. 合作与竞争中的团队合作精神和竞争意识

问题情境中的合作与竞争也是激发学生反思欲望的重要因素。在合作与竞争的过程中，学生会不断地与他人进行交流和比较，从而发现自己的不足，并产生想要改进和提升自己的想法，这种自我改进的过程会激发学生的反思欲望。

为了培养学生的团队合作精神和竞争意识，教师可以设计一些需要团队协作才能完成的问题情境。例如，教师可以让学生分组进行科学实验、社会调查或创新项目等。在这个过程中，学生会不断地与他人进行合作和交流，共同寻找问题的解决方案。同时，他们也会不自觉地与他人进行比较和竞争，从而发现自己的优势和不足。这种合作与竞争的过程不仅能够激发学生的反思欲望，还能培养他们的团队协作能力和竞争意识。

此外，教师还可以利用课堂讨论、辩论赛等形式来创设合作与竞争的问题情境。在这些活动中，学生会积极地表达自己的观点和看法，并与他人进行深入的交流和讨论。这个过程不仅能够锻炼学生的口语表达能力和逻辑思维能力，还能让他们在反思中不断完善自己的观点和认知。

（二）反思欲望转化为实际的反思行为

反思欲望是学生在学习过程中自然产生的一种心理倾向，它促使学生对自己的学习行为、方法和效果进行深入的思考。然而，仅仅有反思欲望是不够的，还必须将其转化为实际的反思行为，这有助于真正促进学生的学习进步和发展。以下是将反思欲望转化为实际反思行为的几种有效方法。

1. 提供思考时间和空间

为了将反思欲望转化为实际的反思行为，教师需要为学生提供充足的思考时间和空间。这是因为反思是一个需要深入思考和内省的过程，它需要时间和安静的环境来让学生对自己的学习进行深入的剖析和评估。

教师在课堂上要合理安排教学时间，确保在完成教学任务的同时，留给学生足够的思考时间。例如，教师可以在讲解完一个知识点后，给出几分钟的时间让学生回顾并思考自己对这个知识点的理解程度。这样的安排不仅有助于学生及时巩固所学知识，还能培养他们的反思能力。

教师应该鼓励学生在课后利用空余时间进行自主学习和思考。为了引导学生进行有效的课后反思，教师可以布置一些具有启发性的课后作业或思考题，让学生在完成作业的过程中进行自我反思和总结。

此外，教师还可以定期组织一些专门的反思活动，如"学习反思周"或"学习反思课"。在这些活动中，教师可以引导学生对自己的学习进行全面的回顾和总结，包括学习目标、学习方法、学习态度等方面。通过这样的活动，学生可以更加清晰地认识到自己的学习状况和提升方向，从而更有针对性地进行改进。

2. 引导记录学习心得和体会

引导学生记录学习心得和体会是将反思欲望转化为实际反思行为的又一重要途径。通过记录自己的学习过程和感悟，学生可以更加深入地了解自己的学习情况，发现自己的优点和不足，为进一步的反思和改进提供有力的依据。

在教学实践中，教师可以采用多种形式来引导学生记录学习心得和体会。例如，教师可以让学生每天写学习日记，记录自己当天的学习情况和心得体会；也可以让学生每个阶段写学习总结报告，对自己在一个阶段内的学习进行全面的回顾和总结。

为了提高学生的记录积极性和记录质量，教师还可以在课堂上分享一些优秀的学生笔记或心得案例。这样不仅可以激励其他学生积极参与反思活动，还能为他们提供有益的参考和借鉴。同时，教师也要定期对学生的记录进行检查和指导，帮助他们发现问题并进行及时的纠正和指导。

3. 组织交流与分享活动

组织交流与分享活动是将个人反思转化为集体智慧的重要方式。通过与他人交流和分享自己的学习心得和体会，学生可以相互启发、相互学习，共同提高。同时，交流和分享还能帮助学生发现自己的盲点和不足，从而激发他们的改进动力。

为了有效地组织交流与分享活动，教师可以采取以下措施：首先，教师可以定期安排小组讨论或全班分享的时间，让学生有机会展示自己的学习成果和反思心得。其次，教师要鼓励学生积极参与讨论和分享，为他们创造一个开放、包容的交流环境。最后，教师还要对学生的交流和分享进行及时的点评和指导，帮助他们发现问题并进行深入探讨和解决。

除了课堂上的交流与分享活动外，教师还可以利用网络平台来组织线上的交流与分享。例如，教师可以建立一个班级微信群或 QQ 群，让学生在群里分享自己的学习心得和体会。这样的线上交流方式不仅可以突破时间和空间的限制，还能让更多的学生参与交流与分享。

第二节　引导学生自我提问，促进反思深入

一、自我提问的价值与意义

（一）自我提问在学习过程中的重要性

1. 激发学习兴趣和动力

自我提问在学习过程中的首要价值是激发学生的学习兴趣和动力。当学生能够主动对自己所学的内容提出问题时，说明他们正全身心地投入学习，积极地进行思考。这种自发的学习态度，远胜于被动接受知识，它能促使学生更深入地探索和理解知识。通过自我提问，学生可以找到自己的学习兴趣和方向，进而产生更强的学习动力，形成一个良性的学习循环。

2. 培养批判性思维

自我提问有助于培养学生的批判性思维。在学习过程中，学生不仅需要

接受新知识，更需要学会对这些知识进行独立思考和分析。通过自我提问，学生可以对自己所学的知识进行质疑、反思和评价，从而培养他们对知识的批判性态度。这种批判性思维不仅有助于学生在学术上的发展，更能帮助他们在日常生活中作出明智的决策。

3. 构建自己的知识体系

自我提问还能帮助学生构建自己的知识体系。学习不仅仅是获取新知识的过程，更是将这些知识整合到自己的认知结构中的过程。通过自我提问，学生可以将新知识与旧知识相联系，发现它们之间的内在联系和规律，从而形成一个更加完整、系统的知识体系。这样的知识体系不仅有助于学生更好地理解和应用所学知识，还能提高他们的学习效率和创新能力。

例如，在学习数学时，学生可以通过提问"这个公式与之前学过的哪个公式有关联"或者"这个定理能否用其他方法证明"来构建自己的数学知识体系。通过这样的提问和思考，学生可以更加深入地理解数学概念之间的联系和区别，从而形成更加坚实的数学基础。

（二）自我提问对知识的深入理解和掌握

1. 深入挖掘知识内涵和外延

通过自我提问，学生可以不仅仅停留在知识的表面，而是能够深入挖掘知识的内涵和外延。提问可以引导学生去探索知识的本质、原理和应用场景，从而使他们对知识有更全面、深入的理解。这种深入的理解不仅有助于学生更好地掌握所学知识，还能提高他们的问题解决能力和创新能力。

2. 发现并纠正认知盲点和误区

自我提问还能帮助学生发现自己的认知盲点和误区。在学习过程中，学生难免会遇到一些难以理解或容易混淆的概念。通过自我提问，他们可以及时发现自己的疑惑和不解之处，进而寻求解答和纠正错误认知。这种自我发现和纠正的过程不仅有助于学生更准确地掌握知识，还能培养他们的自我监控和调节能力。

3. 促进知识的迁移和应用

自我提问还能促进知识的迁移和应用。在学习过程中，学生不仅要掌握知识本身，更要学会将这些知识应用到实际情境中去解决问题。通过自我提问，学生可以思考所学知识在不同情境下的应用方法和可能性，从而提高他们的问题解决能力和实践能力。这种知识的迁移和应用能力对于学生的未来发展和职业发展都具有重要意义。

二、引导学生自我提问的技巧

小学数学教学是培养学生逻辑思维和问题解决能力的关键时期。在这个过程中，引导学生学会自我提问不仅能够帮助他们巩固知识，还能够激发他们的学习兴趣，培养他们的自主学习能力。以下是在小学数学教学中引导学生自我提问的几种技巧：

（一）使用问题列表引导学生自我提问

1. 精心设计问题列表

在小学数学教学中，教师可以根据教学内容和学生的学习情况，精心设计一份问题列表。这份列表可以包括针对数学概念、计算方法、应用题解题策略等方面的问题。例如，在教学分数时，可以设计如下问题："分数的定义是什么？""如何比较两个分数的大小？""分数加减法的计算步骤是怎样的？"通过这些问题，引导学生逐步深入思考，加深对数学概念和方法的理解。

2. 鼓励学生自主提问

除了提供的问题列表外，教师还应鼓励学生根据自己的理解和疑惑，自主提出问题。教师可以设置一定的课堂时间，让学生自由提问，然后由其他同学或老师进行解答。这样不仅能激发学生的学习兴趣，还能培养他们的批判性思维和问题解决能力。

3. 及时反馈与引导

当学生根据问题列表进行自我提问后,教师应及时给予反馈和引导。对于学生提出的问题,教师可以进行解答,或者引导学生通过查阅资料、小组讨论等方式寻找答案。同时,教师还可以根据学生的提问情况,了解学生的学习需求和疑惑点,为后续教学提供参考。

(二) 利用思维导图引导学生自我提问

在小学数学教学中,如何有效地引导学生进行深入思考和学习是一个重要的议题。近年来,思维导图这一工具在教学中的应用越来越广泛,它不仅可以帮助学生清晰地梳理知识体系,还能激发他们的思维活力,提高学习效果。

1. 引入思维导图工具

在小学数学教学中,引入思维导图工具是一个创新且实用的方法。思维导图通过树状结构将知识点进行可视化呈现,有助于学生形成清晰的知识网络。对于小学生而言,他们的思维方式正在从形象思维向抽象思维过渡,思维导图能够帮助他们更好地理解和记忆抽象的数学概念。

为了让学生熟悉并喜欢上思维导图,教师可以通过多媒体展示一些优秀的思维导图案例,让学生了解其结构和功能。同时,教师还可以在课堂上现场绘制思维导图,让学生直观地看到知识点的关联和拓展。此外,教师还可以引导学生使用思维导图软件,让他们亲手绘制自己的思维导图,从而加深对数学知识的理解和记忆。

在引入思维导图的过程中,教师应注重培养学生的兴趣,让他们感受思维导图的魅力。教师可以通过设置一些有趣的任务,如让学生用思维导图梳理自己喜欢的动物、植物或书籍等,来激发他们的学习热情。

2. 引导学生在思维导图节点处提问

当学生对思维导图有了一定的了解和兴趣后,教师可以进一步引导学生在思维导图的各个节点处进行自我提问。这种提问方式不仅能够帮助学生深入理解数学知识的本质,还能培养他们的批判性思维和问题解决能力。

在具体操作中,教师可以先给出一个思维导图模板,如在教学几何图形时,列出各种图形的名称、性质等关键节点。然后,让学生在每个节点处提出自己的问题。例如,"这个图形的定义是什么?""它有哪些独特的性质?""这些性质如何在实际生活中应用?""如何计算它的面积或周长?"通过这些问题,学生不仅能够更深入地理解几何图形的概念和性质,还能将数学知识与实际生活联系起来,提高他们的学习兴趣和实际应用能力。

此外,教师还可以鼓励学生之间相互提问和解答,让他们在交流中碰撞思想、激发灵感。这种互动式的学习方式不仅能够提高学生的口头表达能力,还能培养他们的团队合作精神和竞争意识。

3. 培养学生自主构建思维导图的能力

引导学生自我提问的最终目的是培养他们的自主学习和独立思考能力。因此,除了教师提供的思维导图外,还应着重培养学生自主构建思维导图的能力。

为了达成这一目标,教师可以布置相关作业,让学生根据所学知识自主绘制思维导图。在绘制过程中,学生需要思考哪些知识点是重要的、哪些是相互关联的、哪些是需要进一步深入探究的等。这种思考过程本身就是一种有效的学习方式。同时,教师还可以要求学生在思维导图中标注出自己的问题和疑惑,以便在课堂上进行有针对性的讨论和解答。

为了提高学生的积极性和参与度,教师还可以定期组织思维导图展示活动或比赛。通过展示和评选优秀的思维导图作品,让学生看到自己的进步和成就,从而激发他们的学习动力和创新精神。

(三)培养学生形成自我提问的习惯

1. 强调自我提问的重要性

在小学数学教学中,教师应不断强调自我提问的重要性。教师可以告诉学生,自我提问可以帮助他们更好地理解数学概念和方法,提高他们的思维能力和问题解决能力。同时，教师还可以分享一些成功的自我提问案例或经验，以激发学生的学习兴趣。

2. 提供充足的实践机会

为了使学生形成自我提问的习惯，教师需要为学生提供充足的实践机会。教师可以在课堂上留出专门的时间让学生进行自我提问和讨论，鼓励他们在小组或全班面前分享自己的问题和思考过程。此外，教师还可以在课后作业中设置相关问题，引导学生通过自我提问来解决问题。例如，在教学完一个数学知识点后，教师可以布置一道相关的应用题，让学生在解题过程中进行自我提问和思考。

3. 定期回顾与反思

为了巩固学生的自我提问习惯，教师可以定期组织学生回顾和反思自己的自我提问实践。教师可以让学生分享自己在自我提问过程中的收获和困难，以及如何解决这些困难的经验。通过回顾与反思，学生可以不断完善自己的自我提问技巧和方法，逐渐形成有效的学习策略。同时，教师也可以根据学生的反馈和表现，调整教学策略和方法，以更好地支持学生的自我提问和学习过程。例如，教师可以定期组织学生进行小组讨论或全班分享会，让他们交流自己在数学学习中的自我提问经验和心得。这样不仅能增强学生的自信心和表达能力，还能促进他们之间的合作与交流。

三、自我提问与反思的相互促进

在小学数学教学中，自我提问与反思是两个紧密相连、相互促进的学习环节。自我提问能够激发学生的反思意识，而反思又能进一步提炼和优化学生的自我提问能力。

（一）自我提问促进学生的反思

1. 自我提问激发反思意识

自我提问是学生在学习过程中主动对所学知识进行思考和质疑的行为。

在小学数学教学中，教师可以通过引导学生进行自我提问，激发他们对学习内容的反思意识。例如，在学习分数加减法时，教师可以鼓励学生提出类似"为什么要进行通分""如何快速找到两个分数的最小公倍数"等问题。这些问题不仅能促使学生深入思考分数加减法的原理和技巧，还能让他们意识到自己在学习过程中可能存在的问题和不足，从而引发反思。

2. 自我提问引导反思方向

学生在进行自我提问时，通常会围绕所学知识的重点和难点进行。这些问题不仅反映了学生的学习需求和疑惑，也为他们的反思提供了明确的方向。例如，在学习三角形面积计算时，学生可能会提出"为什么三角形的面积计算公式是底乘以高再除以二""这个公式适用于所有类型的三角形吗"等问题。通过思考和解答这些问题，学生可以更有针对性地进行反思，检查自己对三角形面积计算公式的理解和掌握程度。

3. 自我提问促进深入反思

自我提问不仅能引导学生对所学知识进行初步反思，还能促使他们进行更深入的反思。当学生在自我提问中遇到难以解答的问题时，他们会更加深入地思考问题的本质和解决方法。这种深入反思有助于学生发现和理解知识之间的内在联系，提高他们的问题解决能力。例如，在学习比例和百分比时，学生可能会提出"比例和百分比有什么区别和联系""如何在实际问题中灵活运用比例和百分比"等问题。通过深入反思这些问题，学生可以更全面地掌握比例和百分比的概念和应用方法。

（二）反思提炼和优化自我提问的能力

1. 反思提升自我提问的针对性

通过反思，学生可以总结自己在自我提问过程中的经验和教训，从而更加明确自己在学习中的薄弱环节和需要重点关注的知识点。这种反思过程可以帮助学生提炼出更具有针对性的问题，使他们的自我提问更加精准地指向学习的重点和难点。例如，在学习完一个单元后，学生可以反思自己在学习过程中遇到的问题和困惑，并据此提出更具有针对性的问题来巩固所学知识。

2. 反思拓展自我提问的广度

反思不仅可以帮助学生总结过去的学习经验，还可以促使他们思考未来的学习方向和目标。在反思过程中，学生可能会发现自己之前未曾注意到或未完全理解的知识点，从而提出更广泛的问题来拓宽自己的学习视野。例如，在学习了长方形的面积计算公式后，学生可能会反思这个公式的推导过程和应用场景，并据此提出"除了长方形外，还有哪些图形可以用类似的公式计算面积"等问题来拓展自己的学习范围。

3. 反思增强自我提问的深度

通过深入反思所学知识及其背后的原理和逻辑，学生可以提出更深入的问题来探究知识的本质和内在联系。这种问题不仅有助于学生对所学知识进行更深入的理解和掌握，还能培养他们的批判性思维和创新能力。例如，在学习了圆的周长和面积计算公式后，学生可能会反思这些公式的推导过程以及它们与三角形、长方形等图形面积计算公式之间的联系和区别，并据此提出更深入的问题来探究圆的性质和特点。

第三节　开展小组合作，交流反思成果

一、小组合作学习的理论基础

小组合作学习作为一种富有创意的教学理论与策略，自20世纪70年代初兴起于美国后，已被广泛应用于中小学教学实践。它的产生除了美国教育家们所提到的文化背景之外，还与心理学理论的发展密切相关。小组合作学习不仅提高了学生的学习效率，还培养了学生的团队合作能力。以下将详细

探讨小组合作学习的理论基础及其对学生社会化和认知发展的促进。

(一) 小组合作学习的心理学和教育学依据

1. 社会互赖理论

小组合作学习的核心理念与社会互赖理论紧密相连。社会互赖理论认为，个体间的互动和相互依赖对于学习成果具有重要影响。在一个合作的环境中，个体为了实现共同的目标而努力，这种合作性的互动能够增强学习动机，提高学习效率。

在小学数学教学中，小组合作学习通过分组讨论、共同解决问题等形式，使学生之间形成积极的互赖关系。学生在小组内部分享知识、交流想法，相互帮助和支持，从而形成一个团结、和谐的学习氛围。这种氛围不仅有助于提高学生的数学成绩，还能培养他们的团队协作能力。

2. 动机理论

动机理论为小组合作学习提供了心理学上的支持。动机是推动人们进行活动的内部动力，它决定着人们的行为方向、努力程度和持续时间。在小组合作学习中，学生为了完成共同的任务和目标而努力，这种合作性的学习环境能够激发他们的学习动机。

在小学数学教学中，教师可以通过设置具有挑战性的任务和奖励机制来激发学生的学习动机。小组合作学习使学生意识到，只有通过共同努力才能实现目标，从而激发他们的学习积极性和提升参与度。

3. 建构主义教学理念

建构主义教学理念认为，知识是通过学习者与环境的互动来建构的。在小组合作学习中，学生通过与同伴的交流、讨论和合作，共同建构知识，加深对学习内容的理解。这种学习方式有助于培养学生的自主学习能力和创新精神。

在小学数学教学中，教师可以通过小组合作学习的形式，引导学生主动探索数学知识、发现数学规律。学生在小组内部进行实践操作、讨论交流，共同解决问题，从而建构起自己的数学知识体系。

4."以学生为中心"的教学理念

"以学生为中心"的教学理念强调学生的主体地位和教师的主导作用。在小组合作学习中，学生成为学习的主体，他们主动参与、探究发现，而教师则起到引导、启发的作用。这种教学理念有助于培养学生的自主学习能力和创新精神。

在小学数学教学中，教师可以通过小组合作学习的形式来实现"以学生为中心"的教学理念。教师为学生提供一个自由、开放的学习环境，鼓励他们在小组内部进行自主探究和合作学习。同时，教师还要关注学生的学习过程，及时给予指导和帮助，以促进他们的全面发展。

（二）小组合作学习对学生社会化和认知发展的促进

1. 培养学生团队协作能力

小组合作学习是培养学生团队协作能力的重要途径。在小学数学教学中，教师可以通过分组合作的形式，让学生们共同完成数学任务。在这个过程中，学生们相互配合、分工合作有助于顺利完成任务。这种学习方式有助于培养学生的团队合作精神和协作能力，为他们未来的社会生活和职业发展打下坚实的基础。

2. 提高学生沟通技巧

小组合作学习还能提高学生的沟通技巧。在小组合作中，学生们需要与他人进行交流、讨论、分享自己的想法和见解。这个过程不仅有助于提升学生的口头表达能力，还能培养他们的倾听能力和理解能力。通过不断沟通与交流，学生们可以学会如何与他人建立良好的沟通关系，提高自己的社交能力。

3. 促进学生认知发展

小组合作学习对学生的认知发展具有显著的促进作用。在小组合作中，学生们可以接触到不同的观点和见解，从而拓宽自己的思维视野。通过与他人的交流和讨论，学生们可以发现自己观点的不足之处，进而完善自己的认知结构。同时，小组合作学习还能培养学生的批判性思维和创新能力，使他们在面对问题时能够独立思考、灵活运用所学知识解决问题。

二、小组合作中的反思实践

在小学数学教学中，小组合作学习是一种常见且有效的教学方法。而在小组合作学习的过程中，反思实践是一个不可或缺的环节。通过反思，学生可以更深入地理解和掌握数学知识，培养自主学习能力和批判性思维。

（一）交流学习过程和心得体会

在小学数学小组合作学习中，交流学习过程和心得体会是一个重要的反思实践。这一环节不仅有助于学生梳理自己的学习思路，还能从同伴的分享中获得启发，进一步巩固和拓展数学知识。

1. 分享学习过程和解题思路

在小组合作中，学生有机会向同伴展示自己的学习过程和解题思路。通过分享，他们可以清晰地表达自己对数学问题的理解和解决方法。这不仅有助于巩固学生的数学知识，还能提高他们的口头表达能力。

同时，听取同伴的分享也能为学生带来新的思考角度。他们可能会发现，同样的问题可以有不同的解决方法，从而拓宽自己的解题思路。

2. 交流学习心得和体会

除了分享学习过程，学生们还可以在小组中交流自己的学习心得和体会。他们可以谈论自己在学习过程中遇到的困难、挑战以及如何克服这些困难的过程。这种交流能够帮助学生认识到学习的艰辛与乐趣，也能够激发他们对数学学习的热情。

此外，通过交流心得，学生还可以相互鼓励和支持，共同面对学习中的挫折和困难。这种团队精神能够增强学生的自信心。

3. 反思学习方法和策略

在交流和分享的过程中，学生会不自觉地对自己的学习方法和策略进行反思。他们可能会发现，某些方法在某些情况下更为有效，而在其他情况下则可能不太适用。这种反思有助于学生找到更适合自己的学习方法和策略，从而提高学习效率。

同时，学生还可以从同伴的分享中汲取灵感，尝试新的学习方法和策略。这种不断探索和尝试的精神是数学学习的重要品质。

（二）共同探讨问题和解决方案

在小学数学小组合作学习中，共同探讨问题和解决方案是重要的反思实践。通过集思广益、相互启发，学生可以更深入地理解和掌握数学知识，提升问题解决能力。

1. 集思广益，共同寻找问题

在小组合作中，学生可以共同探讨数学问题，集思广益。他们可以提出自己的疑问和困惑，然后一起寻找答案和解决方法。这种探讨不仅能够帮助学生解决具体问题，还能培养他们的数学思维和探索精神。

同时，通过共同探讨，学生还可以发现一些自己之前未曾注意到的问题和细节，从而加深对数学知识的理解和掌握。

2. 相互启发，拓展解题思路

在探讨过程中，学生会相互启发、互相补充和完善解题思路。他们可能会发现，同样的问题可以有多种不同的解决方法，而且每种方法都有其独特的优点和局限性。这种相互启发能够帮助学生拓展解题思路，提高他们的灵活性和创新性。

此外，通过对比不同的解题思路和方法，学生还可以反思自己的思维方式和知识储备。他们可能会发现自己的思维方式存在某些局限性和偏差，从而寻求改进的方向和方法。

3. 合作解决问题，提升团队协作能力

在小组合作中，学生需要合作解决问题。分工合作、相互配合有助于顺利完成任务。这种合作不仅能够提升学生的团队协作能力，还能培养他们的责任感和集体荣誉感。

同时，在合作解决问题的过程中，学生还可以反思自己在团队中的角色和定位。他们可能会发现自己的优势和不足，从而更好地调整自己的学习策略和方向。

（三）相互评价和反馈

在小学数学小组合作学习中，相互评价和反馈也是一个重要的反思实践。通过评价和反馈，学生可以更客观地审视自己的学习水平和能力，发现自己的不足并寻求改进的方向。

1. 客观评价同伴的学习成果

在小组合作中，学生需要客观评价同伴的学习成果。他们需要认真分析同伴的解题思路、方法和答案，然后给出中肯的评价和建议。这种评价不仅能够帮助学生发现同伴的优点和不足，还能促使他们反思自己的学习水平和能力。

同时，通过评价同伴的学习成果，学生还可以发现自己的盲点和误区。他们可能会意识到自己在某些方面存在不足或误解，从而及时调整自己的学习策略和方向。

2. 接受并吸纳同伴的反馈

除了评价同伴外，学生还需要接受并吸纳同伴的反馈。他们需要虚心听取同伴的建议和意见，然后认真思考并改进自己的学习方法和策略。这种反馈机制能够帮助学生发现自己的问题并及时改进，从而提升他们的学习效果和成绩。

在接受反馈的过程中，学生还可以反思自己的学习态度和方法。他们可能会发现自己的学习态度不够端正或者学习方法不够科学有效，从而积极寻求改进的方向和方法。同时，他们也可以从同伴的反馈中获得新的学习思路和方法，进一步完善自己的数学知识体系。

3. 自我反思与提升

在相互评价和反馈的基础上，学生需要进行自我反思与提升。他们需要认真总结自己的学习经验和教训，发现自己的优点和不足，并制订改进的方案和计划。这种自我反思能够帮助学生更全面地认识自己的学习状况和需求，为未来的学习打下坚实的基础。

同时，在反思过程中，学生还可以发现自己的学习兴趣和目标。他们可以根据自己的兴趣和目标制订更个性化、更科学有效的学习计划和方法，从而更好地实现自我提升和发展。

三、小组合作与反思成果的展示

在小学数学教学中，小组合作与反思成果的展示是一个至关重要的环节。通过展示，学生可以与他人分享自己的学习心得和反思，这不仅有助于巩固和深化对数学知识的理解，还能提升学生的沟通能力和批判性思维。

（一）角色扮演与情景模拟

角色扮演与情景模拟是一种生动、有趣的展示方式，特别适用于小学数学教学。通过这种方式，学生们可以在模拟的情景中运用所学的数学知识，同时反思自己的学习过程和成果。

1. 选择适当的情景进行角色扮演

在角色扮演活动中，教师可以根据教学内容和学生兴趣选择适当的情景。例如，在学习加减法时，教师可以创设一个购物场景，让学生扮演顾客和收银员，通过模拟购物过程来展示他们对加减法的理解和应用。这样的角色扮演活动不仅能够激发学生的学习兴趣，还能帮助他们在实践中反思和巩固所学的知识。

2. 利用情景模拟深化理解

情景模拟是一种更为复杂的角色扮演形式，它要求学生在一个模拟的情境景解决实际问题。例如，在学习面积和体积时，教师可以设计一个模拟装修房子的情境，让学生扮演装修工人，根据给定的空间和预算来选择合适的材料和设计方案。在这个过程中，学生需要运用所学的面积和体积知识来解决问题，并在模拟实践中反思自己的决策过程和结果。

3. 反思与讨论

在角色扮演和情景模拟结束后，教师应该组织学生进行反思和讨论。学生可以分享自己在活动中的体验和收获，讨论遇到的问题和解决方案。这样的反思和讨论有助于学生发现自己的不足，也有助于他们从同伴的分享中获得新的思路和方法。

（二）小组报告与演讲

小组报告与演讲是展示小组合作与反思成果的另一种有效方式。通过这种方式，学生可以系统地整理和呈现自己的学习成果，同时锻炼口头表达能力和逻辑思维能力。

1. 准备小组报告

在小组合作结束后，每个小组应该根据学习内容准备一个小组报告。报告可以包括学习目标的达成情况、学习过程中的困难和挑战、解决问题的策略和方法等内容。为了增强报告的可读性和提升吸引力，学生可以利用图表、图片等多媒体元素来辅助展示。

2. 进行演讲展示

在准备好小组报告后，每个小组可以选派一名代表或全体成员共同上台进行演讲展示。演讲者应该清晰地表达小组的学习成果和反思经验，同时回答观众的问题。通过演讲展示，学生可以锻炼自己的自信心和表达能力，同时也能让观众更加直观地了解他们的学习过程。

3. 反思与改进

在小组报告与演讲结束后，教师应该引导学生进行反思和改进。学生可以评价自己和同伴的表现，讨论如何改进报告的内容和形式，以及如何提高演讲的技巧和效果。这样的反思和改进有助于学生不断提升自己的学习能力和展示水平。

（三）互动式展览与分享会

互动式展览与分享会是一种创新的展示方式，它强调观众的参与和互动，有助于提升学生的学习积极性和创造力。

1. 策划互动式展览

教师可以引导学生策划一个互动式展览来展示他们的学习成果。展览可以包括学生的作品、思维导图、学习心得等内容，同时要设置互动环节让观众参与其中。例如，教师可以引导学生设置一些数学游戏让观众挑战，或者让观众在展览中寻找数学规律等。这样的互动式展览能够增加观众的参与度和提升学习效果。

2. 组织分享会

除了互动式展览外，教师还可以组织学生参加分享会。在分享会上，各个小组的代表可以上台分享他们的学习经验和反思成果，与观众进行深入的交流和讨论。分享会可以设置问答环节，让观众提出问题并获得解答。通过分享会，学生可以与他人交流学习心得和方法，拓宽自己的视野和思路。

3. 反思与总结

在互动式展览与分享会结束后，教师应该引导学生进行反思和总结。学生可以评价展览和分享会的效果和影响，讨论如何改进展览的内容和形式以及提高分享会的互动性和吸引力。同时，教师也应该对学生的学习成果和反思经验给予肯定和鼓励，并提出建设性的意见和建议来帮助学生不断提升自己的学习能力和展示水平。

第六章 数学日记在小学生数学反思能力培养中的应用

第一节 数学日记的定义与功能

一、数学日记的定义

数学日记，作为一种富有创新性的学习方法，近年来在小学数学教育中越来越受到重视。它以日记的形式，鼓励学生记录自己在数学学习过程中的所见、所闻、所感，从而加深对数学知识的理解和应用。

（一）数学日记的基本形式

数学日记，顾名思义，是以日记的体裁来书写的，但它与常规的日记有所不同，更加注重对数学学习的反思和总结。它以第一人称叙述，允许学生自由地表达自己在数学学习中的体会和感悟。

1. 叙述方式

数学日记通常采用第一人称的叙述方式，这使得学生能够更加真实地表达自己的学习经历和感受。通过"我"的视角，学生可以详细地描述自己在数学学习过程中的所思所感，从而加深对数学知识的理解和掌握。

2. 格式灵活

数学日记的格式并不拘泥于一种固定的模式。它可以是简短的几句话，记录当天的数学发现或疑问；也可以是长篇的反思和总结，深入探讨某个数学问题的求解过程。这种灵活性使得数学日记能够适应不同学生的学习风格和需求。

3. 真实性要求

数学日记强调的是真实反映学生的学习情况和内心感受。无论是成功的喜悦，还是困惑的苦恼，学生都应该在日记中坦诚地表达出来。这种真实性不仅有助于学生自我认知的提升，还能为教师提供更加准确的教学反馈。

(二) 数学日记的记录内容

数学日记的内容涵盖了学生在数学学习过程中的各个方面，它可以是对数学知识的深度思考，也可以是对学习方法的探索和总结。

1. 数学概念的深度思考

在数学日记中，学生可以对某个数学概念进行深入思考和分析。例如，在学习分数时，学生可以通过日记记录自己对分数本质的理解，探讨分数在生活中的实际应用，以及分数与其他数学概念之间的关联。这种深度思考有助于学生形成更加完整的数学知识体系。

2. 解题方法的探索和总结

数学日记可以用来记录学生对解题方法的探索和总结。在解决数学问题的过程中，学生可能会尝试多种方法，并通过比较和分析找出最优解。这些探索和总结不仅能够提升学生的解题能力，还能培养他们的创新思维和问题解决能力。

3. 学习困惑的记录和求解

当学生在数学学习中遇到困惑时，他们可以在日记中记录下来，并尝试通过自我反思、查阅资料或寻求他人帮助来解决问题。这种记录和求解过程能够帮助学生形成良好的学习习惯和自主学习能力。

(三) 数学日记的教育意义

数学日记作为一种创新的学习方法，其教育意义不仅在于提高学生的数学成绩，还在于培养学生的综合素质和终身学习的能力。

1. 提高数学成绩

通过写数学日记，学生可以及时巩固和复习所学知识，加深对数学概念的理解和应用。同时，日记中的反思和总结还能帮助学生发现自己的学习盲点和不足之处，从而有针对性地进行改进和提升。这些努力最终都会体现在学生的数学成绩上。

2. 培养自主学习和终身学习的能力

写数学日记需要学生具备自主学习和独立思考的能力。在写日记的过程中，学生需要主动回顾和总结自己的学习经历，发现问题并寻求解决方案。这种自主学习的过程不仅能够提升学生的数学素养，还能培养他们的创新思维和问题解决能力。而这些能力正是终身学习所必需的。

3. 增强学习自信心

数学日记可以让学生看到自己的进步和成长，从而增强他们的学习自信心。当学生在日记中记录下自己解决数学问题的过程时，他们会感受到一种成就感和满足感。这种积极的情感体验会激励学生更加努力地学习数学，形成良性循环。

4. 促进师生互动和教学改进

数学日记可以作为教师了解学生学习情况的一个重要窗口。教师可以通过阅读学生的日记来了解他们在数学学习中的困惑和需求，从而及时调整教学策略和方法，提供更加有针对性的指导。这种师生互动和教学改进有助于提高数学教学的质量和效果。

二、数学日记的功能

数学日记，作为一种特殊的学习工具，近年来在小学数学教育中受到了广泛的关注和应用。它通过让学生以日记的形式记录自己的数学学习过程和心得，实现了学习与生活的有机结合。这种学习方式不仅有助于提升学生的数学素养，还在其他方面发挥着积极的作用。

（一）促进学生对数学知识的深入理解和掌握

数学日记在促进学生深入理解和掌握数学知识方面发挥着重要作用。通过书写日记，学生被迫回顾和整理每天所学的数学知识，这本身就是一个再学习和巩固的过程。学生在日记中阐述对数学概念、定理的理解，以及解题的思路和方法，这有助于他们更清晰地掌握数学知识的内在逻辑和结构。

数学日记能帮助学生发现自己在知识掌握上的盲点和误区。在记录和思考的过程中，学生可能会遇到难以理解或解释的问题，这些问题正是他们需要重点关注和深入学习的地方。通过反思和解决这些问题，学生可以不断完善自己的数学知识体系。

数学日记能培养学生的自主学习能力。在书写日记的过程中，学生需要独立完成知识的回顾、整理和反思，这有助于提升他们的自主学习意识和能力。这种能力对于他们的长远发展具有重要意义。

（二）帮助学生建立数学学习的自我监控机制，提高元认知能力

数学日记不仅是一个记录工具，更是一个自我监控和反思的工具。通过写数学日记，学生可以对自己的学习过程进行实时监控和反思，从而及时调整学习策略和方法。这种自我监控机制有助于提高学生的元认知能力，即对自己认知过程的认知能力。

具体来说，学生可以在日记中记录自己在学习某个数学知识点时的困惑和难点，并分析产生这些困惑和难点的原因。通过这种反思和监控，学生可以更加明确自己的学习目标和方向，提高学习效率。同时，这种自我监控机制还有助于培养学生的自律性和自我管理能力，为他们的全面发展奠定基础。

（三）培养学生的数学反思能力，激发学生对数学学习的积极性和主动性

数学日记是培养学生反思能力、激发学习积极性的有效手段。通过写日

记，学生可以对自己的学习过程进行深度反思，分析自己在数学学习中的优点和不足。这种反思过程不仅有助于巩固所学知识，还能培养学生的批判性思维和问题解决能力。

数学日记能激发学生对数学学习的积极性和主动性。在传统的数学学习中，学生往往处于被动接受的状态，而数学日记则为学生提供了一个主动思考和表达的平台。通过书写日记，学生可以更加主动地参与数学学习，积极探索数学知识的奥秘和乐趣。这种积极性和主动性的提升将对学生的数学学习产生深远的影响。

（四）为教师和学生提供一个沟通和交流的平台，增进师生互动

数学日记还为教师和学生提供了一个便捷的沟通和交流平台。教师可以通过阅读学生的数学日记来了解他们的学习情况和内心感受，从而提供更有针对性的指导和帮助。同时，学生也可以在日记中向教师反馈自己的学习问题和困惑，寻求教师的指导和建议。

这种师生互动不仅有助于及时解决学生的学习问题、提高他们的学习效果，还能促进教师和学生之间的情感交流和相互理解。通过数学日记这个桥梁，教师和学生可以建立更加紧密的联系和互动关系，共同推动数学教学的进步和发展。

第二节 如何引导学生写数学日记

一、明确写作目的和要求

小学数学日记作为一种特殊的学习活动，其写作不仅有助于学生数学知识的巩固和内化，还能够培养学生的反思能力、逻辑思维和语言表达能力。然而，为了确保这一活动的有效性，教师需要首先明确数学日记的写作目的

和要求，进而有针对性地指导学生进行写作。

（一）明确写作目的

数学日记的写作，其目的在于帮助学生巩固和加深对课堂所学知识的理解。课堂教学虽然重要，但是学生往往难以一次性消化所有内容。通过写日记的形式，学生有机会在课后重温课堂知识，进一步梳理和巩固所学内容。特别是对于那些较为抽象或复杂的数学概念、公式和定理，通过书写和思考，学生可以更加深入地理解和掌握这些知识点。

数学日记的写作是为了培养学生的反思能力。在写作过程中，学生不仅需要回顾所学内容，还需要对自己的学习过程进行反思。这种反思包括对学习方法的审视、对学习态度的自省以及对学习效果的评估。通过这种反思，学生可以及时发现自己的学习问题，调整学习策略，从而提高学习效率。

数学日记能促进学生的自我表达和沟通能力。数学虽然是一门严谨的学科，但是它同样需要学生具备良好的表达能力。通过数学日记的写作，学生可以锻炼自己的书面表达能力，学会如何用准确、清晰的语言来描述数学问题和解题思路。同时，数学日记也可以作为教师和学生之间沟通的桥梁，帮助学生及时向教师反馈自己的学习情况和困惑。

为了更具体地明确数学日记的写作目的，教师可以从以下几个方面进行引导。

1. 知识巩固与内化

强调数学日记作为复习工具的重要性，鼓励学生在日记中回顾和整理当天学习的数学概念、解题方法和思路，以促进知识的巩固和内化。

2. 学习过程反思

引导学生在日记中记录自己在学习过程中的感受、困惑和成功经验，培养他们的自我监控和反思能力，帮助他们识别自己的学习风格和策略，以便更好地调整学习方法。

3. 情感表达与沟通

鼓励学生通过数学日记表达自己的情感和态度，包括对数学的喜爱、挑战的感受等，同时也可作为与教师沟通的渠道，及时反馈学习问题和需求。

（二）明确写作要求

为了确保数学日记的有效性，教师需要向学生明确提出写作的具体要求。这些要求旨在保证日记的真实性、针对性和条理性，同时鼓励学生发挥创意，形成个性化的表达。

数学日记应该真实反映学生的学习情况和感受。学生应该诚实地记录自己的学习进度、理解程度和遇到的问题，不得虚构或夸大事实。这种真实性不仅有助于教师准确了解学生的学习状况，还能培养学生的诚信品质。

数学日记要具有针对性。学生应该紧紧围绕课堂所学内容进行记录和反思，避免离题太远或写一些与数学学习无关的内容。这样可以确保日记的有效性，使其真正成为辅助学习的工具。

数学日记应具有条理性。学生在记录时应该按照一定的逻辑顺序进行，比如可以先总结当天学习的知识点，然后分析自己在解题过程中的思路和方法，最后提出自己的困惑和建议。这样的条理性能使日记更加清晰易懂，也便于日后的回顾和总结。

教师要鼓励学生在数学日记中发挥创意。虽然数学是一门严谨的学科，但并不意味着学生的表达方式也要千篇一律。教师可以引导学生用自己的语言来表达对数学知识的理解和感受，甚至可以尝试用图形、图表等多种形式来丰富日记的内容。

为了让学生更好地理解和执行这些写作要求，教师可以采取以下措施。一是提供范例，为学生展示一些优秀的数学日记范例，让他们明确写作的标准和格式。二是定期点评，定期对学生的数学日记进行点评和指导，帮助他们发现问题并及时改进。三是鼓励创新，在保证真实性和针对性的基础上，鼓励学生尝试不同的表达方式和形式，使数学日记更加生动有趣。

二、提供写作指导

小学数学日记作为一种新颖而有效的学习方式，正在被越来越多的教师和学生所接受。通过数学日记，学生不仅能够巩固和加深对数学知识的理解，还能够培养自己的反思能力、逻辑思维和表达能力。然而，对于许多学生来说，如何写好数学日记仍然是一个挑战。因此，教师需要提供具体的写作指导，以帮助学生更好地完成数学日记的写作任务。

（一）引导学生回顾课堂学习内容

写好数学日记的第一步是准确记录课堂学习内容。因此，在写作之前，教师需要引导学生回顾当天所学的数学知识，帮助他们整理学习笔记。

1. 准确记录课堂内容

为了确保学生准确记录课堂内容，教师可以在课后留出一些时间，让学生整理笔记并回顾所学知识点。教师可以提醒学生注意课堂中的重点、难点和易错点，并鼓励他们用自己的语言来复述或解释这些概念。这样不仅可以加深学生对知识的理解，还可以帮助他们更好地掌握数学知识。

2. 用自己的语言复述数学概念

复述是一种有效的学习方法，可以帮助学生巩固和内化知识。在写作数学日记时，教师可以鼓励学生用自己的语言来复述当天所学的数学概念、公式和定理。这样不仅可以检验学生对知识的理解程度，还可以锻炼他们的表达能力。

3. 整理学习笔记

整理学习笔记是写好数学日记的重要一环。教师可以指导学生如何有效地整理笔记，如使用不同颜色的笔进行标注、分类整理知识点等。通过整理笔记，学生可以更好地梳理所学知识点的逻辑关系，为后续的写作打下基础。

（二）鼓励学生提问并记录疑惑

在数学学习中，学生难免会遇到疑惑和不解。在写作数学日记时，教师应该鼓励学生积极提问，并记录自己在学习过程中的疑惑。

1. 勇于提出疑问

提问是学习的关键一步，只有提出问题，才能得到解答和进步。在数学日记中，学生应该勇于记录自己的疑问和困惑，这样可以帮助他们及时发现并解决学习中的问题。教师可以鼓励学生积极提问，无论是关于知识点的理解、解题方法的探讨，还是对数学概念的深入思考，都可以成为数学日记中的宝贵内容。

2. 记录疑惑并寻求解答

当学生在学习中遇到疑惑时，教师应该鼓励他们及时记录并在日记中寻求解答。学生可以通过查阅资料、与同学讨论或向老师请教等方式来寻找答案。在数学日记中记录这一过程，不仅可以帮助学生解决疑惑，还可以培养他们的自主学习能力和解决问题的能力。

3. 反思与总结

在解决疑惑后，学生应该进行反思和总结。他们可以思考自己为什么会产生这样的疑惑，是因为对知识点的掌握不牢固还是因为思维方式存在问题。通过反思和总结，学生可以找出自己的学习弱点并进行针对性改进。

（三）指导学生进行知识总结和归纳

总结和归纳是学习数学的重要环节。在写作数学日记时，教师应该指导学生进行知识的总结和归纳，帮助他们更好地理解和掌握数学知识。

1. 使用图表和思维导图

图表和思维导图是有效的学习工具，可以帮助学生更好地梳理和总结知识点。在写作数学日记时，教师可以指导学生使用这些工具来归纳所学知识点的逻辑关系。通过绘制图表或思维导图，学生可以更加清晰地了解各个知识点之间的联系和区别，从而更好地掌握数学知识。

2. 分享学习心得和体会

分享学习心得和体会是学习数学的重要一环。在写作数学日记时，教师可以鼓励学生分享自己的学习心得和体会，这样不仅可以促进同学之间的交流和学习，还可以帮助学生更好地理解和掌握数学知识。通过分享和交流，学生可以了解不同的学习方法和思路，从而拓宽自己的视野并提高自己的学习效果。

3. 培养逻辑思维能力

数学知识的逻辑性和系统性非常强，因而培养学生的逻辑思维能力至关重要。在写作数学日记时，教师可以通过指导学生进行知识的总结和归纳来培养他们的逻辑思维能力。例如，教师可以引导学生思考各个知识点之间的内在联系和规律，从而培养他们的逻辑推理能力和抽象思维能力。

（四）提醒学生关注学习情感和态度

学习情感和态度对学习效果有着重要影响。在写作数学日记时，教师应该提醒学生关注自己的学习情感和态度，帮助他们更好地调整自己的学习状态。

1. 记录学习过程中的情感体验

学习过程中的情感体验是丰富多彩的，包括成功的喜悦、失败的沮丧、挑战的兴奋等。在写作数学日记时，教师应该鼓励学生记录这些情感体验，这样可以帮助他们更好地认识自己的学习状态和心态。同时，通过记录情感体验，学生还可以培养自己的情感表达能力和情绪管理能力。

2. 调整学习态度并激发学习动力

学习态度和学习动力是影响学习效果的重要因素。在写作数学日记时，教师应该提醒学生关注自己的学习态度并激发他们的学习动力。例如，教师可以鼓励学生设定明确的学习目标并制订可行的学习计划，从而培养他们的学习自觉性和主动性。同时，教师还可以通过肯定和鼓励来激发学生的学习热情和自信心。

3. 了解学生的学习需求和内心世界

数学日记不仅是学生学习的记录本，也是教师与学生之间沟通的桥梁。

通过阅读学生的日记，教师可以了解他们的学习需求和内心世界，从而更好地提供有针对性的指导和帮助。例如，当教师发现某个学生在学习上遇到困难时，可以及时给予辅导和支持；当教师发现某个学生在学习态度上存在问题时，可以及时进行引导和纠正。

三、定期检查和反馈

（一）定期检查数学日记

为了确保小学数学日记写作的有效性，教师需要定期对学生的日记进行检查。这种检查不仅有助于教师了解学生的学习进度和思考过程，更能及时发现学生在学习和写作过程中遇到的问题，从而提供有针对性的指导。

1. 制订合理的检查计划

教师需要结合教学进度和学生的实际情况，制订合理的数学日记检查计划。计划的制订应充分考虑学生的学习周期和日记的写作频率，确保检查既能及时了解学生的学习动态，又不会过于频繁以至于给学生带来额外压力。一般来说，每周或每两周检查一次数学日记较为合适。

2. 关注写作内容与学习关联

在检查数学日记时，教师首先要关注学生的写作内容是否与当前的教学内容相关。这有助于判断学生是否能够将所学知识应用到日记写作中，从而加深对数学概念的理解和掌握。同时，教师还要关注学生的思考过程和问题解决方法，以便更好地了解他们的学习方式和思维习惯。

3. 评估语言表达和逻辑条理性

除了关注写作内容与学习内容的关联性外，教师还要评估学生的语言表达能力和逻辑条理性。数学日记不仅是学生记录学习过程和思考的平台，也是锻炼他们书面表达能力的好机会。因此，教师在检查时应注意学生所写的语句是否通顺、表达是否清晰、逻辑是否严密，并针对不足之处给予具体的指导和建议。

4. 鼓励持续写作与提高

定期检查不仅是为了发现问题，更是为了激励学生坚持写作并逐步提高写作水平。因此，教师在检查过程中要善于发现学生的亮点和进步，给予充分的肯定和鼓励。同时，教师还可以根据学生的实际情况调整写作要求，以适应不同学生的学习需求和写作水平。

（二）提供有针对性的反馈和指导

在小学数学日记的写作过程中，教师提供有针对性的反馈和指导是至关重要的。这不仅有助于学生及时了解自己的错误和不足，更能引导他们在写作过程中不断提高自己的思维能力和表达能力。

1. 解答疑问和辅导难题

教师在检查数学日记时，应关注学生提出的问题和遇到的难题。针对这些问题和难题，教师要及时给予解答和辅导，帮助学生扫清学习障碍。同时，教师还可以根据学生的疑问和难题调整教学内容和方法，以满足学生的学习需求。

2. 肯定和鼓励学生的进步

在提供反馈时，教师要善于发现学生的亮点和进步，并给予充分的肯定和鼓励。这种正面的激励能够增强学生的自信心，促使他们在数学日记的写作过程中更加努力和投入。

3. 提出具体的改进意见和建议

针对学生在数学日记写作中存在的不足和问题，教师要提出具体的改进意见和建议。这些意见和建议应具有可操作性和针对性，应能够帮助学生明确改进的方向和目标。同时，教师还要关注学生的个体差异和学习需求，制订个性化的辅导计划，以便更好地满足他们的学习需求和提高他们的学习效果。

（三）关注个体差异和特殊需求

在小学数学日记的写作和反馈过程中，教师需要密切关注学生的个体差异和特殊需求。每个学生都有自己独特的学习方式和节奏，因而教师应该根据每个学生的实际情况提供个性化的指导和支持。

1. 个性化指导和支持

对于写作水平较低的学生，教师需要给予更多的指导和帮助。这包括提供额外的写作练习、指导他们如何组织语言和表达思想等。同时，教师还要关注这些学生的写作兴趣和自信心，通过正面的激励和引导帮助他们建立积极的写作态度。

对于有特殊学习需求，如学习困难、注意力不集中等的学生，教师需要制订个性化的辅导计划。这包括提供适合他们的学习资源、调整写作要求和难度等。同时，教师还要与他们建立密切的沟通和联系，及时了解他们的学习困难和需求，并给予相应的支持和帮助。

2. 分层教学和差异化评价

为了更好地满足学生的个体差异和特殊需求，教师可以采用分层教学的策略。根据学生的实际水平和需求将他们分成不同的层次，并为每个层次的学生制订相应的教学计划和写作要求。这样不仅可以确保每个学生都能够在自己的水平上得到提高和发展，还能避免"一刀切"的教学方式带来的弊端。

同时，教师在评价学生的数学日记时也要注重差异化评价。不同学生的写作水平和发展速度是不同的，因而教师不能用同一把尺子去衡量所有学生。在评价过程中，教师要关注学生的进步和亮点，并给予相应的肯定和鼓励。同时，教师还要根据学生的实际情况提出具体的改进意见和建议，以便他们更好地完成写作任务和提高学习效果。

3. 家校合作与资源共享

关注学生的个体差异和特殊需求还需要家校之间的密切合作和资源共享。教师可以通过家长会、家访等方式与家长建立联系和沟通机制，及时了解学生在家庭环境中的学习情况和需求。同时，教师还可以向家长推荐一些适合学生的数学学习资源和写作辅导材料，以便家长能够更好地配合学校的教育工作，并为学生提供必要的支持和帮助。

第三节　数学日记的评价与反馈

一、评价标准

（一）内容方面

1. 知识点的准确性与深度

在小学数学教育中，数学日记作为一种特殊的学习工具，为学生提供了一个记录、反思和巩固所学知识的平台。而评价数学日记的首要标准，便是学生对数学知识的理解和掌握程度。这不仅仅体现在学生是否能够将课堂上的知识点准确无误地记录在日记中，更体现在学生能否对这些知识点有深入理解和应用。

知识点的准确性是评价数学日记的基础。当学生在日记中记录下当天所学的数学概念、公式或解题方法时，教师需要细心核查这些内容是否准确无误。这包括但不限于数学术语的使用是否恰当，公式的书写是否正确，以及解题步骤是否逻辑清晰。例如，如果学生在日记中提到"我今天学习了三角形的面积公式，即面积等于底乘以高除以二"，那么教师就需要确认学生是否正确引用了公式，并且理解了这个公式的含义。

知识点的深度是评价数学日记的重要标准。深度的评价不仅要看学生是否记录了知识点，更要看学生是否对这些知识点有深入的理解和思考。教师可以通过学生在日记中的表述，来判断他们对知识点的掌握是否达到了预期的深度。例如，如果学生在记录了三角形面积公式后，还能进一步探讨这个公式是如何推导出来的，或者通过这个公式解决了哪些实际问题，那么就说明学生对这个知识点的理解已经达到了较深的层次。

为了提高学生的知识深度和准确性，教师可以在课堂上进行有针对性的讲解和练习，同时在课后布置与课堂内容紧密相关的作业，鼓励学生在日记中记录下自己的解题过程和思考。此外，教师还可以定期组织学生进行知识点的回顾和总结，帮助他们形成系统的数学知识体系。

在评价过程中，教师需要保持耐心和细心，因为每个学生的学习进度和理解能力都是不同的。对于那些在日记中表现出对知识点掌握不够深入的学生，教师需要给予更多的关注和引导。

2. 学习过程中的思考和疑问

数学日记的独特价值，不仅在于它记录了学生每天所学的数学知识，更在于它提供了一个平台，让学生能够反思自己的学习过程，并勇敢地提出自己的疑问和思考。这一部分的内容，对于教师了解学生的学习状态、思维方式以及潜在问题具有极其重要的意义。

在阅读学生的数学日记时，教师应特别留意学生提出的思考和疑问。这些思考和疑问是学生与数学知识互动的结果，反映了他们对知识的探索欲望和自主学习能力。例如，有的学生可能在日记中写下："今天学习的面积公式让我想到了之前学过的周长公式，它们之间有没有什么联系呢？"这样的疑问显示了学生对数学知识的深入思考和探索欲望。

对于这些有价值的思考和疑问，教师应给予积极的反馈。首先，教师可以在课堂上公开表扬提出好问题的学生，鼓励其他学生也勇于表达自己的思考和疑问。其次，教师可以针对学生的疑问进行详细的解答，不仅解决他们的困惑，还能进一步拓展他们的数学思维。例如，对于上面提到的面积和周长的疑问，教师可以引导学生理解两者之间的区别和联系，从而加深他们对几何概念的理解。

此外，教师还可以利用学生的思考和疑问来调整和完善自己的教学计划。如果多个学生在日记中反映了对某一知识点的困惑或不解，那么教师就应重点关注这一知识点,在课堂上进行更深入的讲解和练习。

除了解答学生的疑问,教师还应注重培养学生的自主学习能力。教师可以鼓励学生在日记中记录下自己解决问题的过程和方法,以及在学习过程中的心得体会。这样不仅能帮助学生巩固所学知识,还能提升他们的自我学习和独立解决问题的能力。

(二)反思深度

1. 对学习过程的反思

在小学数学的学习过程中,数学日记作为一种独特的学习工具,有助于学生进行深入的自我反思。这种反思不仅仅是对学习成果的检视,更是对学习方法和过程的仔细剖析。通过数学日记,学生能够系统地审视自己的学习路径,从而为未来的学习打下坚实的基础。

对学习方法的总结是反思中的重要一环。每个学生在面对数学问题时,都会形成一套自己的解题方法。这些方法可能源于教师的指导,也可能是学生通过自我探索得出的。在数学日记中,学生应该详细记录自己所采用的解题方法,并分析这些方法在实际应用中的效果。例如,有的学生在解决复杂问题时喜欢采用画图的方式帮助理解,而有的学生则更偏向于列方程求解。无论采用哪种方法,其关键都是要在日记中分析它们的优缺点,思考在何种情况下使用哪种方法更为高效。

对学习态度的审视也是反思的关键部分。学习态度直接影响学生的学习效果。一个积极的学习态度能够帮助学生更好地面对学习中的困难和挑战,而消极的态度则可能阻碍学生的学习进步。在数学日记中,学生应该诚实地记录自己的学习心态,是否在面对难题时保持了足够的耐心和决心,是否在失败后能够迅速调整心态重新出发。这种对态度的反思,有助于学生培养出更加坚韧和积极的学习心态。

对学习效果的评估是反思的落脚点。学习效果不仅体现在分数上,更体现在学生对知识点的掌握程度和应用能力上。在数学日记中,学生应该根据自己的实际情况，客观评估自己的学习效果。例如，可以记录自己在某个知识点上的掌握情况，是否能够熟练运用该知识点解决实际问题。如果发现自己存在不足，就要及时提出改进措施，并在后续的学习中加以实施。

为了促进学生进行深入的反思，教师可以定期查阅学生的数学日记，并给予有针对性的指导。同时，教师还可以在课堂上引导学生进行讨论和交流，分享彼此的学习方法和反思经验。这样不仅能够帮助学生发现更多有效的学习方法，还能营造出一种积极向上的学习氛围。

2. 对成果的反思与改进建议

在小学数学学习中，对成果的反思是一个至关重要的环节。通过反思，学生可以清晰地认识到自己在哪些方面做得好，哪些方面还有待提高，从而为他们提供明确的改进方向。

学生需要对自己的学习成果进行客观、全面评估。这包括分析自己在课堂练习、家庭作业以及测验中的表现。例如，如果学生在某次测验中成绩不理想，他们应该深入分析失分的原因，是由于知识点掌握不牢固，还是解题方法不当，或者是粗心大意导致的失分。只有通过深入剖析，学生才能准确找出问题的症结所在。

在找出问题后，学生需要提出具体的改进建议。这些建议应该具有针对性和可操作性，能够帮助学生解决实际问题。例如，如果学生在某个知识点上存在漏洞，他们可以通过查阅教材、做相关练习题或请教老师等方式来加强这一知识点的学习。如果学生在解题方法上存在问题，他们可以尝试改变解题思路，或者学习更多高效的解题方法。

除了对具体学习成果的反思，学生还应该关注自己的学习习惯和态度。良好的学习习惯和积极的学习态度是提高学习效果的关键因素。例如，学生可以反思自己是否经常拖延作业，是否在课堂上积极参与讨论，是否在遇到困难时能够保持积极的心态等。针对这些问题，学生可以提出具体的改进措施，如制订合理的学习计划、积极参与课堂互动、培养坚韧不拔的学习精神等。

在实施改进建议的过程中，学生需要保持耐心和毅力。学习是一个持续不断的过程，不可能一蹴而就。学生应该给自己足够的时间和空间来适应和改进。同时，学生还可以寻求老师和同学的帮助和支持，共同解决问题，取得更好的学习效果。

（三）写作态度

1. 认真程度

数学日记，作为学生自主学习的一部分，承载着学生每日的学习进展、思考以及反思。因此，在评价数学日记时，学生的写作态度就成为一个不可或缺的考量维度。认真程度，便是这一态度的直观体现。

认真的写作态度，首先反映在字迹的工整上。一篇字迹潦草、涂改满篇的日记，显然无法让人感受到作者的认真态度。相反，字迹清晰、页面整洁的日记，则显示出作者对写作的尊重和对自己学习成果的珍视。在数学日记中，这一点尤为重要，因为数学是一门需要精确和严谨的学科，任何一点小小的疏忽都可能导致整个解题过程的错误。

除了字迹工整，内容翔实也是认真程度的体现。一篇好的数学日记，应该详细地记录当天所学的数学知识、解题过程以及自己的理解和反思。这样的日记，不仅能够帮助学生复习和巩固所学内容，还能够作为教师了解学生学习状况的重要依据。因此，学生在写日记时，应该力求详细、完整，不遗漏任何一个重要的学习环节。

更重要的是，认真的写作态度还体现在学生是否能够在日记中持续地记录自己的学习进展和反思。学习是一个持续的过程，而数学日记则是这个过程的忠实记录者。学生通过不断地记录自己的学习进展，可以清晰地看到自己的成长和进步；学生通过反思，可以发现自己的不足和需要改进的地方。这种持续性的记录和反思，是学生学习自律性和自主性的重要体现，也是他们走向成功的重要阶梯。

为了培养学生的认真写作态度，教师可以采取一些具体的措施。例如，教师可以定期检查和点评学生的数学日记，对写得认真、详细的学生给予表扬和鼓励；同时，教师也可以对那些在写作态度上有所欠缺的学生进行引导和帮助，使他们逐渐认识到数学日记的重要性，并养成良好的写作习惯。

2. 积极性

在数学日记的评价体系中，学生的积极性是一个重要的考量因素。这种积极性不仅关乎学生的学习态度，更直接影响着他们的学习效果和未来的发展。

数学日记中的积极性体现在学生对数学知识的探索欲望上。一个积极的学生，会在日记中记录下自己对新知识的好奇心和探索过程。他们不仅仅满足于掌握课堂上的知识，而且会主动查找更多的资料，尝试更深入理解和应用。这种探索欲望，是推动学生不断进步的重要动力。

积极性体现在学生是否愿意主动尝试新的学习方法上。数学学习是一个需要不断尝试和创新的过程。一个积极的学生，会勇于尝试不同的学习方法，以找到最适合自己的方式。他们会在日记中记录下这些尝试和心得，从而不断调整和优化自己的学习路径。

学生在遇到困难时的态度，是衡量他们积极性的重要标准。数学学习难免会遇到各种困难和挑战，一个积极的学生会在日记中坦诚地记录下这些困难，并表达出积极面对和解决问题的决心。他们不会轻易放弃，而是会寻求各种方法和资源来克服困难。这种坚韧不拔的精神，是在数学学习中非常宝贵的品质。

为了培养学生的积极性，教师需要给予他们足够的鼓励和支持。教师可以在课堂上分享那些在数学日记中表现出积极态度的学生的案例，以激励其他学生。同时，教师也可以定期组织一些数学活动和竞赛，让学生有机会展示自己的成果和才华，从而增强他们的学习信心。

二、反馈策略

(一) 书面反馈

1. 具体指导与建议

数学日记作为一种有效的学习工具，不仅帮助学生记录学习过程、反思学习方法和成果，同时也为教师提供了一个了解学生学习状况、提供针对性指导的窗口。在给予学生书面反馈时，教师应该注重提供具体的指导和建议，以帮助学生更好地理解和掌握数学知识，从而提升学习效果。

教师可以通过阅读学生的数学日记，发现学生在知识点掌握上存在的问题。例如，当学生在日记中提到对某个数学概念或解题方法存在困惑时，教师可以针对性地提供相关的学习资料或练习题，帮助学生巩固和深化对知识点的理解。这样的指导不仅能够及时解决学生的学习难题，还能引导他们学会如何自主查找资料、解决问题，培养自主学习能力。

教师在书面反馈中可以批注出学生日记中写得好的地方和需要改进的地方。对于学生在日记中展现出的创新思维、深入反思等优点，教师要及时给予肯定和鼓励，以激发学生的学习热情和自信心。同时，对于学生在写作表达、逻辑思考等方面存在的不足，教师也要明确指出，并提供具体的改进建议。这样的反馈能够帮助学生清晰地认识自己的优点和不足，明确下一步的努力方向。

此外，教师还可以根据学生的实际情况，为他们量身定制学习计划和方法建议。例如，对于基础薄弱的学生，教师可以建议他们从基础知识入手，逐步提升；对于学习能力较强的学生，教师可以引导他们进行更高层次的数学探索和挑战。这样的个性化指导能够更好地满足学生的学习需求，促进他们的全面发展。

在实施具体指导与建议的过程中，教师需要注重与学生的沟通和交流。可以通过面对面辅导、在线答疑等方式，及时解决学生在学习过程中遇到的问题和困惑。同时，教师还要关注学生的反馈和进步情况，根据实际情况调整指导策略和方法，以确保指导的有效性和针对性。

2. 鼓励与肯定

在数学学习中，教师的鼓励和肯定对学生的成长至关重要。当学生在数学日记中展现出对数学知识的理解和掌握有所进步时，教师应该及时给予鼓励和肯定，以激发学生的学习兴趣和增强其自信心。

教师可以通过书面反馈的形式，明确表达对学生进步的认可和赞赏。当学生在日记中记录了自己对某个数学概念的新理解、解题方法的新探索或者学习态度的积极转变时，教师可以在反馈中写下如"你对这个概念的理解更加深入了，继续努力""你的解题方法很有创意，值得表扬"等鼓励性的话语。这样的反馈能够让学生感受到自己的进步得到了教师的关注和认可，从而提升他们的学习动力。

教师可以定期对优秀的数学日记进行展示和表彰。展示学生的优秀日记，不仅可以让其他学生从中学到新的学习方法和思路，还能让展示数学日记的学生感受到自己的努力得到了广泛的认可和尊重。这种正面的激励机制能够鼓励学生更加积极地投入数学学习。

除了直接的鼓励和肯定，教师还可以通过其他方式表达对学生的认可。例如，教师可以在课堂上邀请学生分享他们的学习心得和体会，或者在家长会上表扬学生的进步和成就。这些方式都能够让学生感受到自己的价值被肯定，从而增强他们的自信心。

在实施鼓励和肯定的过程中，教师需要注重学生的个体差异和心理需求。每个学生都有自己独特的性格和学习特点，因而教师需要根据学生的实际情况给予恰当的鼓励和肯定。同时，教师还要关注学生的心理状态，及时发现和解决学生在学习过程中遇到的困难和挑战，以帮助他们保持积极的学习态度。

(二) 口头反馈

1. 面对面交流与指导

在数学教育中，面对面交流与指导是至关重要的一环。这种直接的沟通方式不仅有助于及时解决学生的学习困惑，还能加深师生之间的情感联系，激发学生的学习动力。数学日记作为一个记录学生学习过程和反思的工具，为教师提供了大量关于学生学习状况的信息。教师可以通过分析学生的日记，发现他们在学习中的疑点和难点，进而在课余时间与学生进行面对面的交流。

面对面交流的优势在于其即时性和互动性。教师可以根据学生的具体问题和需求，提供针对性的解答和指导。例如，当学生在日记中表达对某个数学概念或解题方法的困惑时，教师可以通过画图、举例等直观的方式，帮助学生理解和掌握。同时，教师还可以根据学生的反馈，调整教学方法和策略，以更好地满足学生的学习需求。

此外，面对面的交流与指导还能帮助教师更好地了解学生的心理状态和情感态度。教师可以通过观察学生的表情、语气等，感知他们的学习热情和自信心，进而给予适时的鼓励和引导。这种人文关怀不仅能提升学生的学习效果，还能促进他们的身心健康发展。

在实施面对面交流与指导时，教师需要掌握一定的沟通技巧和方法。首先，教师要善于倾听，给学生充分表达自己的想法和困惑的机会。其次，要注重引导，可以通过提问和启发，帮助学生自主思考和解决问题。最后，教师要给予积极的反馈和鼓励，增强学生的自信心。

2. 关注个体差异

每个学生都是独一无二的个体，他们在学习能力、兴趣爱好、思维方式等方面都存在差异。因此，教师在给予口头反馈时，必须关注学生的个体差异，提供个性化的指导和建议。

在数学学习中，学生的基础知识和学习能力各不相同。有些学生可能基础扎实，学习能力强，能够迅速掌握新知识和解题方法；而有些学生则可能基础薄弱，学习进度较慢，需要更多的指导和帮助。因此，教师在阅读学生的数学日记并给予反馈时，要根据学生的实际情况进行有针对性的指导。

对于基础较差的学生，教师需要给予更多的关注和帮助。教师可以通过提供基础性的练习和学习资料，帮助他们巩固基础知识，逐步提升学习能力。同时，教师还要注重培养学生的自信心和学习兴趣，激发他们的学习动力。在面对这类学生时，教师的耐心和细心尤为重要，要时刻保持鼓励和引导的态度，让学生感受到教师的关心和支持。

对于学习能力较强的学生，教师则可以引导他们进行更高层次的学习和探索。教师可以提供一些具有挑战性的数学问题和拓展性的学习资源，激发学生的求知欲和探索精神。同时，教师还要注重培养学生的创新思维和解决问题的能力，帮助他们在数学领域取得更大的成就。

在实施关注个体差异的教学策略时，教师需要具备敏锐的观察力和灵活的应变能力，要时刻关注学生的学习状态和需求，及时调整教学方法和策略，以满足不同学生的学习需求。同时，教师还要注重与学生的沟通和交流，建立良好的师生关系，为学生的学习和发展创造有利的环境。

（三）展示与交流

1. 优秀日记的展示

在数学教育中，展示优秀的数学日记是一种极具激励性的方法，能有效激发学生的学习热情和积极性。当学生的数学日记被选为优秀作品并进行展示时，他们的努力和成果就得到了肯定，这种正面的反馈将鼓励他们更加深入地投入数学学习。

为了充分激发学生的写作热情，教师可以在班级中设立"优秀数学日记展示栏"。这个展示栏不仅是一个简单的展示平台，更是一个激励学生们追求卓越、互相学习的窗口。教师可以定期更换展示内容，确保每位学生都有机会看到自己的作品被展示。当学生们看到自己的数学日记被挂在展示栏上时，他们会感受到前所未有的成就感，这种成就感将转化为他们继续努力学习数学的动力。

除了班级展示栏，教师还可以鼓励学生将自己的数学日记分享到更广泛的平台上，如班级群或学校网站。通过网络平台的传播，学生们的作品将得到更多人的关注和赞赏，这将进一步提升他们的自信心。同时，网络平台的互动性也能让学生们及时收到来自同学和老师的反馈，有助于他们不断完善自己的作品和学习方法。

在实施优秀日记展示的过程中，教师需要关注几个方面。首先，要确保评价的公正性和客观性，避免主观偏见影响学生的积极性。其次，要注重展示的多样性和包容性，应让更多不同风格和水平的作品都有机会得到展示。最后，教师要及时给予学生反馈和指导，帮助他们从展示中学习和成长。

2. 学生之间的相互评价与学习

学生之间的相互评价与学习是提升学习效果、培养团队协作能力的重要环节。在数学日记的分享和交流过程中，学生们可以互相评价、学习和借鉴，从而实现共同进步。

为了有效实现学生之间的相互评价与学习，教师可以组织学生在小组内或班级中分享自己的数学日记。在分享过程中，每位学生都有机会向他人展示自己的学习成果和思考过程，同时也能从他人的分享中获得新的学习方法和解题思路。这种互动式的交流方式有助于打破传统教学中"教师讲、学生听"的单一模式，让学生在轻松愉快的氛围中主动学习、积极探索。

在互相评价的过程中，学生们可以从多个角度审视自己和他人的作品，发现其中的优点和不足。通过对比和学习，他们可以吸取他人的经验教训，避免自己在未来的学习中犯类似的错误。同时，评价过程也能培养学生提升自己的批判性思维和语言表达能力。

除了评价作品本身，学生们还可以在交流过程中分享自己的学习方法和心得体会。这种分享不仅能帮助学生之间建立深厚的学习友谊，还能促进他们在学习方法上的创新和优化。通过借鉴他人的成功经验，学生可以更快地找到适合自己的学习方法，从而提高学习效率。

在实施学生之间的相互评价与学习时，教师需要给予适当的引导和监督。首先，要确保评价的客观性和建设性，避免恶意攻击或无效评价。其次，要注重培养学生的团队协作精神和沟通能力，让他们在评价过程中学会尊重他人、接纳不同意见。最后，教师要及时总结和评价学生的交流成果，帮助他们从评价中学习和成长。通过这种相互评价与学习的方式，学生们可以在互动和交流中实现共同进步和成长。

第七章　数学错题集在小学生数学反思能力培养中的作用

第一节　错题集的意义与制作方法

一、错题集的意义

在学习过程中，学生难免会遇到各种各样的错误，这些错误既是学习的阻碍，也是进步的契机。错题集作为一种独特的学习工具，对学生的学习具有深远的意义。

（一）帮助学生认识到自己的错误和不足

1. 直面错误，勇于改进

学生在学习数学的过程中，由于种种原因，如概念理解不清、计算失误、逻辑推理错误等，难免会出现各种错误。这些错误，如果不及时面对和纠正，很容易形成习惯性思维或"盲点"，从而影响学习效果。错题集的首要意义就在于它提供了一个平台，让学生能够正视和记录自己的错误。通过收集和整理错题，学生不得不面对自己的不足，这种直面错误的勇气是学习过程中非常宝贵的品质。

当学生愿意主动记录和分析自己的错误时，他们就已经迈出了改进的第一步。这种勇于承认和改进自己错误的态度，不仅对数学学习有着重要意义，更对学生的人格成长有着深远的影响。

2. 明确薄弱环节，有的放矢

错题集不仅记录了学生的错误，更揭示了学生在哪些知识点上存在不足。通过分析错题集，学生可以清晰地识别出自己在数学学习中的薄弱环节。这些环节可能是某一具体的数学概念、解题方法或是思维方式。明确了这些薄弱环节，学生就可以更加有针对性地进行学习和练习，从而提高学习效率。

例如，如果学生在解方程方面频繁出错，那么通过对错题集进行分析，他就可以发现这一问题，并集中精力加强这方面的训练。这种有的放矢的学习方法，无疑比盲目刷题更加高效。

3. 深化理解，提升学习效果

通过对错题集中的错误进行深入分析，学生不仅可以找出自己的错误原因，还能在这个过程中加深对数学概念和解题方法的理解。这种深化理解的过程，实际上是学生在与自己的错误进行对话和反思的过程。通过这种反思，学生能够更加牢固地掌握数学知识，提升学习效果。

（二）提供一个有效的学习工具，便于学生回顾和复习

1. 高效复习，直击要点

在数学学习过程中，复习是一个非常重要的环节。然而，如果没有一个明确的复习方向，复习很容易变得盲目和低效。错题集作为一个记录了学生所有错误的"宝典"，自然成了一个极佳的复习工具。通过回顾错题集，学生可以快速地回忆起自己曾经的错误和不足，从而有针对性地进行复习。

与传统的复习方法相比，利用错题集进行复习更加高效。因为它直接指向了学生的薄弱环节和易错点，避免了在已经掌握的知识点上浪费时间。这种高效的复习方法，能够帮助学生在短时间内获得更好的复习效果。

2. 构建知识体系，提升自主学习能力

错题集不仅是一个记录错误的工具，更是一个帮助学生构建知识体系的重要资源。通过对错题的整理和分类，学生可以清晰地看到自己在哪些方面容易出错，从而意识到自己在知识体系中的漏洞。这种对知识体系的自我认知，能够激发学生的自主学习意识，促使他们主动地去补充和完善自己的知识体系。

在这个过程中，学生的自主学习能力将得到提升。他们不再是被动地接受知识，而是主动地寻求和构建知识。这种转变不仅对数学学习有着重要的促进作用，更对学生的终身学习能力的培养具有深远意义。

3. 培养逻辑思维能力

数学是一门需要严谨逻辑思维的学科。通过整理和反思错题集，学生可以锻炼自己的逻辑思维能力。他们需要仔细分析错误原因，找出解题的关键步骤，这个过程本身就需要严密的逻辑推理。同时，通过对错题的深入研究，学生还可以学会如何从不同的角度去审视和解决问题，从而培养灵活多变的思维方式。

（三）培养学生的自我反思和自我纠正能力

1. 自我反思，促进成长

建立错题集的过程，实际上也是一个自我反思的过程。学生需要认真思考自己的错误原因，这不仅是对数学知识的反思，更是对学习方法和学习态度的反思。通过这种反思，学生可以更加清晰地认识到自己的学习问题，从而找到改进的方向。

这种自我反思的能力，不仅对数学学习有着重要的意义，更对学生的全面发展有着积极的推动作用。一个善于反思的学生，往往能够更快地成长和进步。

2. 自我纠正，形成良好习惯

错题集不仅记录了学生的错误，更提供了纠正错误的机会。通过对错题

的分析和纠正，学生可以逐渐形成一种自我纠正的良好习惯。他们会开始注重解题的准确性和逻辑性，而不是仅仅满足于得出答案。

这种自我纠正的能力是学习过程中非常宝贵的品质。它不仅能够帮助学生在数学学习中取得更好的成绩，更能够培养他们的责任感和自律性。一个具备自我纠正能力的学生，在面对困难和挑战时，往往能够更加从容和自信地应对。

3.培养积极学习态度和方法

通过建立和整理错题集，学生可以逐渐形成一种积极的学习态度和方法。他们会开始注重对知识点的深入理解和应用，而不是仅仅停留在表面的记忆上。同时，他们也会更加珍惜自己的学习机会和时间，努力提高自己的学习效果。

这种积极的学习态度和方法不仅对数学学科有着重要的意义，更对学生的终身学习和发展有着深远的影响。一个具备积极学习态度和方法的学生，无论在哪个领域都能够取得更好的成绩和发展。

二、错题集的制作方法

（一）收集错题

1.准备错题集本子

学生需要准备一个专门的、质量好的本子作为错题集，这样可以确保长时间使用和保存。错题集的大小和厚度可以根据个人需要进行选择，但建议选用较大尺寸的，以便记录题目和解题过程。

2.及时记录错题

在日常的学习、练习、作业和考试中，学生应时刻关注自己的错误，并及时将这些错题记录到错题集中。记录时，要确保将题目、解题步骤和自己的答案完整地记录下来。这样，在后续的复习中，学生可以清晰地回顾自己的错误和解题思路。

3. 利用学习工具辅助收集

为了提高效率，学生可以利用一些学习工具或软件来辅助收集错题。例如，学生可以先使用手机拍照功能将错题拍照保存，或者利用扫描仪将错题扫描成电子版。之后，将这些电子版的错题打印出来，粘贴到错题集上。这种方法不仅可以节省时间，还可以确保错题的完整性和准确性。

4. 保持错题的原始性

在收集错题时，学生应尽量保持错题的原始性，即不要对错题进行过多的修改或简化。这样可以更真实地反映学生在解题过程中的错误和思路，有助于后续的深入分析和纠正。

（二）分类整理

1. 选择分类方法

对收集到的错题进行分类整理是制作错题集的重要步骤。学生可以根据自己的习惯和学科特点选择合适的分类方法。常见的分类方法有按错误类型划分和按知识点划分。按错误类型划分可以帮助学生识别自己在哪些类型的题目上容易犯错，如计算错误、理解错误等。按知识点划分则可以帮助学生清晰地了解自己在哪些知识点上存在不足。

2. 归纳整理

根据选择的分类方法，学生需要对错题进行归纳整理。如果是按照错误类型分类，可以将同一类型的错题放在一起；如果是按照知识点分类，则需要将涉及同一知识点的错题归纳在一起。整理时，要注意错题的顺序和逻辑性，以便在后续复习时能够快速地找到需要回顾的错题。

3. 使用标签或分隔页

为了更好地区分不同类型的错题，学生可以使用标签或分隔页对错题集进行划分。这样，在翻阅错题集时，学生可以快速地找到自己需要的部分，提高复习效率。

（三）标注解析

1. 分析错误原因

在整理错题时，学生需要认真分析每道错题的原因，包括知识点掌握不牢固、解题思路有误、计算错误等。只有明确了错误原因，学生才能有针对性地进行纠正和改进。

2. 给出正确解法

在标注解析时，学生需要给出每道错题的正确解法。这不仅可以帮助学生纠正自己的错误，还可以为他们在未来遇到类似问题时提供参考和借鉴。同时，通过对比自己的错误解法和正确解法，学生可以更深入地理解题目背后的知识点和解题思路。

3. 注明相关知识点和解题技巧

除了给出正确解法外，学生还需要在解析中注明相关的知识点和解题技巧。这样可以帮助学生在回顾错题时加深对知识点的理解和记忆，并掌握一些实用的解题技巧。同时，这也有助于学生在未来遇到类似问题时能够更快速地找到解题思路和方法。

（四）建立索引

1. 编排索引

为了方便日后查找和复习，学生需要为错题集建立详细的索引。索引的编排可以根据分类整理的方法进行，如按照错误类型或知识点排序。同时，学生还可以在索引中标注出每道错题的页码和位置，以便在需要时能够快速定位到具体的错题。

2. 使用索引进行复习规划

建立索引后，学生可以利用索引来制订复习计划。例如，学生可以根据索引中的错误类型或知识点来安排每天的复习内容和进度。这样不仅可以提高复习效率，还可以确保学生全面地回顾自己的错题和知识点。

3. 通过索引调整学习策略

通过观察和分析索引中的错题分布和类型，学生可以对自己的学习情况有一个全面的了解。这有助于学生发现自己在哪些方面存在不足，并据此调整学习方法和策略。例如，如果发现自己在某一类型的题目上频繁出错，那么学生就可以加强这方面的练习和复习，以提高自己的学习效果。

第二节 如何利用错题集进行反思学习

一、分析错误原因

（一）审视解题过程，找出导致错误的具体步骤

1. 仔细回顾解题步骤

当学生在数学解题中出现错误时，首先应该做的是仔细回顾整个解题过程。这包括重新审视题目要求、理解题意、分析已知条件、确定解题思路和方法，以及具体的计算步骤。通过回顾，学生可以更清楚地了解自己在哪个环节出现了偏差或误解，从而定位出现错误的具体步骤。

为了更有效地回顾解题过程，学生可以采取一些具体的策略。例如，学生可以将解题步骤详细记录下来，与标准答案进行对照，找出差异点。同时，学生也可以尝试向同学或老师阐述自己的解题过程，通过他们的反馈来发现潜在的问题。

2. 借助辅助工具进行问题分析

在审视解题过程中，学生可以借助一些辅助工具来帮助自己更清晰地展示和分析问题。例如，学生可以利用画图工具绘制出题目中的图形或图表，以便更直观地理解题目要求和已知条件。此外，还可以使用列表或表格来整理和对比不同数据或信息，帮助自己更好地把握题目中的数量关系。

这些辅助工具不仅有助于学生找出出现错误的具体步骤，还能帮助他们更深入地理解题目的本质和解题的关键点。因此，学生在解题过程中应积极利用这些工具，提高自己的解题效率和准确性。

3. 尝试不同的解题方法

为了验证自己的解题步骤是否存在问题，学生可以尝试使用不同的方法进行重新解题。这不仅可以检验自己对题目的理解是否准确，还能发现自己在解题过程中可能存在的思维定势或盲点。

通过尝试不同的解题方法，学生可以更全面地掌握题目的求解思路和技巧。同时，这也有助于培养学生的发散思维和创新能力，使他们在面对复杂问题时能够灵活运用所学知识进行求解。

（二）识别并纠正思维误区和知识点盲区

1. 深入分析错误原因，识别思维误区

当学生在解题过程中出现错误时，除了找出具体的错误步骤外，还需要深入分析导致错误的根本原因。很多时候，学生的错误并不是由于简单的计算或理解问题，而是由于存在一些思维误区。例如，对题目要求的误解、对已知条件的片面理解、对解题思路的固化等。

为了识别这些思维误区，学生需要对自己的解题过程进行深入的反思和总结。学生可以尝试从不同的角度去理解和分析问题，打破固有的思维模式，寻找新的解题思路和方法。同时，学生也可以向老师或同学请教，听取他们的意见和建议，以便更全面地了解自己的问题所在。

2. 加强对基础知识的学习和理解，消除知识点盲区

知识点盲区是导致学生解题错误的一个重要原因。为了避免这种情况的发生，学生需要加强对基础知识的学习和理解。这包括数学概念、定理、公式等基础知识点的掌握和应用。

为了消除知识点盲区，学生可以采取多种学习方法。例如，学生可以定期回顾和巩固已学过的知识点，确保自己对它们有清晰的认识和理解。同

时，学生也可以做一些针对性的练习题来检验自己对知识点的掌握情况。此外，学生还可以积极参与课堂讨论和提问，与老师和同学共同探讨和解决学习中的问题。

3. 培养正确的数学思维方式和解题习惯

数学思维方式和解题习惯对学生的解题能力有着重要影响。为了提高学生的解题正确率，教师需要引导他们培养正确的数学思维方式和解题习惯。例如，教师可以鼓励学生在解题前进行充分思考和规划，明确解题思路和方法后再动手解题。同时，教师也可以教导学生如何合理利用草稿纸进行演算和推理，避免因为计算错误或推理失误导致整道题目的失败。此外，教师还可以定期组织学生进行解题交流和分享活动，让他们从彼此的解题经验中汲取灵感和教训，共同提高自己的解题能力。

二、总结解题策略

在利用错题集进行反思学习时，总结解题策略是非常重要的一环。通过对错题的分析，我们不仅可以找出自己的错误，还能提炼出有效的解题方法和技巧，从而优化解题步骤，提高解题效率。

(一) 从错题中提炼出有效的解题方法和技巧

1. 掌握数学模型与公式

在小学数学中，许多题目都基于特定的数学模型和公式。当学生在解题过程中出错时，往往是因为对这些模型或公式的理解不够深入。因此，从错题中提炼出这些关键的数学模型和公式，并深入理解其背后的数学原理，是提高解题能力的关键。

例如，对于面积和周长的计算，学生需要明确不同形状（如长方形、正方形、圆形等）的面积和周长公式，并能够在实际问题中灵活运用。当遇到相关错题时，学生应重点复习和掌握这些公式，确保在下次遇到类似问题时能够正确应用。

2. 运用特殊的思维方法

数学解题不仅需要掌握基础的数学知识，还需要灵活运用各种思维方法。在反思错题时，学生应尝试运用一些特殊的思维方法，如逆向思维、分类讨论、归纳与类比等，以寻找更简洁、更有效的解题路径。

逆向思维可以帮助学生从结论出发，反向推导题目中的已知条件，从而更快地找到解题思路。分类讨论则适用于那些需要根据不同情况分别讨论的题目。通过分类讨论，学生可以更全面地考虑问题，避免遗漏或误解。归纳与类比则有助于学生发现题目中的规律和模式，从而更快地找到解题方法。

3. 形成解题方法和技巧体系

通过对错题的不断反思和总结，学生会逐渐积累起一套属于自己的解题方法和技巧体系。这个体系不仅包括具体的数学模型和公式，还包括各种思维方法和解题策略。当遇到新的问题时，学生可以迅速从自己的方法体系中找到合适的解题路径，从而加快解题速度和提高准确性。

为了形成有效的解题方法和技巧体系，学生需要定期回顾和总结自己的错题集，将新的方法和技巧融入体系中，并不断优化和完善这个体系。

（二）反思并优化解题步骤，提高解题效率

1. 简化解题步骤

在解题过程中，学生往往会陷入复杂的计算或推理中，导致解题效率低下。因此，在反思错题时，学生应尝试简化解题步骤，寻找更直接的解题方法。例如，对于一些需要复杂计算的问题，可以尝试通过图形或直观的方法来解决，避免烦琐的计算过程。

此外，学生还可以尝试改变解题的顺序，先处理简单的部分再处理复杂的部分，从而提高解题效率。通过不断尝试和优化解题步骤，学生可以逐渐形成一套高效、简洁的解题方法。

2. 运用数学工具辅助解题

在解题过程中，合理运用数学工具可以大大提高解题效率。例如，对于涉及图形的问题，学生可以借助画图工具来更直观地理解问题；对于涉及大量数据的问题，学生可以利用表格或图表来整理和分析数据。

此外，随着科技的发展，现在还有许多数学软件和应用程序可以帮助学生更高效地解决问题。例如，一些数学计算软件可以快速完成复杂的计算过程，而一些在线教育平台则可以提供丰富的题目资源和解题指导。学生可以根据自己的需要选择合适的数学工具来辅助解题。

3. 培养良好的解题习惯

良好的解题习惯对于提高解题效率至关重要。在反思错题时，学生应注意检查自己的解题习惯是否存在问题，并尝试改进。例如，解题前应先仔细审题并明确解题思路，解题过程中应保持清晰的书写和逻辑，解题后应及时检查答案并进行反思和总结。

通过培养良好的解题习惯，学生可以更快速、更准确地解决问题，并减少在解题过程中出现的错误。同时，良好的解题习惯还有助于培养学生的逻辑思维能力和数学素养，为未来的学习和生活打下坚实的基础。

三、举一反三

(一) 针对同一类型题目进行练习，巩固知识点

1. 发现薄弱环节，定位问题所在

在利用错题集进行反思学习的过程中，学生首先要分析错题背后的原因，找出自己的薄弱环节。这通常涉及对知识点的理解不够深入、解题方法的运用不够熟练或者是对题目类型的识别不够准确等问题。只有明确了问题的根源，学生才能有针对性地进行练习和提升。

例如，如果学生在解决几何问题时频繁出错，那么学生就需要重点复习和练习几何相关的知识点，如平行线、三角形、四边形等的基本性质和判定方法。

2. 大量练习同一类型题目，加强理解和记忆

针对自己的薄弱环节，学生需要进行大量的练习来加深理解和记忆。通过反复练习同一类型的题目，学生可以逐渐掌握其中的规律和技巧，提高自己的解题速度和准确性。

在练习过程中，学生要注重解题思路和方法的总结和提炼。每做完一道题目，都要认真回顾自己的解题过程，分析其中的优点和不足，以便更好地指导下一步的练习。

3. 对比和分析不同类型题目，掌握共性和差异

除了针对同一类型的题目进行练习外，学生还可以尝试对比和分析不同类型的题目。通过比较它们之间的共性和差异，学生可以更好地掌握解题方法和技巧，提高自己的解题能力。

例如，学生可以将代数题和几何题进行对比分析。代数题通常涉及方程式的建立和求解，而几何题则更多地依赖于图形性质和空间想象力。通过对比分析，学生可以更好地理解这两类题目的特点和解题方法上的差异，从而在实际解题过程中更加得心应手。

（二）尝试一题多解，拓宽解题思路

1. 一题多解的意义和价值

一题多解是指在解决同一个问题时，尝试采用多种不同的方法或思路来得到答案。这种方法不仅可以帮助学生更全面地理解和掌握相关的知识点和方法技巧，还可以锻炼学生的思维灵活性和创新能力。通过一题多解，学生可以发现不同解法之间的优劣和适用场景，从而更好地选择和应用解题方法。

2. 探索不同的解法

为了拓宽解题思路，学生需要积极探索不同的解法。这包括运用不同的知识点、采用不同的解题思路或者使用不同的数学工具来解决问题。

例如，在解决一些复杂的代数问题时，学生可以尝试使用代数法、几何

法或者数形结合法等多种方法来求解。通过对比不同解法的效率和准确性，学生可以选择最适合自己的解题方法。

3. 培养创新能力和思维灵活性

一题多解不仅可以拓宽学生的解题思路，还可以培养学生的创新能力和思维灵活性。在探索不同解法的过程中，学生需要不断地尝试和创新，寻找新的解题方法和思路。这种尝试和创新的过程可以激发学生的创造力和想象力，提高学生的思维灵活性。

同时，一题多解还可以帮助学生更好地理解数学问题的本质和规律。通过尝试不同的解法，学生可以更深入地了解数学问题的内在联系和规律，从而更好地掌握数学知识和方法技巧。这种深入的理解可以帮助学生在未来的学习和应用中更加得心应手地解决数学问题。

第三节 错题集的定期复习与巩固

一、制订小学数学错题集的复习计划

为了有效地利用错题集进行复习和巩固，制订一个合理的复习计划是至关重要的。明确的计划和安排，有助于确保学生对错题集进行定期、系统地回顾，从而最大限度地发挥其作用。

（一）根据学习进度和遗忘曲线，制订4合理的复习计划

1. 理解遗忘曲线与学习进度的关系

在制订复习计划时，理解艾宾浩斯遗忘曲线对学习的指导意义是至关重要的。艾宾浩斯遗忘曲线揭示了记忆随时间衰减的规律，即在学习后的初期，记忆遗忘的速度最快，随后逐渐减慢。因此，学生应根据自己的学习进度，结合遗忘曲线的特点，合理安排复习时间，确保在关键时间点进行知识

的回顾与巩固。

例如，当学习完一个新的数学概念或解题技巧后，学生应立即进行初次复习，以加深记忆。随后，在学习后的第一天、第三天、第七天等关键时间点，再次进行复习，以对抗遗忘，巩固所学知识。

2. 结合学习进度制订个性化的复习时间表

每个学生的学习进度和能力都是不同的，因而制订复习计划时应充分考虑学生的个性化需求。学生可以根据自己的学习进度，将错题集按照一定的时间顺序进行排列，然后结合遗忘曲线，为每个错题集设定具体的复习时间。

例如，对于刚学习完的内容，学生可以安排每天复习一次，持续一周左右；对于之前学过的内容，可以逐渐降低复习频率，如每周复习一次或每月复习一次。通过这样的安排，学生可以确保自己始终对所学内容保持清晰的记忆。

3. 调整复习计划以应对学习中的变化

学习过程中难免会遇到各种变化，如学习进度的快慢、理解程度的深浅等。因此，学生需要时刻关注自己的学习状况，根据实际情况调整复习计划。

例如，当发现自己在某个数学概念上存在困难时，可以增加针对该概念的复习次数和时间；当感觉自己的学习进度较快时，可以适当减少某些已熟练掌握内容的复习频率。通过灵活调整复习计划，学生可以更好地适应学习过程中的变化，提高学习效率。

(二) 安排固定的时间进行错题集的复习

1. 设定每天的固定复习时段

为了养成良好的学习习惯并确保复习的持续性，学生应设定每天的固定复习时段。这个时段可以是早上起床后、晚上睡前或其他任何适合学生个人作息的时间。重要的是要确保这个时段不会受到其他活动的干扰，以便学生能够全神贯注地进行复习。

例如，学生可以选择每天晚上 8 点到 9 点作为固定的复习时段，这个时间段内关闭手机、电视等干扰源，专心进行错题集的回顾与总结。通过这样的安排，学生可以逐渐培养出稳定的复习节奏和习惯。

2. 周末或节假日的集中复习安排

除了每天的固定复习时段外，学生还可以利用周末或节假日进行集中复习。这些时间段通常更加充裕，有利于学生深入地回顾和总结一周或一段时间内的学习情况。

在周末或节假日的集中复习中，学生可以将错题集按照章节或知识点进行分类整理，然后逐一进行攻克。对于已经掌握的内容，学生快速回顾一下即可；对于仍然存在疑问或困难的内容，学生则需要重点攻克和练习，直至熟练掌握为止。

3. 保持复习时间的连续性和稳定性

无论是每天的固定复习时段还是周末或节假日的集中复习安排都需要保持连续性和稳定性，这样有助于取得良好的效果。因此，学生应尽量避免因其他事情而打乱自己的复习计划，并确保每次复习都能达到预期的效果。

为了保持复习时间的连续性和稳定性，学生可以制订一份详细的复习日程表，并将其张贴在显眼的位置，以便随时提醒自己按照计划进行复习。同时，学生还可以邀请家长或老师作为监督者帮助自己坚持执行复习计划并及时给予反馈和指导，以便更好地调整和完善自己的复习策略和方法。

二、定期复习与巩固

制订了复习计划之后，下一步就是执行并定期复习与巩固错题集中的内容。这一步是确保从错误中学习并避免再次犯错的关键。

（一）按照复习计划，定期对错题集进行回顾和反思

1. 严格执行复习计划，确保及时回顾

制订了复习计划后，学生应严格按照计划执行，确保在每个设定的时间

点对错题集进行回顾。这种定期回顾可以帮助学生及时巩固所学知识，避免长时间不复习导致的遗忘。同时，通过回顾，学生可以检验自己对之前错误的理解程度，确保真正掌握了正确的解题方法和思路。

2. 深入反思解题思路和方法

在回顾错题集时，学生不仅要重新解答题目，更要深入反思之前的解题思路和方法。对于每道错题，学生应仔细分析自己当时的解题思路，找出导致错误的关键点。通过对比正确答案和自己的解题思路，学生可以更清楚地认识到自己在解题过程中的不足，从而有针对性地改进。

3. 巩固和拓展相关知识点

回顾错题集不仅是为了纠正错误，更是一个巩固和拓展知识点的过程。在回顾每道错题时，学生应关注题目所涉及的知识点，确保自己已经熟练掌握。同时，学生还可以借此机会拓展相关知识，通过查阅教材、参考书或网络资源，加深对相关知识点的理解和应用。

（二）重点关注反复出错的题目，深入分析并加强练习

1. 识别并重点关注反复出错的题目

在回顾错题集时，学生应特别留意那些反复出错的题目。这些题目往往是学生掌握不牢固或存在误解的知识点，因而需要给予更多的关注和练习。通过重点关注这些题目，学生可以更准确地找到自己的薄弱环节，为后续的深入分析和加强练习奠定基础。

2. 深入分析反复出错的原因

对于反复出错的题目，学生应进行深入分析，找出导致错误的根本原因。这可能是因为对某个知识点的理解不够深入，或者是因为解题思路存在问题。通过深入分析，学生可以更清楚地认识到自己的问题所在，从而有针对性地改进。

3. 加强练习以巩固知识点和提高解题技巧

针对反复出错的题目，学生应加强练习以巩固相关知识点和提高解题技

巧。这可以通过做类似的题目、进行专项训练或参加相关竞赛等方式实现。通过不断练习和实践，学生可以逐渐掌握正确的解题方法和思路，提高解题速度和准确性。同时，学生还可以借此机会拓展自己的解题思路和方法库，为未来的数学学习和应用打下坚实的基础。

除了以上提到的定期回顾、深入反思和加强练习等方法外，学生还可以尝试采用与同学或老师进行交流和讨论的方法。通过分享自己的解题思路和经验，学生可以从中获得新的启示和灵感，从而进一步完善自己的数学知识体系。同时，与他人的交流还可以帮助学生发现自己的不足之处，激发学习动力和提升学习效果。

三、持续更新与完善

错题集不仅是一个记录错误的工具，回顾错题集更是一个持续学习和进步的过程。因此，随着学习的深入，学生需要不断将新的错题加入错题集，并定期对其进行整理和优化。

（一）随着学习的深入，不断将新的错题加入错题集

1. 及时记录新的错题

随着学习的不断推进，学生会遇到更多新的数学题目和题型。在这个过程中，不可避免地会出现错误。学生应该养成及时记录错题的习惯，每当遇到做错的题目，都应立即将其加入错题集。这样做的好处是可以及时捕捉到自己的知识盲点和解题技巧上的不足，为后续复习提供有针对性的素材。

记录错题时，学生应注意题目的完整性，包括原题、自己的错误答案以及正确答案。同时，还应简要注明错误原因，如计算失误、理解偏差或知识点掌握不牢等。这样在后续复习时，学生可以快速定位到自己的问题所在，提高复习效率。

2. 对错题进行准确分类与标注

学生在添加新错题到错题集时，应对错题进行准确的分类和标注。分类

可以按照知识点的不同进行，比如数与代数、空间与几何、统计与概率等。标注则可以包括错误类型、解题关键点和难度等级等信息。

准确的分类和标注有助于学生更好地理解和组织错题，使得错题集更加系统化和条理化。这样，在复习时，学生可以根据自己的需要选择特定类别或难度的错题进行针对性练习，从而提高复习的针对性和有效性。

3. 反思与总结新错题的教训

每当添加新的错题到错题集时，学生都应对其进行深入的反思和总结。这包括分析错误产生的原因、识别解题过程中的盲点和误区、思考如何避免类似错误再次发生等。

通过反思和总结，学生可以更深刻地认识自己的错误，并从中吸取教训。这不仅有助于学生纠正当前的错误，还能预防未来犯下类似错误，从而提高学生的解题能力和数学素养。

（二）定期对错题集进行整理和优化，保持其时效性和针对性

1. 定期筛选与更新错题集内容

随着时间的推移和学习的深入，学生的错题集会不断积累。然而，并非所有错题都需要长期保留在错题集中。一些已经熟练掌握的题目或过于简单的题目可以适时地从错题集中移除，以保持错题集的精简和高效。

学生应定期筛选和更新错题集内容，将那些仍然具有挑战性和代表性的题目保留下来，而将那些已经失去复习价值的题目剔除。这样，错题集就能更好地反映学生当前的学习状况和需求。

2. 根据学习进度调整错题集的结构和重点

学生的学习进度和需求是不断变化的。因此，学生应根据自己的学习进度和需求来调整错题集的结构和重点。例如，当学生学习新的知识点时，可以将与该知识点相关的错题进行归类和整理，以便更好地进行专项复习。

同时，学生还可以根据考试或测验的要求来调整错题集的重点。例如，在期末考试前，学生可以将本学期所学的重点知识和易错题型进行汇总和复

习，以确保自己对这些内容有深入的理解和掌握。

3. 利用现代技术提高错题集的管理效率

随着科技的发展，越来越多的学习工具和软件可以帮助学生更高效地管理错题集。例如，学生可以使用电子版的错题集进行搜索、排序和筛选等操作，更快速地找到需要复习的题目。一些智能学习软件还可以根据学生的答题情况自动推荐相关题目进行巩固练习。

利用这些现代技术，学生可以更轻松地管理自己的错题集，提高复习效率。同时，这些工具还可以帮助学生更好地分析自己的学习数据和进步情况，为他们提供更个性化的学习建议和指导。

第八章　小学生数学反思能力培养的家长角色

第一节　家长对数学反思能力培养的认识

一、数学反思能力的定义与重要性

(一) 数学反思能力的概念解释

1. 数学反思能力的定义

数学反思能力,是学生在学习数学过程中,对自己的学习行为、解题方法以及思维过程进行主动回顾、深度分析和客观评价的能力。这种能力超越了简单的答案核对,它着重于对解题思路的梳理、方法的优化和策略的调整。通过反思,学生能够清晰地认识自己在解题过程中的优点与不足,从而有针对性地进行改进。

数学反思能力是一种高级的思维能力,它要求学生在完成数学任务后,能够自觉地对自己的学习过程进行监控和调节。这种能力的形成,不仅有助于提高学生的数学学习成绩,更能够培养他们的逻辑思维能力和自我管理能力。

2. 数学反思能力的具体表现

数学反思能力具体表现在以下几个方面：首先，学生能够在解题后主动回顾自己的解题过程，清晰地再现每一个解题步骤，确保解题过程的连贯性和正确性。其次，学生能够对自己的解题方法进行分析和评价，判断所选用的方法是否恰当、是否高效，从而寻求更优化的解题方法。最后，学生能够根据自己的学习情况和解题效果，对自己的学习策略进行调整，以达到更好的学习效果。

3. 数学反思能力的意义

数学反思能力对于提高学生的数学学习效果具有重要意义。通过反思，学生可以及时发现并纠正自己在解题过程中的错误和不足，避免在后续的学习中重复犯错。同时，数学反思能力还有助于学生形成自主学习的习惯，提高他们的学习主动性和积极性。此外，通过不断地反思和实践，学生的数学素养和思维能力也会得到显著提升。

（二）数学反思能力在孩子数学学习中的作用

1. 形成自主学习的习惯

数学反思能力有助于孩子形成自主学习的习惯。当孩子对自己的学习过程和解题方法进行反思时，他们会更加清晰地认识到自己的学习状态和存在的问题。这种自我认知的过程能够激发孩子的学习主动性，促使他们更加积极地去探索和学习数学知识。通过不断地反思和调整学习策略，孩子会逐渐形成自主学习的习惯，从而提高学习效果。

2. 提高学习效率

数学反思能力可以帮助孩子提高学习效率。在解题过程中，孩子可能会尝试不同的方法和策略。通过反思，他们可以对这些方法和策略进行评估和比较，找出最适合自己的解题方法。这种优化过程不仅可以降低孩子在解题过程中的盲目性和无效性，还可以帮助他们更快地找到问题的解决方案，从而提高学习效率。

3. 培养创新思维

数学反思能力还有助于培养孩子的创新思维。在反思的过程中，孩子不仅需要对自己的解题思路进行剖析，还需要寻求新的解题方法和策略。这种探索和创新的过程可以激发孩子的创新思维，培养他们的创造力和想象力。通过不断地尝试和创新，孩子会发现更多有趣的数学问题和解决方案，从而增强对数学学习的兴趣和热情。

（三）数学反思能力与孩子未来发展的关联

1. 适应未来社会的快速变化

具备数学反思能力的孩子更容易适应未来社会的快速变化。在信息时代，知识更新的速度日新月异，具备反思和自我学习能力的人更能跟上时代的步伐。通过培养数学反思能力，孩子可以学会如何主动地回顾、分析和评价自己的学习过程，从而不断调整和优化自己的学习策略。这种能力将帮助他们在未来的学习和工作中更好地适应各种变化和挑战。

2. 形成批判性思维

数学反思能力有助于孩子形成批判性思维。批判性思维是一种独立思考、分析问题和作出决策的能力。通过数学反思能力的培养，孩子可以学会如何对自己的解题方法和策略进行批判性思考，不盲目接受他人的观点或方法。这种思维方式将有助于他们在未来的工作和生活中更加理性、客观地看待问题并作出明智的决策。

3. 提升创新意识和实践能力

数学反思能力还与孩子的创新意识和实践能力密切相关。在反思的过程中，孩子需要不断探索新的解题方法和策略来优化自己的学习效果。这种探索和创新的过程将激发他们的创新意识并培养他们的实践能力。通过实践验证自己的反思成果并不断改进和完善自己的方法和策略，孩子的实践能力也会得到提高。这种创新意识和实践能力将有助于他们在未来的学习和工作中取得更好的成绩并实现自我价值。

二、家长对数学反思能力的理解现状

(一) 家长对数学反思能力的知晓程度调查

1. 家长对数学反思能力的初步认识

在关于家长对数学反思能力知晓程度的调查中,我们发现,尽管大部分家长对于"数学反思能力"这一专业术语并不熟悉,但在对其进行简单解释后,家长们能够迅速理解其含义并认识到它的重要性。这表明,家长们对于有助于提升孩子学习能力的方法保持开放和接纳的态度。

然而,这种初步的认识往往停留在表面,家长们对于如何具体培养孩子的数学反思能力,以及它在孩子数学学习过程中的实际作用,了解得并不深入。

2. 家长对数学反思能力重要性的认同

在调查中,当向家长们解释数学反思能力是指孩子在学习数学时能够对自己的学习行为、解题方法、思维过程进行回顾、分析和评价的能力后,他们普遍表示认同这种能力在孩子数学学习中的重要性。许多家长认为,这种反思能力不仅可以帮助孩子检查答案的正确性,更重要的是可以让孩子学会自主学习和独立思考,这对于他们的未来发展至关重要。

家长们普遍认为,培养孩子的数学反思能力,就是培养其独立思考和解决问题的能力,这将使孩子受益终身。这种认识体现了家长们对教育目标的深刻理解,即教育不仅仅是传授知识,更重要的是培养孩子的思维能力和学习方法。

3. 家长对数学反思能力培养方法的了解程度

调查结果显示,家长们对数学反思能力培养方法的了解程度参差不齐。有些家长表示曾尝试引导孩子进行反思,但方法可能不够恰当或缺乏持续性,因而效果并不明显。更多家长则表示,他们在这一方面的知识和经验相对有限,希望能够得到更多的指导和支持。

家长们普遍期望学校能够提供更多关于数学反思能力培养的专业指导，包括具体的方法、技巧和案例等。他们认为，通过与学校的合作，可以更有效地帮助孩子提升数学反思能力，进而促进其全面发展。

（二）家长对数学反思能力培养的态度与看法

1. 家长对数学反思能力培养的积极态度

通过调查，我们发现大部分家长对数学反思能力培养持积极态度。他们普遍认为这是提高孩子学习自主性和问题解决能力的有效途径，对孩子的全面发展具有重要意义。这种积极态度体现在他们愿意花时间引导孩子进行反思，鼓励孩子独立思考和解决问题。

家长们认为，数学反思能力不仅关乎数学学科本身，更关乎孩子的思维方式和学习习惯。通过培养孩子的数学反思能力，可以引导他们形成自主学习和终身学习的意识，为未来的学习和职业发展奠定坚实基础。

2. 家长的担忧与困惑

虽然家长们对数学反思能力培养持积极态度，但他们也存在一些担忧和困惑。部分家长担心自己的知识水平有限，无法有效地引导孩子进行反思。他们希望学校和社会能够提供更多关于数学反思能力培养的指导和支持，以帮助他们更好地引导孩子。

此外，家长们还担心过多的反思训练会影响孩子的学习进度和成绩。他们希望在保证孩子学习成绩的同时，能够平衡好反思训练和其他学习任务的关系。针对这些担忧和困惑，我们认为有必要加强家校沟通与合作，为家长提供更多关于数学反思能力培养的专业指导和支持。

3. 家长对学校的期待与建议

家长们普遍希望学校能够加强对数学反思能力培养的重视，将其纳入日常教学体系中。他们期待学校能够提供更多关于数学反思能力培养的课程和活动，以帮助孩子更好地掌握这种能力。同时，家长们也希望学校能够加强与家长的沟通与合作，共同关注孩子的数学反思能力培养进程，及时调整教育策略和方法。

(三) 家长在孩子数学学习中的角色定位

1. 作为教育引导者的家长

在孩子数学学习的过程中,家长首先扮演着教育引导者的角色。他们通过与孩子的日常互动,传递正确的数学观念和思考方式,引导孩子形成对数学的兴趣和热爱。家长可以通过生活中的实例,帮助孩子理解数学概念和原理,培养他们的数学思维和解决问题的能力。

同时,家长还应该关注孩子的学习习惯和方法,引导他们形成高效的学习策略。例如,家长可以鼓励孩子制订学习计划、合理安排时间、培养自我管理能力等。这些良好的学习习惯和方法将有助于孩子在数学学习中取得更好的成绩。

2. 作为学习支持者的家长

除了作为教育引导者外,家长还是孩子学习的重要支持者。在孩子学习数学的过程中,家长可以提供必要的学习资源和环境,如购买适合孩子年龄段的数学书籍、辅助学习工具等。这些资源和工具将有助于孩子更好地理解数学知识、提高学习效率。

同时,家长还应该关注孩子的学习进度和情绪变化,及时给予鼓励和帮助。当孩子遇到学习困难时,家长可以与孩子一起分析问题、寻找解决方法,帮助他们攻克难关。这种支持和陪伴将让孩子在数学学习过程中更加自信、积极和坚定。

3. 作为家校沟通者的家长

家长扮演着家校沟通者的角色。他们应该与老师保持良好的沟通和合作,了解孩子在学校的学习情况、及时反馈问题并共同制订适合孩子的学习计划和方法。通过家校共同努力,我们可以更好地促进孩子的全面发展、提升他们的数学反思能力和学习效果。

为了更好地履行这一角色,家长可以积极参加学校组织的家长会、座谈会等活动，与老师面对面交流；同时也可以利用现代通信工具如微信、电话等，与老师保持密切联系。通过这些沟通渠道，家长可以更加深入地了解孩子在学校的表现和需求，从而更好地支持他们的数学学习和发展。

第二节　家长如何辅导孩子进行数学反思

一、创设有利于数学反思的家庭学习环境

（一）提供安静、整洁的学习空间

1. 安静环境的重要性

为孩子提供一个安静的学习环境是进行数学反思的首要条件。在一个嘈杂的环境中，孩子很难集中精力去深入思考数学问题，更别提进行有效的反思了。因此，家长需要确保孩子在学习时能够远离噪音和干扰，比如将学习区域设置在远离电视、音响等可能产生噪音的地方。

同时，家长也要注意自己的言行，避免在孩子学习时大声说话或者进行其他可能产生噪音的活动。如果家庭环境确实比较嘈杂，家长可以考虑使用隔音材料或者白噪音机等设备来帮助孩子创造一个相对安静的学习环境。

2. 整洁环境的必要性

除了安静，整洁的学习环境也同样重要。一个杂乱无章的学习环境不仅会分散孩子的注意力，还可能让他们感到烦躁和不安，从而影响学习效果。因此，家长需要引导孩子养成良好的整理习惯，确保学习区域的桌面和周围环境保持干净整洁。

具体来说，家长可以和孩子一起制订整理规则，比如每天学习结束后要清理桌面、归类整理学习资料等。同时，家长也可以为孩子提供必要的收纳工具，如文件夹、收纳盒等，帮助他们更好地管理自己的学习用品。

3. 设立专门的学习区域

为了更好地提供安静、整洁的学习环境，家长可以在家中为孩子设立一个专门的学习区域。这个区域可以是一个独立的房间，也可以是客厅或卧室的一角。重要的是要确保这个区域光线充足、通风良好，并且远离嘈杂的环境。

设立专门的学习区域不仅有助于孩子集中精力进行学习，还能让他们感受到学习的仪式感，从而更加重视学习任务。同时，专门的学习区域也能让家长更加方便地监督孩子的学习进度和状态。

（二）准备丰富的数学学习资源

1. 精选数学教材和辅导书

为了帮助孩子进行数学反思，家长需要为他们准备丰富的数学学习资源，其中教材和辅导书是必不可少的部分。在选择教材和辅导书时，家长需要根据孩子的年龄、兴趣和实际水平进行挑选，确保资源的针对性和有效性。

对于低年级的孩子，可以选择一些图文并茂、生动有趣的数学教材和辅导书；对于高年级的孩子，则需要选择一些系统性强、难度适中的教材和辅导书。同时，家长也可以参考学校老师的建议或者其他家长的推荐来进行选择。

2. 利用练习册巩固知识

除了教材和辅导书外，练习册也是帮助孩子巩固数学知识、提高解题能力的重要资源。家长可以为孩子挑选一些与教材相配套的练习册，让孩子通过大量的练习来加深对知识点的理解和记忆。

同时，家长也要注意监督孩子的练习过程，确保他们能够认真完成每一道题目，并及时给予反馈和指导。通过不断练习和反思，孩子的数学能力将会得到显著提升。

3. 拓展在线课程资源

随着互联网技术的不断发展，越来越多的在线课程资源成了孩子学习数学的重要途径。家长可以为孩子挑选一些优质的在线课程，让他们在家中就能接受到专业的数学教育。

在选择在线课程时，家长需要注意课程的品质、师资力量以及课程内容与孩子学习需求的匹配度等方面的问题。同时，家长也要引导孩子合理地利用在线课程资源，避免过度依赖或者沉迷其中。

（三）鼓励孩子提问与探索

1. 培养孩子的好奇心

好奇心是孩子提问和探索的动力源泉。为了激发孩子的好奇心，家长可以在日常生活中引导孩子多观察、多思考，鼓励他们提出自己感兴趣的问题并尝试寻找答案。

同时，家长也可以为孩子提供一些有趣的数学现象或者数学问题，激发他们的探索欲望和求知欲。当孩子提出问题时，家长要给予积极的回应和支持，帮助他们建立自信心和探究精神。

2. 引导孩子自主思考

当孩子遇到数学问题时，家长不要急于给出答案或者解决方案，而是要引导孩子自主思考、尝试解决问题。这样可以锻炼孩子的思维能力和解决问题的能力，同时也能让他们更加深入地理解数学概念和原理。

在引导孩子自主思考的过程中，家长可以给予适当的提示和引导，但不要代替孩子思考和解决问题。通过不断地自主思考和探索，孩子的数学素养和综合能力将会得到显著提升。

3. 提供具有挑战性的数学问题或游戏

为了激发孩子对数学的兴趣和热爱，家长可以为孩子提供一些具有挑战性的数学问题或游戏。这些问题或游戏可以让孩子在轻松愉快的氛围中学习数学、运用数学，同时也能培养他们的创新思维和实践能力。

在选择数学问题或游戏时，家长需要根据孩子的实际水平和兴趣进行挑选，确保问题的难度适中且具有趣味性。通过不断地挑战和探索，孩子将会更加热爱数学并享受其带来的乐趣。

二、具体辅导方法与策略

（一）引导孩子回顾解题过程，总结经验教训

1. 解题思路和方法

在孩子完成数学题目后，家长的首要任务是引导他们回顾整个解题过程。在这一过程中，孩子需要详细解释每一步的解题思路和方法。这样做不仅有助于孩子巩固所学知识，还能让家长了解孩子在解题过程中的思考方式，从而发现其中的优点和不足。

家长在听取孩子的解题思路时，要保持耐心和关注，鼓励孩子充分表达自己的想法。同时，家长也可以适当提问，引导孩子深入思考，使他们对解题过程有更全面的认识。

2. 指出解题过程中的优点和不足

在回顾解题过程时，家长应客观地评价孩子的表现，指出他们在解题过程中的优点和不足。对于优点，家长要给予充分的肯定和表扬，以增强孩子的自信心和学习兴趣；对于不足，家长要提出具体的改进建议，帮助孩子纠正错误，提高解题能力。

此外，家长还可以引导孩子自己总结解题过程中的经验教训，让他们学会从错误中吸取教训，避免在今后的学习中犯同样的错误。

3. 其他可能的解题方法

为了拓宽孩子的思维视野，家长可以与孩子一起探讨其他可能的解题方法。这不仅能激发孩子的学习兴趣，还能培养他们的创新思维和灵活应用能力。

在探讨过程中，家长要鼓励孩子大胆尝试不同的解题方法，并给予他们

足够的支持和鼓励。同时，家长也要引导孩子分析各种方法的优缺点，让他们学会在实际问题中选择最合适的解题方法。

(二) 鼓励孩子多角度思考问题，拓宽解题思路

1. 尝试不同的解题方法

为了培养孩子的发散性思维，家长应鼓励孩子尝试不同的解题方法。这不仅能锻炼孩子的思维能力，还能让他们更加深入地理解数学问题。

在孩子尝试不同的解题方法时，家长要给予足够的支持和鼓励，让孩子敢于挑战自己，勇于尝试新事物。同时，家长也可以引导孩子比较各种方法的优缺点，让他们在实际应用中学会灵活选择。

2. 设置开放性问题，拓宽思维视野

为了进一步拓宽孩子的思维视野，家长可以设置一些开放性问题，让孩子从不同角度进行分析和解答。这样不仅能激发孩子的学习兴趣，还能培养他们的创新思维和解决问题的能力。

在设置开放性问题时，家长要结合孩子的实际水平和兴趣，确保问题具有挑战性和趣味性。同时，家长也要引导孩子学会从不同角度思考问题，培养他们的多元思维能力。

(三) 与孩子一起分析错误原因，提出改进措施

1. 正视错误，不害怕逃避

当孩子在数学学习中出现错误时，家长首先要引导他们正视自己的错误，不要害怕或逃避。家长要让孩子明白，错误是学习过程中的正常现象，只有正视错误并从中吸取教训，才能真正提高自己的学习能力。

为了帮助孩子正视错误，家长可以与孩子一起分析错误原因，并引导他们找出解决问题的办法。同时，家长也要给予孩子足够的支持和鼓励，让他们在面对错误时保持积极的心态。

2. 找出错误的具体原因

在正视错误的基础上，家长要与孩子一起找出错误的具体原因。这有助

于孩子更加深入地了解自己的不足之处，从而制订针对性的改进措施。

在找出错误原因时，家长要引导孩子从多个角度进行分析，如计算错误、理解偏差、方法不当等。同时，家长也要帮助孩子总结错误类型，以便避免他们在今后的学习中犯同样的错误。

3. 制订针对性的改进措施

在找出错误原因后，家长要与孩子一起制订针对性的改进措施。这有助于孩子明确今后的学习方向和目标，从而更加高效地提高自己的学习能力。

在制订改进措施时，家长要结合孩子的实际情况和兴趣爱好，确保措施具有可行性和实效性。同时，家长也要督促孩子认真执行改进措施，并给予他们必要的指导和帮助。

（四）督促孩子及时整理与记录反思成果

1. 记录反思过程和心得体会

为了巩固数学反思的成果，家长应督促孩子及时整理和记录反思过程和心得体会。这有助于孩子加深对数学知识的理解，同时也能为他们今后的学习提供宝贵的参考。

在记录反思过程和心得体会时，家长要引导孩子详细记录自己的思考过程和感受，以便更好地总结经验教训。同时，家长也可以定期检查孩子的反思记录，给予指导和建议。

2. 发现的问题及改进措施的记录

除了记录反思过程和心得体会外，家长还应督促孩子记录发现的问题及改进措施。这有助于孩子更加清晰地了解自己的不足之处，并制订有效的改进措施。

在记录问题和改进措施时，家长要引导孩子具体描述问题的表现和原因，并提出切实可行的改进方案。同时，家长也要关注孩子改进措施的执行情况，及时给予反馈和指导。

3. 反思记录的定期检查与指导

为了确保反思记录的有效性，家长应定期检查孩子的反思记录，并给予必要的指导和建议。这有助于孩子及时发现并改正自己的错误，从而提高数学反思的效果。

在定期检查与指导过程中，家长要与孩子一起回顾反思记录中的内容，分析其中的问题和改进措施是否得当。同时，家长也要针对孩子的实际情况提出具体的建议和要求，帮助他们更好地进行数学反思和学习。

三、注意事项与常见问题解答

（一）避免过度干预，保持适度引导

在辅导孩子学习数学并进行反思的过程中，家长的角色至关重要。然而，很多时候，家长容易走入一个误区：过度干预孩子的学习过程。这种做法可能短期内会提高孩子的学习成绩，但长期来看，却可能扼杀孩子的自主学习能力和创新思维。因此，家长在辅导孩子时，应该遵循"避免过度干预，保持适度引导"的原则。

1. 尊重孩子的自主性

孩子的学习过程应该是一个主动探索的过程，而不是被动接受的过程。家长要尊重孩子的自主性，允许他们在学习过程中犯错误，并从错误中学习和成长。当孩子遇到问题时，家长可以先尝试不立刻为他解决，而是鼓励他自己思考、尝试。这样，孩子不仅能够学会独立解决问题，还能培养出坚韧不拔的品质。

2. 提供适度的引导

当然，尊重孩子的自主性并不意味着家长完全放手不管。当孩子遇到难以解决的问题时，家长还是需要提供适度的引导。这种引导应该是启发式的，即通过提问、讨论等方式，引导孩子自己找到解决问题的方法，而不是直接告诉孩子答案。适度的引导可以帮助孩子拓宽思路，提高他们的思维能力和解决问题的能力。

3. 培养孩子的学习兴趣

过度干预往往会导致孩子对学习产生厌倦感，而适度的引导则有助于培养孩子的学习兴趣。家长可以通过设置有趣的学习任务、引入实际生活中的数学问题等方式，激发孩子对数学的好奇心和探索欲。当孩子对学习产生兴趣时，他们的学习动力和学习效果都会大大提高。

4. 建立合理的期望

家长对孩子的学习期望要符合孩子的实际情况。过高的期望会给孩子带来巨大的压力，甚至导致他们产生挫败感和焦虑情绪。因此，家长在设定学习目标和要求时，要充分考虑孩子的年龄、性格、兴趣和能力等因素，确保目标是具体、可衡量的，并且是可实现的。

5. 关注过程而非结果

家长在辅导孩子学习时，应该更加关注孩子的学习过程，而不是仅仅看重学习结果。过度关注结果可能会导致孩子为了应付家长而学习，失去学习的真正意义。关注过程则可以帮助孩子建立正确的学习态度和价值观，培养他们的自主学习能力和创新精神。

（二）关注孩子情感需求，建立良性沟通机制

在孩子学习数学并进行反思的过程中，他们的情感需求同样需要被关注。家长需要密切关注孩子的情感变化，及时给予支持和关爱，同时建立良好的沟通机制，以促进亲子关系的和谐发展。

1. 倾听与理解

家长要时刻倾听孩子的想法和感受，尤其是在他们面临学习困难或挫败时。通过倾听，家长可以更好地理解孩子的需求和困惑，从而提供有针对性的帮助和支持。同时，倾听也是一种尊重和认可，能够让孩子感受到家长的关心和支持。

2. 鼓励与赞美

在孩子的学习过程中，家长要给予充分的鼓励和赞美。当孩子取得进步或完成一项任务时，家长的肯定和赞美会增强他们的自信心。这种正面的反馈机制有助于孩子形成积极的学习态度和自我评价。

3. 建立有效的沟通渠道

为了与孩子保持密切的沟通，家长需要建立有效的沟通渠道。家长可以定期与孩子进行面对面的交流，了解他们的学习进展、困惑和需求。此外，家长还可以利用现代科技手段，如微信、电话等，随时保持与孩子的联系，以便及时解决问题和提供支持。

4. 共同制订学习目标和计划

与孩子共同制订学习目标和计划，可以让他们感受到自己的参与感和决策权。这不仅有助于增强孩子的自主性和责任感，还能让家长更加了解孩子的期望和需求。在制订目标和计划时，要确保目标是具体的、可衡量的，并且符合孩子的实际情况和能力水平。

5. 关注孩子的心理健康

学习数学并进行反思是一个需要脑力劳动的过程，可能会给孩子带来一定的压力和焦虑。家长要密切关注孩子的心理健康状况，及时发现并解决潜在的心理问题。可以通过陪伴、安慰和鼓励等方式帮助孩子缓解压力，保持积极的心态。

（三）解答家长在辅导过程中可能遇到的问题

在辅导孩子学习数学并进行反思的过程中，家长可能会遇到一些问题和困惑。以下针对两个常见问题进行解答：

1. 如何判断孩子的反思是否有效

家长可以通过观察孩子的行为表现来判断反思是否有效。例如，孩子在反思后是否能够主动发现问题并尝试改进，是否能够将反思成果应用到实际学习中等。家长可以检查孩子的反思记录，看其是否具体、详细，并能够针对问题进行深入分析和思考。最后，家长还可以与孩子进行交流，了解他们的反思过程和心得体会，从而判断反思是否真正起到了促进学习的作用。

为了提高孩子反思的有效性，家长可以引导孩子使用具体的反思方法，如写反思日记、进行小组讨论等。同时，家长还可以给予孩子及时的反馈和建议，帮助他们更好地进行反思和总结。

2. 如何引导孩子深入反思

引导孩子深入反思需要家长掌握一定的引导技巧和方法。首先，家长可以通过提问的方式激发孩子的思考欲望。例如，在孩子遇到问题时，家长可以问："你觉得这个问题出在哪里？为什么会出现这个问题？"这样的问题可以引导孩子深入思考问题的根源和解决方法。其次，家长可以给孩子提供一些具体的案例或实例，帮助他们更好地理解问题和进行反思。例如，在孩子做错题目时，家长可以找出类似的题目进行讲解和比较，让孩子更加清楚地认识到自己的错误所在。最后，家长还可以鼓励孩子进行小组讨论或寻求老师的帮助，以便从多个角度对问题进行深入的分析和反思。

除了以上方法外，家长还可以在日常生活中培养孩子的反思习惯。例如，在孩子完成一项任务后，可以让他们进行简单的总结和反思，以便及时发现问题并进行改进。同时，家长还可以引导孩子参加一些团队活动或社交，让他们在实践中学会与他人交流和合作，从而提高自己的反思能力和解决问题的能力。

第三节 家校合作，共同促进孩子数学反思能力的发展

一、小学数学教学家校合作的意义与价值

（一）家校合作对孩子数学反思能力培养的促进作用

在小学数学教学中，家校合作对于孩子数学反思能力的培养具有显著的

促进作用。

1. 提供连续且稳定的学习环境

家校合作能够为孩子创造一个连续、稳定且富有支持性的学习环境，这是培养孩子数学反思能力的基础。在学校，老师通过系统的教学和训练，帮助孩子掌握数学知识和技能；而在家庭中，家长则可以为孩子提供一个延续学校学习的环境，监督孩子完成作业，引导孩子进行复习和预习。这样，孩子在学习数学的过程中就能够得到持续且稳定的支持，从而更容易形成对数学知识的深刻理解和反思。

此外，家校合作还能够确保教育的一致性。家长和老师通过沟通与合作，共同制订教育目标和计划，使家庭教育和学校教育在理念和方法上保持一致。这种一致性有助于孩子形成统一的学习观念，避免他们在不同环境中接收到相互矛盾的信息，从而能够更专注于数学知识的学习和反思。

2. 及时发现并引导孩子解决问题

家校合作有助于家长和教师共同关注孩子的学习进程，及时发现孩子在学习数学过程中遇到的问题。在学校，老师可以通过课堂观察、作业批改等方式，了解孩子的学习情况和问题所在；在家庭中，家长可以通过陪伴孩子学习、检查作业等方式，发现孩子在学习中的困难和需求。

当发现孩子在学习数学过程中遇到问题时，家长和教师可以通过家校合作，共同引导孩子进行反思和改进。例如，老师可以针对孩子在课堂上出现的问题，给予专业的指导和建议。家长可以在家庭中为孩子提供额外的练习和辅导，帮助孩子巩固知识和技能。同时，家长和教师还可以鼓励孩子自主思考和探索，培养他们的数学反思能力和解决问题的能力。

3. 提供多元化的学习资源和方法

家校合作能够为孩子提供更多元化的学习资源和方法，帮助他们从不同角度审视数学问题。在学校，老师可以利用丰富的教学资源和手段，如实物模型、数学软件等，帮助孩子更直观地理解数学概念；同时，通过组织小组讨论、开展数学游戏等活动，激发孩子的学习兴趣和参与热情。

在家庭中，家长可以利用日常生活中的事物和场景，引导孩子运用数学知识解决实际问题。例如，在购物时让孩子计算价格、在烹饪时让孩子测量食材等。这些实践活动不仅能够巩固孩子的数学知识，还能够培养他们的数学应用能力和反思能力。此外，家长还可以与孩子一起阅读数学相关的书籍和文章，拓宽他们的数学视野。

(二) 家校合作在教育中的整体价值

家校合作在教育领域具有深远的整体价值，这种价值不仅体现在对孩子数学反思能力的培养上，还体现在以下几个方面。

1. 增强教育的全面性和连贯性

家校合作使得家庭教育和学校教育相互配合，从而确保孩子在各个方面都能得到全面的引导和教育。家庭教育主要侧重于孩子的性格塑造、情感培养和生活习惯的养成，而学校教育则更注重知识传授、技能培养和社交能力的锻炼。通过家校合作，这两者能够有机地结合起来，共同促进孩子的全面发展。

同时，家校合作还有助于保持教育的连贯性。在家庭和学校之间建立紧密的联系，可以确保孩子在不同的教育环境中都能接受到一致的教育理念和价值观。这种连贯性对于孩子的认知发展和行为习惯的养成至关重要。

2. 促进教育公平

家校合作有助于促进教育公平。在家庭教育中，家长可以根据自己的经济条件和孩子的兴趣特长来提供个性化的教育资源。而在学校教育中，老师则会根据每个孩子的学习情况和需求来制订针对性的教学方案。通过家校合作，这些个性化的教育资源和教学方案能够得到更好的整合和利用，从而确保每个孩子都能获得公平的教育机会。

此外，家校合作还能够帮助学校和老师更全面地了解孩子的学习需求和困难。这使得学校能够更准确地评估孩子的学习能力和发展潜力，为他们提供更合适的教育支持。这种个性化的关注和支持有助于缩小孩子之间的学习差距，进一步促进教育公平。

3. 提升教育质量

家校合作对于提升教育质量具有显著的作用。通过家校合作，家长和老师可以共同制订教育目标和计划，确保双方在教育过程中保持高度的一致性。这种一致性有助于孩子更好地理解和掌握知识，提高他们的学习效果。

家校合作能够促进教育方法的创新和改进。家长和老师可以相互交流和借鉴彼此的教育经验和方法，从而不断完善和优化教育策略。这种创新和改进有助于提高教育的针对性和实效性，进而提升整体的教育质量。

家校合作有助于构建教育的监督机制。家长可以通过与老师的沟通及时了解孩子在学校的学习情况，对学校教育质量进行有效的监督和评价。这种监督机制有助于学校及时发现问题并进行改进，确保教育质量的持续提升。

二、小学数学教学家校合作的具体方式与途径

（一）家长与教师之间的定期沟通与交流

1. 定期的家长会

家长会是家校沟通的传统方式，也是最为直接和有效的方式之一。在小学数学教学中，定期的家长会可以为家长和教师提供一个面对面交流的平台。教师可以通过家长会向家长详细介绍数学教学的目标、内容和方法，同时反馈孩子在校的学习情况。家长则可以向教师了解自己孩子在数学学习中存在的问题，并寻求教师的建议和帮助。

为了提高家长会的效率，教师可以在会前准备好每个孩子的学习情况报告，包括孩子的课堂表现、作业完成情况、测验成绩等，以便在会上与家长进行个别交流。同时，教师还可以邀请一些数学教育专家或心理辅导师参加家长会，为家长提供更专业的指导和建议。

2. 个别沟通与交流

除了家长会之外，家长和教师还可以通过电话、微信等方式进行个别沟通与交流。这种沟通方式更加灵活和及时，能够针对孩子的具体问题进行深入的探讨。例如，当孩子在数学学习中遇到难以解决的问题时，教师可以主动与家长取得联系，共同商讨解决方案。同时，家长也可以随时向教师反馈孩子在家中的学习情况，以便教师更好地了解孩子的需求和问题。

在个别沟通与交流中，教师和家长应该保持开放和尊重的态度，充分听取对方的意见和建议。同时，双方还应该就孩子的教育问题达成共识，共同制订切实可行的教育计划。

（二）家长参与学校组织的数学活动

1. 数学竞赛与趣味运动会

学校可以定期组织各类数学竞赛和趣味运动会，鼓励家长和孩子一起参加。这些活动不仅能够激发孩子对数学的兴趣和热爱，还能够增强家长对孩子数学学习的关注和支持。在数学竞赛中，孩子可以展示自己的数学才能和解决问题的能力；在趣味运动会中，孩子可以通过游戏和比赛的方式巩固数学知识，提高数学应用能力。

同时，家长在参与这些活动的过程中，也可以更直观地了解孩子在数学方面的优势和不足。他们可以与孩子一起分析比赛中的得失，引导孩子进行反思和改进。这种亲子互动不仅有助于增进家长和孩子之间的感情，还能够促进孩子在数学学习上的进步和发展。

2. 数学实践与应用活动

除了数学竞赛和趣味运动会之外，学校还可以组织一些数学实践与应用活动，如数学建模、数学实验等。这些活动旨在让孩子将数学知识应用到实际生活中去解决问题，提高他们的实践能力和创新精神。在这些活动中，家长可以扮演辅助者和指导者的角色，帮助孩子完成实验或建模任务。通过与孩子一起动手实践，家长可以更深入地了解孩子在数学学习中的需求和困难，进而为他们提供更有效的支持和帮助。

（三）教师为家长提供辅导建议与资源支持

1. 个性化辅导建议

每个孩子在学习数学的过程中都会遇到不同的问题和困难。因此，教师需要根据孩子的实际情况为家长提供个性化的辅导建议。例如，针对计算能力较弱的孩子，教师可以建议家长利用生活中的场景进行口算或心算练习；对于空间观念较差的孩子，教师可以推荐一些益智游戏或拼图活动来帮助孩子提升空间想象力。

同时，教师还可以定期为家长提供一些数学学习的策略和方法指导，帮助他们更好地辅导孩子的数学学习。这些策略和方法可以包括如何激发孩子的数学兴趣、如何培养孩子的数学思维等。

2. 学习资源与支持

除了提供个性化的辅导建议之外，教师还可以为家长提供丰富的学习资源和支持。这些资源可以包括数学教材、练习册、在线课程等。教师可以通过网络平台或家长群分享这些资源，方便家长随时下载和使用。同时，教师还可以推荐一些适合孩子年龄段的数学读物或益智游戏，帮助孩子在轻松愉快的氛围中学习数学。

（四）利用网络平台共享孩子学习进步与反思成果

1. 实时分享与互动

随着科技的发展和网络平台的普及，家长和教师之间的沟通和交流变得更加便捷和高效。教师可以利用网络平台（如微信群、QQ群等）实时分享孩子的学习进步和反思成果。例如，教师可以在平台上发布孩子的优秀作业展示或课堂表现视频，让家长及时了解孩子在数学学习上的进步和成就。同时，家长也可以在平台上分享孩子在家中的学习情况和反思心得，与教师和其他家长进行交流和互动。

2. 激发学习热情和反思动力

网络平台的实时分享和互动,不仅可以提升家长和教师之间的沟通效率,还能够激发孩子的学习热情和反思动力。当孩子看到自己的学习成果被展示和认可时,他们会更加自信和积极地投入数学学习。同时,通过与其他同学和家长的交流和比较,孩子也能够发现自己的不足并进行及时的反思和改进。这种良性的竞争和互动有助于促进孩子在数学学习上的全面发展和提升。

三、小学数学教学家校合作中可能遇到的问题与解决方案

(一) 家长与教师之间的沟通障碍及应对方法

1. 沟通障碍产生的原因

在小学数学教学的家校合作中,家长与教师之间的沟通是至关重要的一环。然而,在实际操作过程中,双方可能会遇到一些沟通障碍。这些障碍产生的原因主要有以下几点:

(1) 教育理念差异:家长和教师可能因各自的教育理念不同而产生分歧。例如,有的家长可能更倾向于传统的填鸭式教学,而教师则可能推崇更为开放的探究式学习方式。

(2) 文化背景差异:来自不同文化背景的家长和教师可能在沟通时产生误解。比如,一些文化习俗或教育观念上的不同,可能导致双方在交流时出现障碍。

(3) 性格差异:每个人的性格都有所不同,有些家长或教师可能比较内向或谨慎,这在一定程度上会影响沟通的顺畅进行。

(4) 信息传递不畅:有时由于信息传递不及时或不准确的原因,也可能导致家长和教师之间的误会和矛盾。

2. 应对沟通障碍的方法

为了克服上述沟通障碍,促进家长与教师之间的有效沟通,可以采取以

下应对方法：

（1）建立平等、尊重的沟通氛围：双方应摒弃身份、地位的差异，以平等、尊重的态度进行交流。教师需要尊重家长的教育理念和方法，家长也应理解教师的教学方式和策略。

（2）加强沟通技巧的培训：学校可以组织相关的沟通技巧培训或工作坊活动，帮助家长和教师提升沟通技巧，以便更好地理解对方的需求和期望。

（3）多元化沟通方式：除了传统的面对面交流外，教师和家长还可以利用现代科技手段，如微信、电话等进行沟通。这样可以更及时、灵活地传递信息，减少因信息传递不畅带来的问题。

（4）定期组织家长会：通过定期的家长会，让家长更深入地了解学校的教育理念、教学方法以及孩子在校的表现，同时也为家长提供一个与教师面对面交流的机会。

（二）家长参与度不高的原因分析与提升策略

1. 家长参与度不高的原因

在小学数学教学中，家长的参与度对于孩子的学习至关重要。然而，在实际操作中，我们可能会发现部分家长的参与度并不高。其中的原因主要有以下几点：

（1）工作繁忙：许多家长由于工作繁忙，很难抽出时间来关注孩子的学习情况，更别提参与家校合作活动了。

（2）对教育重要性的认识不足：部分家长可能认为教育孩子完全是学校的责任，与自己无关，因而对家校合作活动缺乏热情和积极性。

（3）缺乏参与渠道：有时家长即使有意愿参与家校合作，但由于缺乏有效的参与渠道和方式的原因，也会导致他们的参与度降低。

2. 提升家长参与度的策略

为了提高家长的参与度，促进家校之间的有效合作，可以采取以下策略：

(1) 加强宣传与教育：学校可以通过家长会、微信公众号等渠道向家长宣传家校合作的重要性，提高他们对教育的认识和重视程度。

(2) 提供多样化的参与方式：为了满足不同家长的需求和偏好，学校可以提供多种参与方式，如线上讨论、志愿服务等。这样可以让更多家长参与到家校合作中来。

(3) 建立激励机制：学校可以设立一些奖励机制或优惠政策来激励家长参与家校合作活动。例如为积极参与的家长颁发证书或提供一些小礼品等。

(4) 及时反馈与互动：当家长参与家校合作活动后，教师应及时给予反馈和肯定以提高他们的参与感和成就感，也可以通过互动的方式让家长更加深入地了解孩子的学习情况并提出宝贵意见。

(三) 如何保持家校合作的持续性与有效性

为了保持小学数学教学中家校合作的持续性和有效性，我们可以从以下几个方面着手：

1. 建立长期稳定的合作关系

(1) 明确共同目标：家长和教师之间需要明确共同的教育目标，确保双方在教育孩子的过程中保持一致的方向和理念。这有助于增强彼此之间的信任和合作意愿。

(2) 制订合作计划：为了实现共同目标，双方可以制订具体的合作计划，包括定期沟通的时间、内容以及合作活动的安排等。这样可以确保家校合作的持续性和有条不紊地进行。

2. 保持定期的沟通与交流

(1) 定期召开家长会：通过定期召开家长会，让家长了解学校的教学计划、孩子的学习情况以及需要家长配合的事项等，同时也为家长提供了一个与教师和其他家长交流的平台。

(2) 利用现代通信工具：借助微信、QQ等现代通信工具，教师可以及时向家长反馈孩子在校的表现和学习进步情况，而家长也可以随时向教师咨询孩子在学习中遇到的问题。这种即时的沟通和反馈机制有助于双方更好地了解孩子的学习状况并共同解决问题。

3. 共同参与教育项目或活动

(1) 组织亲子活动：学校可以定期组织一些亲子活动，如数学竞赛、手工制作等，让家长和孩子一起参与。这样既可以增进亲子关系，又能让家长更加深入地了解孩子的学习兴趣和需求。

(2) 开展家长进课堂活动：邀请家长走进课堂，分享自己的职业经验和知识，为孩子提供更广阔的学习视野。这种活动不仅可以丰富孩子的学习内容，还能让家长更加了解教师的教学方式和孩子的学习环境。

第九章　小学生数学反思能力培养的教师角色

第一节　教师的专业素养对数学反思能力培养的影响

一、教师的数学素养与教学能力

教师的数学素养与教学能力是决定其教学质量的关键因素，尤其在学生数学反思能力的培养上起着举足轻重的作用。一个优秀的数学教师，应当具备扎实的数学基础、灵活的教学方法以及对数学知识的深入理解与应用能力。

（一）数学基础知识的掌握情况

1. 数学基础的重要性

数学基础知识的掌握是教师数学素养的核心。数学不仅仅是数字和公式，更是一种逻辑和推理的训练。教师只有深入理解和掌握数学的基本概念、定理和公式，才能在教学中清晰地解释每一个数学现象，引导学生发现数学中的规律和奥秘。

2. 对学生影响的深远性

教师的数学素养不仅会影响自身的教学水平，更会直接作用于学生对数学学科的认知。一个数学素养高的教师，能够用自己的热情和自信感染学生，使他们更加热爱数学，愿意投入时间和精力去探索和发现数学的美。相反，如果教师自身的数学素养不足，很可能会传递给学生一种数学难以掌握、枯燥无味的印象，从而影响学生的学习积极性。

3. 持续学习与更新知识的重要性

数学是一个不断发展的学科，新的理论和方法层出不穷。作为教师，应保持对数学新知识的敏感性和求知欲，不断学习和更新自己的知识储备。这样不仅可以提高自己的教学水平，还能为学生提供更广阔、更前沿的数学视野。

(二) 数学教学法的熟练运用

1. 教学方法的多样性

熟练掌握和运用多种数学教学法是教师教学能力的重要体现。传统的教学方法往往注重知识的灌输，而忽视了学生的主动性和创造性。现代教学方法则更加强调学生的参与和探究，如启发式教学、情境教学、探究式教学等。这些方法各有特点，教师应根据教学内容和学生特点灵活选择和应用。

2. 启发式教学与培养学生的思维能力

启发式教学是一种以学生为中心，通过提问、讨论等方式引导学生主动思考和解决问题的方法。这种方法不仅能够激发学生的学习兴趣，还能有效培养他们的逻辑思维能力和创新精神。例如，教师可以通过设置一系列问题链，引导学生逐步深入探索数学问题的本质和规律。

3. 情境教学与实际应用能力的提升

情境教学强调将数学知识置于具体的情境中进行教学，使学生能够在解决实际问题中学习和运用数学。这种方法有助于学生形成对数学知识的直观理解，提高他们的实际应用能力。教师可以通过设计生活化的数学问题或项目，让学生在解决实际问题的过程中掌握数学知识和方法。

(三) 对数学知识的深入理解与应用能力

1. 数学知识的内在联系与外延

对数学知识的深入理解不仅包括掌握其基本概念和原理，还包括能够洞察数学知识之间的内在联系和外延。这样，教师在教学中就能够做到举一反三，引导学生发现数学知识的系统性和整体性。同时，教师还应关注数学知识的应用领域和发展趋势，以便为学生提供更全面的数学视野。

2. 数学知识与现实生活的联系

将数学知识与现实生活相联系是教师深入理解数学知识的重要体现。数学并非孤立存在，而是与我们的日常生活密切相关。教师应善于从生活中挖掘数学素材，引导学生用数学的眼光去观察和分析世界。这样不仅可以增强学生的数学应用意识，还能培养他们的实践能力和创新精神。

3. 跨学科整合与应用的能力

随着科学技术的发展，数学与其他学科的交叉融合越来越密切。作为数学教师，应具备跨学科整合与应用的能力，将数学知识与其他学科知识相结合，为学生提供更丰富的学习资源和更广阔的发展空间。这种能力不仅有助于提升学生的综合素养，还能为他们的未来发展奠定坚实的基础。

二、教师的教育理念与教学方法

在培养学生的数学反思能力过程中，教师的教育理念和教学方法起着举足轻重的作用。一个秉持先进教育理念并能灵活应用各种教学方法的教师，对于激发学生的反思精神、培养他们的自主学习能力至关重要。

（一）以学生为中心的教育理念

1. 学生的主体地位

以学生为中心的教育理念，首先体现在对学生主体地位的尊重上。在传统的教育观念中，教师往往是课堂的主导者，而学生则处于被动接受的状态。然而，在现代教育理念下，学生应被视为学习的主体，他们的需求、兴趣和经验应成为教学设计的出发点和归宿。这意味着教师需要转变为学生学习的引导者、支持者和合作者。

2. 个性化教育的重要性

以学生为中心的教育理念强调个性化教育的重要性。每个学生都是独一无二的个体，他们有着不同的学习风格、兴趣和潜力。因此，教师应尊重学生的个性差异，提供多样化的教学资源和活动，以满足不同学生的学习需求。通过个性化教育，教师可以帮助学生发现自己的优势，激发他们的学习动力，培养他们的自主学习能力和反思精神。

3. 培养学生的自主学习能力

以学生为中心的教育理念的最终目标是培养学生的自主学习能力。在数学学习过程中，教师应鼓励学生主动参与、积极探索，通过独立思考和合作交流来解决问题。同时，教师还应教会学生如何学习，即培养他们学会制订学习策略、时间管理和自我监控等自主学习能力。这些能力不仅对学生的数学学习至关重要，还将对他们的终身学习产生深远影响。

（二）创新性教学方法的应用

1. 挑战性和探索性的数学问题设计

创新性教学方法的核心是激发学生的学习兴趣和创新思维。教师可以通过设计具有挑战性和探索性的数学问题来实现这一目标。这些问题应能激发学生的好奇心和求知欲，促使他们进行深入思考和讨论。通过解决这些问题，学生不仅能够加深对数学知识的理解，还能在探索过程中培养反思能力和创新思维。

2. 现代信息技术手段的运用

现代信息技术手段为数学教学提供了丰富的资源和便捷的工具。教师可以利用数学软件、网络教学平台等现代信息技术手段来丰富教学手段和形式。例如，使用动态几何软件可以直观地展示几何图形的变换过程，帮助学生更好地理解几何概念；利用网络教学平台则可以实现远程教学和实时互动，提高教学效率和质量。这些信息技术手段的运用不仅能够激发学生的学习兴趣，还能提升他们的信息素养和创新能力。

3. 实践性和研究性学习的开展

实践性和研究性学习是创新性教学方法的重要组成部分。教师可以通过组织数学实验、数学建模等活动，让学生在实践中学习和运用数学知识。同时，教师还可以引导学生开展研究性学习，鼓励他们自主选择研究课题、收集数据、分析结果并撰写研究报告。这些活动不仅能够提升学生的数学素养和实践能力，还能培养他们的创新精神和团队协作能力。

(三) 对学生个体差异的关注与应对

1. 个性化教学方案的制订

关注学生个体差异的教学理念要求教师根据学生的学习特点和需求制订个性化的教学方案。对于学习基础较差的学生，教师可以采用更加直观、生动的教学方式，如使用实物模型、动态演示等来帮助他们理解抽象的数学概念；对于学习基础较好的学生，教师可以提供更具挑战性的学习任务和活动，如难度较高的数学题、数学竞赛等来满足他们的求知欲和探索欲。

2. 分层教学与小组合作学习的实施

分层教学和小组合作学习是应对学生个体差异的有效方法。教师可以首先根据学生的学习水平将他们分成不同的层次或小组，然后针对不同层次或小组的特点和需求进行有针对性的教学。通过分层教学，教师可以确保每个学生都能在自己的最近发展区内得到充分的发展。小组合作学习可以促进学生之间的交流和合作，让他们在互相帮助和学习的过程中共同成长。

3. 多元评价体系的建立

关注学生个体差异的教学理念要求教师建立多元的评价体系。传统的以考试分数为唯一标准的评价方式已经无法全面反映学生的真实水平和发展潜力。因此，教师需要采用多种评价方式来全面、客观地评价学生的学习成果和进步情况。这些评价方式可以包括课堂表现、作业质量、实验报告、小组讨论等多个方面。通过多元评价体系的建立，教师可以更加全面地了解学生的学习情况，并为他们提供更加个性化的指导和帮助。

三、教师专业素养对数学反思能力的影响

教师专业素养是影响学生数学反思能力的重要因素之一。一个具备高水平专业素养的教师，不仅能够提供高质量的教学，还能有效地引导学生进行深入的数学反思，从而提升他们的数学思维能力和解决问题的能力。

(一) 教师专业素养与学生反思意识的关联

1. 教师专业素养的定义及其重要性

教师专业素养是指教师在教育教学工作中所具备的专业知识、教学技能和教育理念等方面的综合素质。在数学教学中，教师专业素养的高低直接关系到教学质量和学生的学习效果。一个专业素养高的教师，能够准确把握数学教学的重点和难点，采用科学的教学方法，引导学生深入理解数学知识，培养他们的数学思维和解决问题的能力。

2. 教师专业素养对学生反思意识的激发

教师的专业素养不仅影响自身的教学水平，还对学生的反思意识产生深远影响。具备高水平专业素养的教师能够在教学过程中自然地穿插反思环节，引导学生对自己的学习过程进行回顾和总结。例如，在解决数学问题时，教师可以引导学生思考问题的解决方法是否唯一，是否有更优化的解法，从而培养他们的反思意识。

专业素养高的教师往往能够提出更具挑战性的问题，激发学生的求知欲和探索欲。在解决问题的过程中，学生会不自觉地对自己的思路和方法进行反思，寻求更好的解决方案。这种教学方式不仅有助于培养学生的思维能力，还能提高他们的反思意识。

3. 教师在培养学生反思意识中的角色扮演

在培养学生反思意识的过程中，教师需要扮演引导者和促进者的角色。教师可以通过设计具有启发性的问题、组织小组讨论、引导学生撰写学习日志等方式，帮助学生建立反思的习惯。同时，教师还需要关注学生的个体差异，根据他们的学习特点和需求制订个性化的反思方案，进一步激发他们的反思意识。

(二) 教师引导方式与学生反思深度的关系

1. 教师引导方式的多样性及其效果

教师的引导方式在数学教学中具有多样性，如直接引导、启发式引导、情境式引导等。不同的引导方式对学生的反思深度产生不同的影响。直接引导方式可能使学生快速掌握知识点，但反思深度相对较浅；而启发式引导和情境式引导则能够激发学生的主动思考，促使他们进行更深入的反思。

2. 教师引导方式对学生反思深度的促进作用

善于引导的教师能够根据学生的实际情况和需求，采用恰当的教学方法，引导学生逐步深入思考数学问题。例如，教师可以通过设置一系列层层递进的问题，引导学生从问题的表面深入本质，探索数学规律和原理。这种引导方式不仅能够帮助学生建立扎实的数学基础，还能培养他们的深度反思能力。

此外，教师还可以通过组织学生进行小组讨论、开展数学实验等活动，鼓励他们在实践中进行反思。这种实践性的教学方式能够使学生更直观地理解数学知识，并在实际操作中进行深入的反思和总结。

3. 教师在提升学生反思深度中的策略应用

为了挖掘学生的反思深度，教师需要灵活运用各种教学策略。例如，教师可以采用"问题链"的方式，通过一系列相关联的问题引导学生逐步深入思考；教师还可以利用"变式教学"，通过改变问题的条件和结论，培养学生的创新思维和反思能力。同时，教师还应注重培养学生的元认知能力，教会他们如何监控和调节自己的学习过程，从而挖掘反思的深度和提高效果。

（三）教师评价与学生反思积极性的联系

1. 教师评价方式的多样性及其对学生反思积极性的影响

教师的评价方式对学生的反思积极性有着重要影响。如果教师过于强调结果评价，而忽视过程评价，那么学生可能会为了追求高分而机械地学习和应试，缺乏真正的反思。相反，如果教师能够关注学生的思考过程和方法，给予积极的反馈和指导，那么学生的反思积极性将会得到极大的提高。

因此，教师应该注重过程与结果相结合的评价方式。在评价过程中，教师不仅要关注学生的答案是否正确，还要关注他们的解题思路和方法是否合理、是否有创新性。同时，教师还可以通过开展小组讨论、展示交流等活动，为学生提供展示自己思考成果的机会，进一步激发他们的反思积极性。

2. 教师在提高学生反思积极性中的评价策略

为了提高学生的反思积极性，教师需要采取有效的评价策略。首先，教师可以采用形成性评价和终结性评价相结合的方式，全面评价学生的学习过程和结果。形成性评价可以帮助学生及时了解自己的学习状况和问题所在，从而调整学习策略和方法；终结性评价则可以让学生对自己的学习成果有一个全面的认识。

教师可以采用同伴评价和自我评价的方式，激发学生的反思积极性。同伴评价可以让学生从他人的视角审视自己的学习过程和成果，发现自己的不足并寻求改进；自我评价则可以帮助学生建立自我监控和调节的学习习惯，提高他们的自主学习能力和反思能力。

第二节　教师如何设计并实施反思性教学

一、反思性教学设计的原则

反思性教学设计是教师在教学实践中，通过不断反思和调整教学方案，更好地满足学生学习需求和提高教学效果的过程。在进行反思性教学设计时，教师需要遵循一定的原则，以确保教学的有效性。

（一）目标导向与问题驱动相结合

1. 明确教学目标

在进行反思性教学设计时，教师首先要明确教学目标。教学目标是教学活动的出发点和归宿，它决定了教学内容的选择、教学方法的运用以及教学评价的标准。因此，教师必须根据课程标准、学生实际和教学资源等，制订明确、具体、可操作的教学目标。

例如，在初中数学教学中，教师可以设定"理解并掌握二次函数的性质和图象"为教学目标。这一目标既明确又具体，便于教师和学生共同把握教学方向和重点。

2. 以问题为驱动

问题驱动是反思性教学设计的重要特征之一。通过提出具有挑战性和探索性的问题，教师可以激发学生的学习兴趣和好奇心，引导他们主动思考和探索。问题的设计应紧扣教学目标，具有针对性和层次性，以满足不同学生的学习需求。

3. 目标导向与问题驱动相结合的实践意义

将目标导向和问题驱动相结合，可以使学生在解决问题的过程中更好地理解教学内容，实现教学目标。这种教学方式有助于培养学生的问题意识和解决问题的能力，提高他们的学习积极性和主动性。同时，它也有助于教师更好地把握教学方向和重点，提高教学效果。

(二) 注重学生的主体性与参与性

1. 充分体现学生的主体地位

在反思性教学设计中，教师应始终把学生放在首位，尊重他们的主体地位和个性差异。这意味着教师要关注学生的学习需求、兴趣爱好和发展潜力，为他们提供多样化的学习资源和活动平台。

2. 鼓励学生积极参与教学活动

积极参与教学活动是提高学生学习效果的重要途径。在反思性教学设计中，教师应通过各种方式鼓励学生积极参与课堂讨论、小组合作、实验操作等教学活动。这不仅能增强学生的自信心，还能培养他们的批判性思维和创新能力。

3. 注重学生主体性与参与性的实践意义

注重学生的主体性和参与性有助于形成师生互动、生生互动的良好教学氛围。在这种氛围中，学生可以更加主动地学习、思考和探索知识；教师也可以更加深入地了解学生的学习情况和需求，从而更有针对性地进行教学反思和调整教学方案。这种教学方式对于提高学生的自主学习能力、批判性思维和创新能力具有重要意义。

(三) 强调教学的情境性与实践性

1. 创设生动具体的教学情境

创设生动具体的教学情境是反思性教学设计的重要环节之一。通过创设与学生生活实际紧密相连的情境，教师可以帮助学生更好地理解知识产生的背景和应用场景。这种教学方式有助于激发学生的学习兴趣和情感共鸣，提高他们的学习积极性和主动性。

2. 强调实践性教学的重要性

实践性教学是反思性教学设计的又一重要特征。通过安排实验、调查、项目等实践活动，教师可以让学生在亲身体验中掌握知识和技能。这种教学方式有助于培养学生的动手能力和解决问题的能力，提高他们的实践能力和创新精神。

3. 情境性与实践性的实践意义

强调教学的情境性与实践性有助于形成寓教于乐、学以致用的良好教学氛围。在这种氛围中，学生可以更加深入地理解和应用所学知识；教师也可以更加直观地了解学生的学习情况和需求，从而更有针对性地进行教学反思和调整教学方案。这种教学方式对于提高学生的实践能力、创新能力和解决问题的能力具有重要意义。同时，它也有助于教师不断更新教育观念和教学方法，提高教学效果和质量。

二、反思性教学的实施策略

在小学数学教育中，反思性教学是一种非常重要的教学方法。它不仅可以帮助学生深入理解数学知识，还可以培养他们的逻辑思维能力和问题解决能力。

（一）创设问题情境，激发学生的反思欲望

1. 巧设疑问，激发兴趣

在小学数学教学中，教师可以通过巧设疑问来激发学生的兴趣。例如，教师可以提出与学生日常生活相关的问题，如"如果你有一个大蛋糕，需要均匀分给5个小朋友，那么每个小朋友能得到多少"。这样的问题既能引发学生的好奇心，又能让他们在实际操作中理解分数的概念。通过设疑，教师可以引导学生主动思考和探索，进而激发他们的反思欲望。

2. 利用故事或游戏创设问题情境

为了使学生更加投入地学习数学，教师可以利用故事或游戏来创设问题情境。例如，教师可以设计一个与数学相关的故事，让学生在故事中扮演角色并解决数学问题。这样的教学方式可以让学生更加直观地理解数学概念，同时激发他们对数学知识的反思和探索。

3. 结合生活实例，创设真实的问题情境

教师还可以结合生活实例来创设真实的问题情境。例如，教师可以带学生去超市购物，让他们在实际购物中体验数学的应用。在购物过程中，教师可以引导学生思考如何计算商品的总价、如何找零等问题。通过这样的问题情境，学生可以更加深入地理解数学知识的实际应用，同时激发他们对数学学习的反思欲望。

（二）提供反思支架，引导学生深入反思

1. 利用思维导图进行知识梳理

在小学数学教学中，教师可以利用思维导图帮助学生梳理数学知识。思维导图可以清晰地展示出数学知识的结构和关联，有助于学生形成系统性的认知。通过绘制思维导图，学生可以更加清晰地认识数学知识的内在联系，进而引发他们对数学知识的深入反思。

2. 鼓励学生撰写数学日记

为了促进学生的自我反思，教师可以鼓励他们撰写数学日记。在日记中，学生可以记录自己在学习数学过程中的心得体会、疑难问题以及解题思路等。通过撰写日记，学生可以对自己的学习过程进行回顾和总结，发现自己的不足和进步。同时，教师还可以根据学生的日记内容给予针对性的指导和建议，帮助他们更好地掌握数学知识。

3. 利用小组合作促进相互学习

在小学数学教学中，教师还可以利用小组合作的方式来促进学生的相互学习和反思。通过小组合作，学生可以共同探讨数学问题、分享解题思路和方法，并从中发现自己的不足之处。在小组合作中，教师还可以引导学生相互评价对方的解题思路和答案，从而培养他们的批判性思维和反思能力。

(三) 组织交流讨论，促进学生的相互启发

1. 定期组织课堂讨论

在小学数学教学中，教师可以定期组织课堂讨论活动。通过讨论，学生可以分享自己的见解和想法，倾听他人的观点和建议。在讨论过程中，教师还可以引导学生对不同的解题思路和方法进行比较和评价，从而拓宽他们的视野和思路。通过课堂讨论，学生可以更加深入地理解数学知识，同时激发他们对数学学习的热情和反思欲望。

2. 开展数学辩论赛等活动

为了促进学生的相互启发和批判性思维的培养，教师还可以开展数学辩论赛等活动。在这样的活动中，学生可以围绕某个数学主题展开辩论和探讨。通过辩论和探讨，学生可以更加深入地理解数学概念、定理和公式等知识点，发现其中的规律和联系。同时，这样的活动还可以培养学生的语言表达能力和逻辑思维能力。

3. 利用网络平台进行交流讨论

随着互联网技术的发展，教师还可以利用网络平台组织学生进行交流讨论。例如，教师可以建立班级微信群或 QQ 群等社交媒体平台，让学生在平台上分享自己的数学学习心得和解题思路。通过网络平台的交流讨论，学生可以随时随地与他人进行沟通和交流，拓宽自己的视野和思路。同时，教师还可以根据学生的讨论情况给予适时的引导和点拨，帮助他们更好地理解和掌握数学知识。

三、反思性教学评价与反馈

在反思性教学中，评价与反馈环节占据着举足轻重的地位。通过科学的评价和及时的反馈，教师不仅能洞察学生的学习状况，还能及时发现潜在问题，从而采取相应的教学调整措施。

(一) 设计多元化的评价方式

1. 多元化评价的意义

在反思性教学中，设计多元化的评价方式至关重要。传统的以考试成绩为主的评价方式，很难全面反映学生的实际能力。多元化评价能够更全面地评估学生的学习效果，发现学生的特长和不足，为教师提供丰富的教学反馈，进而指导教学策略的调整。

2. 多元化评价的具体形式

(1) 笔试与作业评价：这是最为传统的评价方式，可以检验学生对知识点的掌握情况。但同时，它也有其局限性，如难以评估学生的实践能力和创新思维。

(2) 口头报告与项目展示：这种形式能够锻炼学生的口头表达能力和团队合作能力，也能让教师直观地看到学生的学习成果。通过学生的报告和展示，教师可以评估学生在实践中的应用能力和创新思维。

(3) 同伴评价：让学生之间相互评价，不仅可以培养他们的批判性思维，还能提高他们的自我反思能力。同伴评价可以让学生从不同角度审视自己的学习成果，从而更全面地认识自己。

3. 多元化评价的实施要点

(1) 明确评价标准：在进行多元化评价之前，教师应明确评价标准，确保评价的公正性和客观性。

(2) 结合课程内容：评价方式应与课程内容紧密结合，真实反映学生的学习情况。

(3) 注重学生个体差异：每个学生都有其独特的学习方式和节奏，教师在评价时应充分考虑学生的个体差异，避免一刀切的评价标准。

(二) 及时给予学生反馈与指导

1. 反馈的重要性

及时给予学生反馈是反思性教学中不可或缺的一环。通过反馈，学生可以及时了解自己的学习状况，发现存在的问题，从而调整学习策略。同时，教师的反馈也是激发学生学习动力、提高学习效果的重要手段。

2. 反馈的具体方式

（1）书面反馈：教师可以通过作业批改、考试评分等方式给予学生书面反馈。在书面反馈中，教师应明确指出学生的优点和不足，并给出具体的改进建议。

（2）口头反馈：在课堂教学中，教师可以根据学生的表现给予及时的口头反馈。口头反馈具有直接、及时的特点，能够迅速纠正学生的学习偏差。

（3）在线反馈：随着互联网技术的发展，教师还可以利用网络平台给予学生在线反馈。在线反馈不受时间和空间的限制，能够为学生提供更为便捷的学习支持。

3. 反馈的实施要点

（1）确保反馈的及时性：教师应尽快给予学生反馈，以便学生及时调整学习策略。

（2）注重反馈的针对性：反馈内容应针对学生的具体问题进行，避免笼统和模糊的评价。

（3）鼓励与引导并重：在给予学生反馈时，教师既要肯定学生的优点和进步，也要指出存在的不足，同时引导他们找到解决问题的方法。

（三）调整教学策略以满足学生需求

1. 教学策略调整的意义

根据学生的反馈和评价结果调整教学策略，是反思性教学的核心要求之一。通过调整教学策略，教师可以更好地满足学生的学习需求，提高教学效果。

2. 教学策略调整的具体方向

（1）针对薄弱环节加强讲解与练习：根据学生的反馈和评价结果，教师应针对学生普遍存在的薄弱环节进行重点讲解和练习。这不仅可以帮助学生夯实基础，还能提高他们的学习自信心。

（2）采用生动有趣的教学方式：为了激发学生的学习兴趣，教师应尝试采用多种生动有趣的教学方式，如游戏化教学、情境教学等。这些教学方式能够让学生在轻松愉快的氛围中学习知识，提高他们的学习积极性。

（3）个性化教学服务：针对学生的学习特点和需求，教师可以提供个性化的教学服务，如一对一辅导、订制学习计划等。这不仅可以满足学生的学习需求，还能提高他们的学习效果和满意度。

3. 教学策略调整的实施要点

（1）关注学生的学习动态：教师应时刻关注学生的学习动态和反馈情况，以便及时发现问题并调整教学策略。

（2）灵活运用教学方法：教师应根据课程内容和学生的学习情况灵活运用不同的教学方法，以提高教学效果。

（3）持续反思与改进：教学策略的调整是一个持续的过程。教师应不断反思自己的教学方法和效果，并根据学生的反馈和评价结果进行改进。这有助于教师不断提高自己的教学水平，更好地满足学生的学习需求。

第三节 教师如何引导学生进行数学反思

一、引导学生进行课前反思

课前反思是学生学习新课前的重要准备阶段，它涉及学生对即将学习内容的初步认知和自我调整。通过课前反思，学生可以激活已有的知识和经验，预测在新课学习中可能遇到的问题，进而为新课学习做好充分的准备。

（一）预习内容的反思点设置

预习内容的反思点设置是引导学生进行课前反思的首要步骤。通过设置明确的预习内容和反思点，教师可以帮助学生建立对新课的初步认知，并激发他们的学习兴趣。

1. 明确预习目标

在设置预习内容时，教师首先要明确预习的目标。这有助于学生了解预习的重点和难点，从而更好地进行反思。预习目标可以包括对新知识的初步了解、对旧知识的回顾以及对新课中可能出现的问题的预测等。

2. 设置新旧知识的联系点

在设置预习内容的反思点时，教师应注重引导学生建立新旧知识之间的联系。这有助于学生形成系统的知识结构，并促进他们对新知识的理解和掌握。例如，教师可以设置反思点："新课中的知识点与哪些已学过的知识有关联？它们之间的联系是什么？"

3. 强调对概念和例题的初步理解

概念和例题是新课学习的基础。在预习内容的反思点设置中，教师应强调学生对概念和例题的初步理解。教师可以设置反思点："你对新课中的核心概念有哪些理解？你能通过例题来进一步解释这些概念吗？"

4. 鼓励提出疑问和困惑

预习过程中，学生难免会遇到一些疑问和困惑。教师应鼓励学生将这些疑问和困惑记录下来，并作为反思点进行深入思考。这有助于学生发现问题并寻求解决方案，为新课学习做好充分准备。

（二）激活学生的前知与经验

激活学生的前知与经验是引导学生进行课前反思的关键环节。通过激活学生的前知与经验，教师可以帮助学生建立新旧知识之间的联系，促进他们对新知识的理解和掌握。

1. 回顾与新课相关的旧知识

在引导学生进行课前反思时，教师应首先帮助学生回顾与新课相关的旧知识。这有助于学生巩固已有知识，并为新课学习做好铺垫。例如，在学习新的数学概念时，教师可以先引导学生回顾与之相关的已学过的数学概念。

2. 建立新旧知识之间的联系

除了回顾旧知识外，教师还应引导学生建立新旧知识之间的联系。这有助于学生形成系统的知识结构，并促进他们对新知识的理解和掌握。教师可以通过提问、讨论等方式引导学生思考新旧知识之间的联系和区别。

3. 利用学生的生活经验促进理解

学生的生活经验是他们学习新知识的重要资源。在激活学生的前知与经验时，教师应充分利用学生的生活经验，帮助他们更好地理解和掌握新知识。例如，教师可以通过生活中的实例来解释抽象的数学概念，使学生更加直观地理解这些概念。

（三）引导学生预测可能遇到的问题

引导学生预测可能在新课学习中遇到的问题是课前反思的重要环节。通过预测问题，学生可以提前发现并解决学习难点，提高课堂学习效率。

1. 鼓励学生对新课进行初步分析

在引导学生进行课前反思时，教师应鼓励学生对新课进行初步分析，了解新课的重点和难点。这有助于学生预测可能在新课学习中遇到的问题，并为解决这些问题做好准备。

2. 引导学生提出假设性问题

为了帮助学生更好地预测可能遇到的问题，教师可以引导学生提出假设性问题。这些问题可以基于学生对新课的初步理解和对旧知识的回顾。例如，教师可以提问："如果新课中的某个概念与我们之前学过的某个概念相似，它们之间会有什么联系和区别？"通过提出假设性问题并尝试解答，学生可以更深入地理解新课内容并发现潜在的学习难点。

3. 小组讨论与分享

教师可以通过组织小组讨论的方式，让学生分享他们对新课的预测和假设性问题。在小组讨论中，学生可以相互启发、补充和完善彼此的观点。同时，教师还可以根据学生的讨论情况给予适当的引导和补充，帮助学生更好地预测和解决可能在新课学习中遇到的问题。

二、指导学生进行课中反思

课中反思是学生在学习新课过程中的重要环节，它不仅有助于学生巩固和深化对知识点的理解，更能提升学生的思维能力和自主学习能力。通过课中反思，学生可以对自己的学习过程进行审视和调整，从而更好地掌握知识，提高学习效率。

（一）关注学生的思维过程与解题策略

在课中反思环节，教师应着重关注学生的思维过程和解题策略，帮助他们理清思路，提高解题能力。

1. 引导学生回顾解题过程

在解决数学问题后，教师应引导学生回顾自己的解题过程，让他们重新审视自己的思路和方法。这有助于学生发现自己在解题过程中的优点和不足，从而加以改进。例如，教师可以提问："你是如何想到这个解题方法的？""在解题过程中，你遇到了哪些困难？是如何克服的？"教师可以通过这些问题，引导学生深入反思自己的解题过程。

2. 展示和讨论不同的解题策略

教师可以选取几种典型的解题策略，在课堂上进行展示和讨论。这有助于学生了解不同的解题方法，拓宽解题思路。同时，通过对比和分析不同策略的优缺点，学生可以学会根据实际情况选择合适的解题方法。例如，教师可以选取一道具有多种解法的数学题，让学生尝试不同的解法，并让他们分享解题的经验和技巧。

3. 培养学生的逻辑思维能力

课中反思不仅是学生对解题过程的回顾，更是对他们逻辑思维能力的锻炼。教师可以通过引导学生分析题目中的已知条件、未知量和解题目标，帮助他们建立起清晰的逻辑思维框架。同时，教师还可以教授一些常用的逻辑思维方法，如归纳法、演绎法等，帮助学生更好地理解和运用数学知识。

（二）鼓励学生质疑与探究

在课中反思中，教师应鼓励学生大胆质疑和深入探究，激发他们的好奇心和求知欲。

1. 创设问题情境，激发学生的探究欲望

教师可以通过创设具有挑战性和趣味性的问题情境，激发学生的探究欲望。例如，在学习新的数学概念时，教师可以提出一些与现实生活密切相关的问题，引导学生运用所学知识进行思考和解答。这样不仅可以巩固所学知识，还能培养学生的问题意识和实践能力。

2. 鼓励学生提出问题和假设

在课中反思环节，教师应鼓励学生积极提出问题和假设，培养他们的批判性思维和创新能力。例如，教师可以设置一些开放性问题，引导学生从不同角度进行思考和探讨。同时，对于学生的问题和假设，教师应给予积极的回应和指导，帮助他们进一步深入探究和验证自己的想法。

3. 开展小组合作与交流活动

为了促进学生的质疑和探究能力的发展，教师可以组织小组合作与交流活动。通过小组讨论和分享，学生可以相互启发、取长补短，共同解决问题和探究新知识。这种学习方式不仅可以提高学生的团队协作能力，还能培养他们的沟通能力和创新精神。

（三）培养学生的批判性思维与创新能力

课中反思的最高层次是培养学生的批判性思维与创新能力，使他们具备独立思考和解决问题的能力。

1. 培养学生的批判性思维

批判性思维是指对信息进行深入分析和评价的能力。在课中反思中，教师可以通过引导学生对所学知识和解题方法进行批判性思考，培养他们的批判性思维。例如，教师可以让学生评价不同解题方法的优劣、探讨数学概念的实际应用等。这样不仅可以加深学生对知识的理解，还能提高他们的思维品质。

2. 激发学生的创新意识

创新是推动社会进步的重要力量。在课中反思中，教师应注重激发学生的创新意识，培养他们的创新能力。教师可以通过开展创意性数学问题解答、鼓励学生尝试新颖的解题方法等方式来激发学生的创新意识。同时，对于学生的创新想法和做法，教师应给予充分的肯定和支持，帮助他们将创新想法转化为实际行动。

3. 开展实践性学习活动

为了培养学生的批判性思维和创新能力，教师还可以开展实践性学习活动。通过参与数学实验、数学建模等实践性活动，学生可以亲身体验数学知识的应用过程并发现其中的问题。这样不仅可以提升学生的实践能力，还能培养他们的创新思维和解决问题的能力。例如，在学习了三角形的稳定性后可以让学生动手制作三角形和四边形等模型来验证其稳定性差异，在学习了概率和统计后可以让学生设计调查问卷并收集数据分析结果等。这些实践性学习活动可以让学生更加深入地理解数学知识并培养他们的创新思维和实践能力。

三、督促学生进行课后反思

课后反思是学生学习过程中的关键步骤，它不仅帮助学生巩固所学内容，还能促进学生思维的发展和自我提升。

（一）回顾课堂内容与解题过程

课后反思的首要任务是回顾课堂内容与解题过程。这一阶段对于巩固学习成果、查漏补缺至关重要。

1. 复习课堂笔记与教材

学生应首先回顾课堂笔记，这是课堂上教师讲解内容的精华所在。通过仔细阅读笔记，学生可以重新梳理课堂上的知识点，加深对概念、定理和解题方法的理解。同时，结合教材进行复习，能够更全面地掌握课程内容，形成完整的知识体系。

2. 重做例题与习题

重做课堂上的例题和习题是检验学习效果的有效方法。通过独立重做这些题目，学生可以检验自己对知识点的掌握情况，发现解题过程中的不足和错误。此外，重做习题还能帮助学生巩固解题方法，加快解题速度和提高准确性。

3. 整理疑问与难点

在回顾课堂内容和解题过程中，学生可能会遇到一些疑问和难点。这时，学生应及时将这些问题记录下来，以便后续向老师或同学请教。通过解决这些疑问，学生可以更深入地理解课程内容，提升学习效果。

（二）总结经验教训与收获

课后反思的第二个重要环节是总结经验教训与收获。这一阶段有助于学生认识自己的学习特点，调整学习策略，提高学习效率。

1. 分析学习成效

学生应客观分析自己在课堂上的学习成效，包括知识点掌握情况、解题能力、思维活跃度等方面。通过对比课堂前后的变化，学生可以清晰地看到自己的进步和不足，从而调整学习重点和方法。

2. 总结成功经验

在学习过程中，学生总会有一些成功的经验，如有效的记忆方法、高效的解题技巧等。课后反思时，学生应将这些成功经验总结出来，以便在今后的学习中继续运用和推广。

3. 反思失误与不足

面对学习过程中的失误和不足，学生应保持客观和坦然的态度。在课后反思时，学生应深入剖析这些失误的原因，如粗心大意、知识点掌握不牢固等。通过反思和改进，学生可以避免在今后的学习中犯同样的错误。

（三）拓展延伸与问题解决策略的应用

课后反思的最后一个环节是进行拓展延伸与问题解决策略的应用。这一阶段旨在培养学生的创新思维和实践能力，提高他们解决问题的综合能力。

1. 探索相关问题与变式

在掌握课堂内容的基础上，学生可以尝试探索与课程内容相关的问题和变式。通过解决这些问题，学生可以进一步巩固所学知识，拓宽解题思路，提高思维的灵活性和创造性。

2. 应用知识解决实际问题

数学学习的最终目的是解决实际问题。在课后反思时，学生应尝试将所学知识应用到实际生活中去解决问题。例如，在学习了比例和百分比后，学生可以计算打折商品的实际价格；在学习了面积和体积后，学生可以计算房间的面积和家具的体积等。通过实际应用，学生可以更深刻地理解数学知识的价值和意义。

3. 培养问题解决策略

在面对复杂的问题时，学生需要掌握有效的问题解决策略。在课后反思时，学生应总结自己在解题过程中采用的有效策略和方法，如尝试法、逆推法、图解法等。通过不断尝试和改进策略，学生可以提高自己的问题解决能力，更好地应对未来的挑战。

第十章　信息技术在小学生数学反思能力培养中的应用

第一节　信息技术对数学反思能力培养的促进作用

随着信息技术的迅猛发展，其在教育领域的应用也愈发广泛。在小学数学教育中，信息技术不仅为教学提供了丰富多样的资源，还为学生反思能力的培养注入了新的活力。

一、信息技术提供丰富的教学资源

信息技术的发展为小学数学教学提供了海量的教学资源，这些资源具有多样性和即时性的特点，有助于学生在反思过程中获得更全面的信息和更深刻的认知。

（一）网络资源的多样性与即时性

1. 网络资源的多样性在小学数学教学中的运用

随着信息技术的迅猛发展，网络资源已经变得极为丰富和多样，这为小学数学教学提供了前所未有的便利。教师可以通过各类搜索引擎、教育网站、在线数据库等途径，轻松获取到大量的教案、课件、教学视频以及与数学相关的趣味题目等。这些资源的多样性不仅极大地丰富了教学内容，使得课堂教学更加生动有趣，而且能够为学生提供更多的学习选择和比较的空间。

例如，在讲解某一数学概念时，教师可以从网络上找到多个不同的解释和例题，让学生从不同的角度去理解这一概念，从而加深他们的理解。此外，教师还可以引导学生自己去网络上搜索相关的学习资源，培养他们的自主学习能力和信息筛选能力。

网络资源的多样性还体现在其能够满足不同层次学生的学习需求。对于基础较差的学生，教师可以通过网络资源找到一些基础性的教学材料和练习题，帮助他们打好基础；对于基础较好的学生，教师可以通过网络资源提供一些更具挑战性的题目和资料，以满足他们的求知欲和探索欲。

2. 网络资源的即时性在小学数学教学中的体现

网络资源的即时性为小学数学教学带来了诸多便利。教师可以通过网络资源及时获取到最新的教育理念、教学方法和数学题目。这使得教师能够随时更新自己的教学内容和方式，以适应时代的发展和学生的需求。

网络资源的即时性为学生提供了更多的学习机会。例如，当学生在学习中遇到困难时，他们可以随时通过网络搜索相关的解题方法和技巧，及时解决自己的疑惑。此外，学生还可以通过在线学习平台参加即时的互动学习，与其他学生一起讨论和交流数学问题，从而提升自己的学习效果。

网络资源的即时性有助于教师及时了解学生的学习情况和反馈。教师可以通过网络学习平台发布作业和测试，并即时查看学生的完成情况和得分情况。这有助于教师及时调整自己的教学策略和方法，更好地满足学生的学习需求。

3. 网络资源多样性与即时性对小学数学教学的影响

网络资源的多样性和即时性对小学数学教学产生了积极的影响。首先，它们极大地丰富了教学内容和方式，使得小学数学教学更加生动有趣和具有吸引力。其次，这些资源为学生提供了更多的学习选择和比较的空间，有助于培养他们的自主学习能力和批判性思维。最后，网络资源的即时性使得教师和学生能够随时获取最新的学习信息和动态，保持对数学学习的持续关注和兴趣。

然而，网络资源的多样性和即时性也给小学数学教学带来了一定的挑战。例如，如何在众多的网络资源中筛选出适合学生的学习材料？如何引导学生正确地使用网络资源进行学习？这些问题需要教师进行深入的思考和实践。

(二)多媒体教学材料的生动性与直观性

1. 多媒体教学材料的生动性在小学数学教学中的作用

多媒体教学材料如图片、动画、视频等，以其生动性和趣味性深受小学生的喜爱。在小学数学教学中，这些材料能够帮助学生更好地理解抽象的数学概念和问题。例如，动画演示图形的变换过程或数学公式的推导过程，可以让学生更直观地理解这些概念和过程。这种生动的教学方式不仅能够激发学生的学习兴趣和积极性，还能够提高他们的学习效果。

此外，多媒体教学材料的生动性还有助于营造轻松愉悦的学习氛围。当学生在观看有趣的数学视频或参与互动性的数学游戏时，他们会更加放松和投入地学习数学知识。这种学习方式不仅能够减轻学生的学习压力，还能够培养他们的团队合作精神和创新意识。

2. 多媒体教学材料的直观性在小学数学教学中的优势

多媒体教学材料的直观性使得抽象的数学概念和问题变得可视化、可感知。在小学数学教学中，这种直观性有助于学生更准确地理解数学概念和问题的本质。例如，图片或视频展示几何图形的形状和性质，可以让学生更直观地感知这些图形的特征和关系。这种直观的教学方式不仅能够提高学生的空间想象力和逻辑思维能力，还能够培养他们的数学素养和解决问题的能力。

同时，多媒体教学材料的直观性也有助于教师更好地解释和演示数学概念和问题。教师可以通过这些材料清晰地展示数学公式和定理的推导过程，帮助学生更好地理解和掌握这些知识点。这种教学方式不仅能够提高教师的教学效果，还能够增强学生的学习体验和满意度。

3. 多媒体教学材料的生动性与直观性对小学数学教学的影响

多媒体教学材料的生动性和直观性对小学数学教学产生了积极的影响。首先，这些材料激发了学生的学习兴趣和积极性，使得他们更加主动地投入学习。其次，这些材料的直观性帮助学生更好地理解抽象的数学概念和问题，提高了他们的学习效果和成绩。最后，多媒体教学材料的运用还培养了学生的空间想象力、逻辑思维能力和解决问题的能力等。

然而，多媒体教学材料的运用也需要注意一些问题。例如，教师需要合理选择和使用这些材料以避免过度依赖或滥用，同时还需要注意材料的来源和质量以确保其科学性和有效性。此外，教师还需要根据学生的实际情况和学习需求进行个性化的教学设计和调整，最大限度地发挥多媒体教学材料的优势和作用。

二、信息技术增强数学反思的互动性

信息技术不仅为小学数学教学提供了丰富的教学资源，还通过在线交流平台和实时反馈系统等方式增强了数学反思的互动性。这种互动性有助于学生之间以及师生之间的交流与合作，促进学生在反思过程中的共同进步。

（一）在线交流平台促进学生之间的合作与讨论

1. 在线交流平台提供便捷的沟通与讨论环境

在线交流平台，如班级微信群、QQ群等，已经成为现代学生学习生活中不可或缺的一部分。这些平台为学生提供了一个虚拟的交流和讨论空间，使得他们可以随时随地进行沟通和分享。在小学数学学习中，学生可以利用这些平台分享自己的学习心得和问题，及时寻求同伴或老师的帮助和建议。这种便捷的沟通与讨论环境极大地促进了学生之间的合作与交流，有助于他们在反思过程中发现自身的不足并汲取他人的优点和经验。

例如，当学生在解决一个复杂的数学问题时，他可以在线寻求同学的帮助，通过集体的智慧和讨论，共同寻找解决问题的方法。这种合作与讨论的氛围不仅能够提高学生的学习效率，还能够培养他们的团队协作精神和解决问题的能力。

2. 在线交流平台促进学生自我反思与提升

在线交流平台不仅是一个沟通与讨论的工具，更是一个促进学生自我反思和提升的平台。在平台上，学生可以展示自己的学习成果，如解题过程、学习笔记等，接受同伴和老师的评价与建议。这种展示与评价的过程有助于学生更加客观地审视自己的学习成果，发现自己的优点和不足，从而激发他们的学习动力和进取心。

同时，通过在线交流平台，学生还可以了解其他同学的学习情况和进步，这为他们提供了一个参照和学习的榜样。通过与他人的比较，学生可以更加明确自己的学习目标和方向，制订出更加合理的学习计划。

3. 在线交流平台培养学生的自主学习能力

在线交流平台的使用还有助于培养学生的自主学习能力。在平台上，学生可以自主选择感兴趣的话题进行讨论和交流，这种自主性和选择性有助于激发学生的学习兴趣和积极性。同时，通过与他人的交流和讨论，学生可以接触更多的学习资源和观点，拓宽自己的视野和知识面。

此外，在线交流平台还为学生提供了一个自我管理和自我监控的学习环境。学生需要自己安排时间进行在线交流和讨论，这有助于培养他们的时间管理能力和自我约束能力。这些能力的提升对于学生的自主学习和未来发展具有重要意义。

（二）实时反馈系统帮助学生及时调整学习策略

1. 实时反馈系统提供即时学习评价和反馈

实时反馈系统是现代信息技术在教育领域的重要应用之一。在小学数学教学中，教师可以通过在线教育平台发布作业和测试题，学生在完成后可以立即查看成绩和解析。这种即时反馈有助于学生及时了解自己的学习状况和问题所在，引导他们在反思过程中及时调整学习策略和方法。

例如，当学生在完成一个数学测试后，系统可以立即给出成绩和详细的解析。学生可以根据反馈结果分析自己在哪些方面存在不足，并有针对性地进行改进和提升。这种即时反馈机制能够有效地提高学生的学习效率和效果。

2. 实时反馈系统提供个性化学习建议和指导

除了即时反馈外，实时反馈系统还能为学生提供个性化的学习建议和指导。系统可以根据学生的学习情况和成绩表现智能推荐相关的学习资源和练习题，帮助学生进行有针对性的巩固和提升。这种个性化的反馈和指导有助于学生在反思过程中更加明确自己的学习目标和方向。

例如，当学生在某个数学知识点上存在困难时，系统可以推荐相关的教学视频、例题解析等学习资源，帮助学生更好地理解和掌握该知识点。这种个性化的学习建议和指导能够有效地提升学生的学习效果和学习兴趣。

3. 实时反馈系统助力学生形成自我调整的学习习惯

实时反馈系统的使用还有助于学生形成自我调整的学习习惯。通过不断地接收即时反馈和个性化建议，学生可以逐渐学会如何根据自己的学习情况和进度进行调整和改进。这种自我调整的学习习惯对于学生的长期发展和自主学习能力的提升具有重要意义。

同时，实时反馈系统还可以帮助学生建立正确的学习态度和信心。当学生在学习过程中遇到困难时，及时的反馈和指导可以让他们更加明确自己的问题和不足，从而以更加积极的态度去面对和解决这些问题。这种积极的学习态度将有助于学生在未来的学习和生活中取得更好的成绩和发展。

三、信息技术提高数学反思的效率

信息技术在小学数学反思能力培养中还发挥了提高反思效率的作用。通过数字化工具和智能分析软件等应用，学生可以更加高效地整理记录、反思内容并发现学习中的薄弱环节。

（一）数字化工具快速整理与记录反思内容

1. 数字化工具的便捷性与可编辑性

数字化工具，如电子笔记、思维导图等，为学生提供了前所未有的便捷性和可编辑性。相较于传统的纸质笔记，数字化工具允许学生随时随地进行记录和修改，无论是在课堂上、家中还是在外出时。这种灵活性使得学生在学习过程中能够及时捕捉并记录下每一个思考、疑问和心得。

例如，当学生在课堂上听讲或自学时，突然有了一个灵感或疑问，他们可以迅速打开电子笔记或思维导图软件，将这些想法记录下来。随后，学生可以随时回顾、修改和补充这些记录，以确保学习内容的完整性和准确性。

2. 数字化记录助力系统梳理学习轨迹

数字化工具不仅提供了便捷的记录方式，还有助于学生更加系统地梳理自己的学习轨迹和反思成果。通过电子笔记，学生可以轻松整理出清晰的学习脉络，将各个知识点、解题方法和学习心得分门别类地存储。而思维导图则可以帮助学生建立起知识点之间的联系，形成一张庞大的知识网络。

这些数字化的记录不仅为学生提供了清晰的学习路径，还为他们的后续学习提供了有力的支持和参考。当学生需要回顾某个知识点或解题方法时，只需在电子笔记或思维导图中进行简单的搜索或导航，就可快速找到所需内容。

3. 数字化工具培养信息管理能力

随着学习的深入，学生积累的学习资料和反思内容会越来越多。数字化工具不仅帮助学生高效地记录和整理这些内容，还培养了他们的信息管理能力。学生需要学会如何分类、标签和搜索自己的电子笔记和思维导图，以便在需要时能够快速找到相关信息。

这种信息管理能力对于学生的学习和未来发展都具有重要意义。它不仅可以提高学生的学习效率，还有助于他们在未来的工作和生活中更好地处理和管理大量信息。

（二）智能分析软件助力学生发现学习中的薄弱环节

1. 智能分析软件的学习数据分析功能

智能分析软件，如学习管理系统（LMS），具有强大的学习数据分析功能。这些软件可以收集和整理学生在学习过程中产生的各种数据，如学习成绩、做题正确率、学习时间分配等。通过对这些数据的深入挖掘和分析，软件能够生成个性化的学习报告和建议。

例如，LMS可以根据学生的做题记录和成绩变化，分析出学生在哪些知识点上容易出错，哪些题型是他们的薄弱环节。这样，学生就可以更加清晰地了解自己在数学学习中的不足和提升空间。

2. 精准定位问题与调整学习策略

通过智能分析软件的学习报告和建议，学生可以精准地找到自己在学习中存在的问题。这些报告和建议通常会提供详细的数据分析和解读，帮助学生了解自己的薄弱环节以及明确改进的方向。

基于这些精准的问题定位，学生可以及时调整自己的学习策略和方法。例如，对于经常出错的知识点，学生可以选择加强相关内容的学习和练习；对于做题速度较慢的题型，学生可以尝试寻找更高效的解题方法。这种针对性的学习策略调整有助于学生在反思过程中更加高效地提高自己的数学学习水平。

3. 智能分析软件提升学习自主性与效率

智能分析软件的使用还可以提升学生的学习自主性和效率。通过定期查看学习报告和建议，学生可以对自己的学习进度和效果有一个清晰的认知。这种自我认知能够激发学生的学习动力，促使他们更加主动地投入学习。

同时，智能分析软件还可以帮助学生合理规划自己的学习时间和任务。根据软件提供的数据和建议，学生可以制订更加符合自己实际情况的学习计划，从而提高学习效率和质量。这种智能化的学习辅助工具为学生在数学学习过程中提供了有力的支持和帮助。

第二节　如何利用信息技术辅助数学反思教学

一、创设信息化反思环境

在小学数学教学中，创设信息化反思环境是引导学生进行反思的重要步骤。构建在线反思平台和利用教学软件，可以为学生提供更加便捷、高效的反思工具。

（一）构建在线反思平台

1. 在线反思平台的重要性与功能

在小学数学教学中，创设信息化反思环境是引导学生进行反思的重要步骤。在线反思平台作为这一环境的核心组成部分，为学生提供了一个便捷、高效的反思工具。通过构建在线反思平台，教师可以帮助学生更好地进行反思，促进他们的学习进步。

在线反思平台的重要性体现在以下几个方面：首先，它提供了一个集中的空间，让学生随时记录和查看自己的学习反思，有助于形成连续、系统的学习轨迹；其次，平台的即时性和互动性使得教师和学生之间的沟通更加顺畅，便于教师及时了解学生的学习情况和困惑，并给予针对性的指导；最后，通过在线反思平台，学生可以相互学习和借鉴，形成良好的学习氛围。

在线反思平台的功能应包括但不限于：学习反思记录、错题集整理、学习心得分享等。这些功能共同构成了一个完整的学习反思体系，它有助于学生全面审视自己的学习过程和成果。

2. 引导学生使用在线反思平台进行反思的方法

为了充分发挥在线反思平台的作用，教师需要引导学生正确使用平台进行反思。具体方法包括：首先，教师要教会学生如何使用平台的各项功能，如填写反思记录、上传错题等；其次，教师要定期查看学生的反思内容，给予及时的反馈和指导，帮助学生发现问题并改进；最后，教师可以通过设置一些反思任务或活动，激发学生的学习兴趣和动力，促使他们更加主动地参与反思过程。

例如，教师可以要求学生在每天完成一定数量的数学题后，在在线反思平台上记录自己的解题过程和心得体会。同时，教师还可以鼓励学生将自己的错题整理到平台的错题集中，并定期对错题进行回顾和总结。通过这些具体的反思活动，学生可以更加深入地思考自己的学习过程和解题方法，从而发现其中的不足并寻求改进。

3. 教师如何通过在线反思平台提供即时反馈

在线反思平台为教师提供了即时反馈的机会。教师可以通过定期查看学生的反思记录，了解他们的学习情况和困惑，并给予及时的解答和建议。这种即时的互动和反馈有助于激发学生的学习兴趣，促进他们更加主动地参与反思过程。

为了提供有效的即时反馈，教师需要做到以下几点：首先，保持对平台的定期关注，确保能够及时发现并回应学生的问题。其次，针对学生的具体问题和困惑给予具体的解答和建议，帮助他们解决困难并取得进步。最后，鼓励学生在平台上进行互动和交流，形成良好的学习氛围并促进共同进步。

（二）利用教学软件引导学生进行反思

1. 教学软件在引导学生反思中的优势

教学软件在引导学生反思中具有显著优势。首先，教学软件通常具有丰富的交互功能，能够通过图形、动画等形式直观地展示数学概念和问题，帮助学生更好地理解知识。这种直观性有助于学生更加深入地思考自己的学习过程和解题方法。其次，教学软件可以提供多样化的学习资源，如视频讲解、互动练习等，让学生在反思过程中有更多的参考和借鉴。最后，教学软件的智能化功能可以根据学生的学习情况提供个性化的反馈和建议，帮助学生更加精准地定位问题和改进方向。

2. 如何利用教学软件的具体功能引导学生进行反思

为了充分利用教学软件的具体功能引导学生进行反思，教师可以采取以下措施：首先，利用软件的交互功能让学生参与解题过程，学生通过实际操作加深对数学概念的理解。其次，利用软件提供的多样化学习资源引导学生进行自主学习和探究，培养他们的独立思考能力。最后，利用软件的智能化功能定期查看学生的学习数据和反馈报告，针对问题给予及时的指导和建议。

例如，在某些数学教育软件中，学生可以通过拖动图形或输入参数来探索几何图形的性质。在完成这类互动练习后，教师可以引导学生回顾自己的操作过程并思考其中的数学原理和规律。同时，教师还可以利用软件提供的错题集功能让学生整理自己的错题并定期进行回顾和总结。通过这些具体的反思活动，学生可以更加清晰地认识自己的不足并加以改进。

3. 结合教学软件与课堂实践，提升学生反思能力

教学软件虽然具有诸多优势，但仍需与课堂实践相结合才能充分发挥其作用。教师可以通过设计课堂活动与软件使用相结合的方案来提升学生的反思能力。例如，教师可以组织学生进行小组讨论，让他们分享在使用教学软件过程中的心得体会和发现的问题。同时，教师还可以利用课堂时间对学生在软件使用中遇到的困难进行集中解答和指导。通过这种课堂与软件的有机结合，学生可以更加全面地审视自己的学习过程和成果，从而提升他们的反思能力。

二、整合信息技术与数学反思教学

将信息技术与小学数学反思教学进行整合是提升教学效果的关键。通过

交互式电子白板和教育游戏等方式可以丰富教学手段并激发学生的反思兴趣。

(一) 使用交互式电子白板进行课堂互动

1. 交互式电子白板在小学数学反思教学中的作用

交互式电子白板作为一种现代教学工具，在小学数学反思教学中发挥着重要作用。首先，通过电子白板，教师可以实时展示和编辑数学内容，使得课堂互动更加直观和高效。其次，电子白板具有交互性，因而有助于鼓励学生主动参与学习，提高他们的学习兴趣和积极性。最后，电子白板记录学生的解题过程和思路，有助于学生回顾和反思自己的学习过程，从而加深对数学概念和解题方法的理解。

2. 利用交互式电子白板引导学生进行反思的方法

在小学数学反思教学中，教师可以通过以下方法利用交互式电子白板引导学生进行反思：首先，教师可以在电子白板上展示学生的解题步骤和思路，让学生观察和分析。通过这种方式，学生可以更加直观地了解自己的解题过程，发现其中的问题和不足。其次，教师可以利用电子白板的批注和编辑功能，对学生的解题过程进行点评和修正，引导学生进行深入反思。此外，教师还可以利用电子白板组织学生进行小组讨论和互动，让他们在交流中互相学习和进步。

3. 交互式电子白板在提升学生反思能力中的效果

交互式电子白板的应用，可以有效地提升学生的反思能力。首先，电子白板提供了一个直观、动态的学习环境，这有助于学生更加深入地理解数学概念和解题方法。其次，通过观察、分析和讨论电子白板上的解题过程，学生可以更加清晰地认识自己的不足和问题所在，从而进行有针对性的改进。最后，通过不断反思和实践，学生可以逐渐形成良好的学习习惯和自主学习能力，为未来的学习和发展奠定基础。

（二）利用教育游戏激发学生反思兴趣

1. 教育游戏在小学数学反思教学中的价值

教育游戏作为一种寓教于乐的教学方式，在小学数学反思教学中具有独特的价值。首先，游戏的形式可以激发学生的学习兴趣和动力，使他们在轻松愉快的氛围中学习数学。其次，游戏中的挑战性和趣味性可以引导学生进行深入的反思和探究，培养他们的数学思维能力和解决问题的能力。最后，游戏中的合作与竞争可以培养学生的团队合作精神和创新意识。

2. 如何选择与设计适合小学数学反思教学的教育游戏

在选择与设计适合小学数学反思教学的教育游戏时，教师需要考虑以下几个方面：首先，游戏的内容应与小学数学的教学内容紧密相关，能够帮助学生巩固和拓展所学的数学知识。其次，游戏的难度应适中，既要具有挑战性，又要避免过于复杂或简单。此外，游戏应具有趣味性和互动性，能够吸引学生的注意力并激发他们的学习兴趣。最后，教师可以通过设计一些具有开放性和探究性的问题或任务来引导学生进行深入的反思和讨论。

例如，教师可以设计一个"数学宝藏岛"的游戏，在游戏中设置一系列数学挑战任务，如解方程、找规律等。学生在完成任务的过程中不仅需要运用所学的数学知识进行解题，还需要不断地进行反思和调整策略以找到最佳的解决方案。通过这种方式，学生可以在游戏中提升自己的数学思维能力和反思能力。

3. 教育游戏在激发学生反思兴趣中的实践效果

通过实践应用可以发现，教育游戏在激发学生反思兴趣方面取得了显著的效果。首先，游戏的形式使学生在学习过程中更加投入和专注，这有利于培养他们的学习兴趣和动力。其次，游戏中的挑战性和趣味性激发了学生的探究欲望和创造力，使他们在解决问题的过程中不断地进行反思和进步。最后，通过游戏中的合作与竞争以及教师的引导和点拨，学生可以更加客观地评估自己的学习成果和进步情况，从而调整学习策略并提升自主学习能力。

三、信息技术支持下的个性化反思指导

信息技术不仅可以为小学数学教学提供丰富的资源和工具支持，还可以根据学生的学习情况和需求提供个性化的反思指导。

（一）利用大数据分析提供个性化学习建议

1. 大数据分析在小学数学反思教学中的作用

随着信息技术的不断发展，大数据分析已经被广泛应用于教育领域。在小学数学反思教学中，大数据分析技术能够帮助教师更深入地了解学生的学习状况，从而为他们提供个性化的学习建议。通过收集和分析学生在学习过程中产生的数据，教师可以发现学生的学习模式、偏好以及可能存在的问题，进而为他们制订更加贴合实际的教学计划和反思指导。

2. 如何利用大数据分析评估学生的学习状况

要利用大数据分析评估学生的学习状况，首先需要收集学生的学习数据。这些数据可以来源于学生的作业成绩、课堂表现、在线学习平台的交互记录等。通过对这些数据进行深入分析，教师可以了解学生的学习习惯、知识掌握情况和学习进步情况。

例如，教师可以通过分析学生的作业成绩变化，来评估学生对不同知识点的掌握情况；通过课堂表现和在线学习平台的交互记录，教师可以了解学生的学习态度和参与度。这些数据为教师提供了全面、客观的学生学习状况评估，有助于教师为学生提供更加精准的反思指导。

3. 根据大数据分析提供个性化反思指导

在了解学生的学习状况后，教师可以根据大数据分析的结果为学生提供个性化的反思指导。对于学习成绩优秀的学生，教师可以引导他们深入思考如何进一步优化学习方法和提高学习效率；对于学习成绩一般或较差的学生，教师可以帮助他们找出学习中的薄弱环节，并提供针对性的练习和指导。

此外，教师还可以利用大数据分析来预测学生的学习趋势，为他们制订合适的学习计划和目标。通过这种方式，学生可以在教师的指导下进行更加有效的反思和学习，从而实现个性化发展。

(二) 智能辅导系统助力教师精准指导学生

1. 智能辅导系统在小学数学反思教学中的应用

智能辅导系统作为一种先进的教育技术工具，在小学数学反思教学中发挥着重要作用。该系统能够根据学生的实际学习情况和需求，提供精准、个性化的辅导。通过智能辅导系统，教师可以及时了解学生的学习进度和问题，从而进行有针对性的指导和帮助。

2. 如何利用智能辅导系统监测学生的学习进度

智能辅导系统具有强大的数据跟踪和分析功能，能够实时监测学生的学习进度。教师可以通过系统查看学生的学习时间、完成率、正确率等关键指标，全面了解学生的学习状况。同时，系统还能根据学生的学习情况生成个性化的学习报告，帮助教师更直观地掌握学生的学习进度和问题所在。

例如，当教师发现某个学生在某一章节的学习进度明显滞后时，可以及时与该学生沟通，了解其具体困难和需求，并提供相应的指导和帮助。这种精准的指导方式有助于提高学生的学习效率和成绩。

3. 智能辅导系统在精准指导学生反思中的优势

智能辅导系统在精准指导学生反思中具有显著优势。首先，系统能够根据学生的实际学习情况提供个性化的反馈和建议，帮助学生更清晰地认识自己的学习问题和提升空间。其次，系统能够实时跟踪学生的学习进度和变化，为教师提供及时、准确的学生学习数据，有助于教师作出更科学、更合理的教学决策。最后，智能辅导系统还能够为学生提供丰富的学习资源和练习题目，帮助他们在反思过程中巩固和拓展所学知识。

例如，当学生在完成一道数学题后，智能辅导系统可以自动分析学生的解题过程和思路，并给出相应的反馈和建议。这样，学生就可以根据系统的提示进行有针对性反思和改进,从而提高自己的数学解题能力。同时,教师也可以通过系统查看学生的解题情况和反思记录,为学生提供更精准、更有效的指导。

第三节　信息技术在数学反思学习中的应用实例

随着信息技术的迅猛发展,其在教育领域的应用愈发广泛。在小学数学反思学习中,信息技术的运用为学生提供了更多元化、更高效的学习方式。

一、电子错题本的应用

电子错题本作为一种新型的学习工具,在小学数学反思学习中发挥着重要作用。

（一）电子错题本的创建与管理

1. 创建电子错题本的方法与步骤

电子错题本作为一种新型的学习工具,在小学数学学习中具有显著的优势。首先,我们来探讨如何创建电子错题本。创建电子错题本主要分为以下几个步骤：

（1）选择合适的电子错题本软件。目前,市面上有很多电子错题本软件可供选择,学生可以根据自己的需求和使用习惯选择合适的软件。一些软件还支持多种设备同步,方便学生随时随地查看和整理错题。

（2）注册并登录账号。在选择好软件后,学生需要注册一个账号并登录。这样,学生的错题记录就可以保存在云端,不易丢失,且方便在不同设备间同步查看。

（3）开始记录错题。学生可以将每次练习或测试中的错题拍照或扫描后上传至电子错题本。同时,为了方便后续复习,建议学生在记录错题时标注出错的原因和解题思路。

（4）分类和标签化管理。为了便于后续查找和复习，学生可以对错题进行分类和标签化管理。例如，学生可以按照知识点、题型或难度等进行分类，并为每道错题打上相应的标签。

2. 电子错题本的管理技巧

创建好电子错题本后，如何有效地管理它成了一个关键问题。以下是一些管理电子错题本的技巧：

（1）定期整理和更新。学生应定期浏览和整理电子错题本，将已经掌握的错题进行归档或删除，同时及时添加新的错题。这样可以保持电子错题本的实时性和有效性。

（2）设置提醒和复习计划。电子错题本软件通常支持设置提醒和复习计划功能。学生可以利用这些功能制订合适的复习计划，并按时提醒自己进行复习。

（3）充分利用搜索和筛选功能。当错题数量较多时，学生可以利用电子错题本的搜索和筛选功能快速找到需要复习的错题类型或知识点。

（4）保持与纸质错题本的同步。虽然电子错题本具有很多优势，但纸质错题本在某些场合仍然具有不可替代的作用。因此，学生应保持电子错题本与纸质错题本的同步更新，以便随时查看和复习。

3. 电子错题本在小学数学学习中的应用实例

为了更直观地说明电子错题本在小学数学学习中的应用，以下提供一个具体的应用实例。

小明是一名小学四年级的学生，他在数学学习中经常犯一些计算错误和概念理解错误。为了帮助他纠正这些错误并提高数学成绩，他的老师建议他使用电子错题本进行反思学习。

小明首先选择了一款合适的电子错题本软件，并注册了账号。接着，他开始将每次练习和测试中的错题拍照上传至电子错题本，并标注出错的原因和解题思路。最后，他对错题进行了分类和标签化管理，如"计算错误""概念理解错误"等。

在之后的学习中，小明定期浏览和整理电子错题本中的错题，并针对每道错题进行深入反思和学习。他发现自己在计算中经常犯一些低级错误，如进位错误、符号错误等。通过反复练习和反思，他逐渐纠正了这些错误，并提高了自己的计算能力。

同时，小明还利用电子错题本的搜索和筛选功能找到了自己在某些知识点上的薄弱位置，并进行了有针对性的学习和练习。经过一段时间的努力，他的数学成绩有了明显的提高。

(二) 通过电子错题本进行反思学习

1. 分析错题产生的原因

学生在使用电子错题本进行反思学习时，首先需要分析错题产生的原因。这一步是反思学习的关键，因为只有准确找出错误的原因，才能有针对性地进行纠正和提高。

错题产生的原因可能有很多，例如对知识点掌握不牢固、解题思路有误、计算错误、审题不清等。学生需要仔细审视每道错题，回想当时的解题思路和过程，从而准确判断出错的原因。

为了更直观地找出错误原因，学生可以将错题进行归类整理。例如，将因为知识点掌握不牢固而导致的错误归为一类，将因为解题思路有误而导致的错误归为另一类。这样有助于学生更清晰地了解自己的薄弱环节，为后续的学习提供明确的方向。

2. 思考正确的解题方法和步骤

在找出错题产生的原因后，学生需要重新思考正确的解题方法和步骤。这一步是反思学习的核心，旨在帮助学生纠正错误的解题思路，形成正确的解题习惯。

学生可以通过查阅教材、参考书或向老师请教等途径，了解并掌握正确的解题方法和步骤。同时，学生还可以尝试采用不同的解题方法解答同一道题目，以拓宽解题思路，提高解题的灵活性。

在重新思考解题方法和步骤的过程中，学生需要注意以下几点：首先，要确保解题思路的清晰性和逻辑性。其次，要注重解题步骤的规范性和完整性。最后，要关注解题过程中的细节问题，避免因粗心大意而导致的错误。

3. 记录反思和心得

学生在进行反思学习的过程中，会产生许多有价值的思考和心得。为了巩固反思学习的成果，学生需要将这些思考和心得记录下来，以便随时查看和回顾。

电子错题本为学生提供了便捷的记录功能。学生可以在每道错题下方或相关区域记录自己的反思和心得，如解题思路的梳理、知识点的总结、易错点的提示等。这些记录对于学生后续的学习和复习具有重要的参考价值。

通过记录反思和心得，学生可以更加清晰地了解自己的学习过程和学习成果，从而及时调整学习策略和方法，提高学习效率。同时，这些记录还可以帮助学生形成良好的学习习惯和自主学习能力。

二、在线数学学习社区

在线数学学习社区为学生提供了一个互动交流的平台，有助于学生在数学反思学习中相互启发、共同进步。

（一）学生间的在线交流与讨论

1. 学生互动对数学反思学习的促进作用

在线数学学习社区为学生提供了一个自由交流的平台，学生可以在这里发布自己遇到的数学问题，分享解题经验，并与其他同学进行深入的讨论。这种学生间的在线交流与讨论，对学生的数学反思学习具有显著的促进作用。

通过与同龄人的交流，学生可以了解不同的解题思路和策略，从而拓宽自己的思维视野。这种多元化的思考方式有助于学生在反思过程中发现新的问题、提出新的观点，进而加深对数学知识的理解和掌握。

学生间的在线交流与讨论能够激发学生的学习兴趣和主动性。在社区中，学生可以找到志同道合的伙伴，共同探讨数学问题的乐趣。这种互动式学习方式让学生更加主动地参与数学学习，有助于提高学习效果。

学生间的在线交流与讨论有助于培养学生的批判性思维。在讨论过程中，学生需要对他人的观点进行评价和批判，从而形成自己的见解。这种批判性思维的培养对学生的全面发展具有重要意义。

2. 学生如何在社区中有效寻求帮助与分享心得

在在线数学学习社区中，学生可以通过以下方式有效寻求帮助与分享心得。

（1）明确问题描述。在发布数学问题时，学生应详细描述问题的背景和条件，以便其他同学更好地理解问题并提供有针对性的帮助。

（2）积极参与讨论。学生应主动参与社区中的讨论，与其他同学分享自己的解题经验和思路。通过不断交流和碰撞，学生可以不断完善自己的解题方法，提高解题能力。

（3）感谢与反馈。当得到其他同学的帮助时，学生应表示感谢，并及时反馈问题的解决情况。这有助于建立良好的社区氛围，促进更多的学生参与交流与讨论。

3. 探讨数学问题的多种解法及其意义

在线数学学习社区为学生提供了一个探讨数学问题多种解法的平台。学生可以在这里分享自己的解题方法，并了解其他同学的不同解法。探讨数学问题的多种解法具有以下意义：

（1）拓宽解题思路。通过了解不同的解法，学生可以拓宽自己的解题思路，从而更加灵活地运用数学知识解决问题。

（2）培养创新思维。多种解法的探讨有助于培养学生的创新思维。学生可以在比较不同解法的过程中发现新的解题思路和方法，提高创新能力。

（3）提高解题效率。通过探讨多种解法，学生可以找到最适合自己的解题方法，从而提高解题效率。同时，了解多种解法还有助于学生在解题过程中避免陷入思维定势，以及更加灵活地应对各种数学问题。

（二）教师在社区中的引导与答疑

1. 教师在引导讨论中的角色与策略

在在线数学学习社区中，教师扮演着重要的引导角色。他们不仅需要关注学生的讨论内容，还需要通过合适的策略引导学生进行深入探讨，促进学生的反思学习。

教师需要定期发布讨论话题，引导学生就某一数学问题进行深入探讨。这可以确保社区中的讨论具有明确的目标和方向，避免学生陷入无意义的争论。此外，教师发布的话题还应具有挑战性和启发性，能够激发学生的学习兴趣和思考欲望。

教师在引导讨论时，需要注重提问的技巧。通过提出开放性问题，教师可以引导学生从不同角度思考数学问题，拓宽学生的思维视野。同时，教师还可以通过追问的方式，引导学生深入挖掘数学问题的本质和规律，提高学生的反思能力。

教师需要关注学生在讨论中的表现，并及时给予肯定和鼓励。这可以增强学生的自信心，促使学生更加积极地参与社区讨论。

2. 教师答疑的方式及其对学生反思学习的帮助

在在线数学学习社区中，教师可以通过多种方式为学生答疑，进而促进学生的反思学习。教师可以定期在社区中开设答疑专栏，集中回答学生在数学学习中遇到的问题。这种方式可以确保学生及时获得准确的解答，消除学习障碍。

教师可以利用社区的私信功能，为学生提供个性化的答疑服务。针对学生的具体问题和需求，教师可以给出详细的解答和建议，帮助学生解决困惑、提高学习效果。

教师答疑对学生反思学习的帮助主要体现在以下几个方面：首先，通过答疑，教师可以帮助学生纠正错误的理解和思路，引导学生形成正确的数学观念和方法论。其次，教师在答疑过程中可以引导学生深入思考数学问题的本质和规律，提高学生的反思能力和解决问题的能力。最后，教师答疑还可以为学生提供及时的反馈和指导，帮助学生调整学习策略和方法，更好地进行反思学习。

3. 如何通过教师引导与答疑提高数学反思学习效果

要通过教师的引导和答疑提高数学反思学习效果，可以从以下几个方面入手：

（1）明确学习目标。在教师的引导下，学生需要明确自己的学习目标和学习重点。这有助于学生更加有针对性地参与社区讨论和答疑，提高学习效率。

（2）积极参与互动。学生应积极参与社区中的讨论和答疑活动，与其他同学和教师进行充分的交流和互动。通过不断碰撞和启发，学生可以不断丰富自己的数学知识和解题策略。

（3）善于总结和反思。在教师答疑后，学生需要对自己的学习过程进行总结和反思。通过回顾自己的学习轨迹和思维方式，学生可以找出自己的不足之处并制订改进方案。同时，学生还可以将教师的建议和指导内化为自己的学习策略和方法论，从而提高学习效果。

三、数学反思 APP 的使用

数学反思 APP 作为一种便捷的学习工具，能够帮助学生在移动设备上进行高效的数学反思学习。

（一）APP 功能介绍及使用方法

1. 数学反思 APP 的核心功能

数学反思 APP 作为一种便捷的学习工具，其核心功能主要包括记录学习进度、整理错题集、提供解题思路和方法以及智能推荐相关题目等。这些功能共同为学生打造了一个高效的数学反思学习环境。

（1）记录学习进度。APP 能够实时跟踪并记录学生的学习进度，包括已完成的学习内容、学习时间等。这有助于学生清晰地了解自己的学习状况，合理安排学习计划，确保每一步学习都得到有效落实。

（2）整理错题集。APP 提供便捷的错题整理功能，学生可以将做错的题目自动归类到错题集中，方便日后复习和巩固。同时，学生还可以对错题进行详细的解析和标注，帮助自己更深入地理解题目和解题思路。

（3）提供解题思路和方法。APP 内置丰富的解题思路和方法，能够为学生提供多样化的解题策略。学生在遇到难题时，可以快速查找相关解题思路，提高解题效率。

（4）智能推荐相关题目。基于学生的学习数据和成绩表现，APP 能够智能推荐与学生当前学习水平相匹配的相关题目。这种个性化的学习推荐有助于学生有针对性地提升自己的数学能力。

2. 数学反思 APP 的使用方法

数学反思 APP 的使用方法简洁明了，方便学生快速上手。以下是使用步骤的详细介绍：

（1）下载安装：在应用商店搜索"数学反思 APP"，下载安装到移动设备上。

（2）注册登录：打开 APP 后，按照提示进行注册和登录操作。学生需要提供一些基本信息，如姓名、年级等，以便 APP 进行个性化推荐。

（3）记录学习情况：学生可以通过拍照、手写或语音输入等方式，将自己的学习情况和问题记录在 APP 中。例如，学生可以将课堂笔记、错题解析等内容上传到 APP 中，方便自己随时查看和复习。

（4）查找解题思路：遇到难题时，学生可以在 APP 中搜索相关题目或知识点，查找对应的解题思路和方法。APP 会提供详细的步骤解析和示例题目，帮助学生更好地理解并掌握解题方法。

（5）智能推荐与练习：根据学生的学习数据和成绩表现，APP 会智能推荐相关题目供学生练习。学生可以根据自己的实际情况选择合适的题目进行巩固和提升。

（6）互动交流：数学反思 APP 还支持与其他学习工具或社交平台的互联互通。学生可以在 APP 内与其他同学进行在线讨论和交流，分享学习心得和解题技巧。这种互动式学习方式能够激发学生的学习兴趣和主动性，促进共同进步。

3. 如何充分利用 APP 进行高效学习

为了充分利用数学反思 APP 进行高效学习，学生可以采取以下策略：

（1）定制个性化学习计划。学生应根据自己的实际情况和学习需求，在 APP 内定制个性化的学习计划。明确学习目标和学习时间规划有助于保持学习的持续性和针对性。

（2）定期复习错题集。学生应定期查看和复习 APP 中的错题集，找出自己的薄弱环节并进行针对性强化训练，通过不断巩固和纠正错误思路，提高自己的解题能力。

（3）积极参与在线讨论。学生应积极参与 APP 内的在线讨论和交流活动，与其他同学分享自己的学习经验和解题技巧。这种互动式学习方式能够拓宽学生的思维视野并培养创新思维。

（4）及时调整学习策略。根据 APP 提供的学习数据和智能推荐题目，学生应及时调整自己的学习策略和解题方法。灵活应对不同题型和难度级别的挑战，有助于提高学习效率。

(二)学生利用 APP 进行数学反思的案例分享

1. 案例背景与基本情况

以小明为例,他在使用数学反思 APP 的过程中取得了显著进步。小明在数学学习中存在一些困难,尤其是在解决复杂问题时经常感到无从下手。自从开始使用数学反思 APP 后,他逐渐找到了适合自己的学习方法并提高了数学成绩。

2. 利用 APP 进行数学反思的具体做法

小明在使用数学反思 APP 时采取了以下具体做法来进行数学反思和提高学习效果:

(1)记录错题与解题思路。每当遇到错题时,小明都会认真整理并记录到 APP 中的错题集里。他会详细标注出错的原因以及正确的解题思路和方法,以便日后复习时能够快速回忆起当时的错误并避免重蹈覆辙。

(2)参与数学挑战与在线讨论。小明积极参与 APP 内的数学挑战活动和在线讨论区。通过与其他同学的交流和比较,他逐渐发现了自己在数学学习中的不足之处并制订了具有针对性的学习计划。这种互动式学习方式不仅激发了他的学习兴趣还拓宽了解题思路。

(3)定期复习与巩固知识点。小明会根据 APP 的学习记录和智能推荐功能来制订复习计划并按时执行,他会对之前学过的知识点进行定期回顾和巩固以确保自己能够熟练掌握并运用自如。

(4)寻求帮助与反馈。当遇到难以解决的问题时,小明会主动在 APP 内寻求帮助并向老师或同学请教,及时获取反馈和指导以便更好地调整自己的学习方法和策略。

3. 取得的进步与成果展示

经过一段时间的使用和反思,小明的数学成绩得到了显著提高,具体表现在以下几个方面:

(1)解题能力得到提高。通过不断练习和巩固,小明在解决数学问题上的能力得到了明显提升,他能够更快速地找到问题的关键并给出正确的解答方案。

(2) 自信心提高。随着成绩的进步和解题能力的提升,小明对数学学习的自信心也逐渐增强,他更愿意主动挑战更高难度的题目,并尝试不同的解题方法。

(3) 学习习惯改善。使用数学反思 APP 让小明养成了良好的学习习惯,如定期复习、记录错题等,这些习惯对他的其他学科学习也产生了积极影响。

四、虚拟现实(VR)技术在数学反思中的应用

虚拟现实(VR)技术为学生提供了一个沉浸式的数学学习环境,有助于他们在模拟的真实场景中进行数学实验和反思。

(一) VR 技术营造沉浸式学习环境

1. VR 技术激发学生的学习兴趣

虚拟现实(VR)技术的引入,为数学教学注入了全新的活力。传统的数学学习往往局限于纸笔计算和理论推导,而 VR 技术则为学生提供了一个沉浸式的数学学习环境,使得数学学习变得生动、有趣且直观。通过 VR 技术,学生可以进入一个由计算机生成的三维数学世界,在这个世界中,抽象的数学概念变得可见可感,这无疑极大地激发了学生的学习兴趣。学生正处于好奇心旺盛、探索欲望强烈的年龄阶段,VR 技术的运用正好满足了他们的这一心理需求,让他们在玩乐中学习,从而使他们更加热爱数学学习。

2. 提供沉浸式学习体验

VR 技术的核心优势在于其能够营造一个完全沉浸式的环境,为学生提供身临其境的学习体验。在 VR 环境中,学生不再是被动地接受知识,而是主动地探索和发现。例如,在学习几何图形时,学生可以通过 VR 头盔进入一个充满各种几何图形的虚拟空间,亲手触摸、操作和变换这些图形。这种沉浸式的学习体验不仅增强了学生的感知和理解，还使得学习过程更加生动有趣。

3. 模拟真实数学应用场景

数学是一门应用广泛的学科，但传统的教学方式往往难以让学生直观地感受到数学在实际生活中的应用。VR技术则能够模拟真实的数学应用场景，让学生在虚拟环境中亲身体验数学的实际应用价值。例如，通过VR技术，学生可以进入一个虚拟的超市，通过购物结算等实际操作来学习和运用加减乘除等基本的算术运算。这种学习方式不仅让学生更加明白数学的重要性和实用性，还能够培养他们的实践操作能力和问题解决能力。

（二）学生通过VR技术进行数学实验与反思

1. 利用VR技术进行数学实验

在传统的数学学习过程中，学生往往只能通过纸笔进行理论推导和计算，而缺乏直观的实验操作。然而，通过VR技术，学生可以进行各种数学实验，从而更加深入地理解和掌握数学知识。例如，在学习几何图形的面积和体积时，学生可以利用VR技术进行图形的拆分、组合和变换等操作，直观地观察图形面积和体积的变化规律。这种实验性的学习方式不仅能够提高学生的空间想象力，还能够培养他们的实践操作能力和创新思维。

2. 实时记录与观察数学现象

在VR环境中进行数学实验时，学生可以实时记录自己的操作过程和观察到的数学现象。这种记录方式不仅方便学生随时回顾和总结自己的学习成果，还能够帮助他们发现实验中的问题和不足。例如，在进行函数图像绘制的实验时，学生可以通过VR技术实时观察函数图像的变化过程，并记录不同参数对图像的影响。这种实时记录和观察的学习方式能够让学生更加深入地理解函数的性质和变化规律。

3. 引导学生进行深入的反思学习

VR技术不仅为学生提供了丰富的数学实验资源，还为他们提供了一个良好的反思学习环境。在实验过程中或实验结束后，学生可以对自己的操作过程和实验结果进行深入的反思和总结。通过反思学习，学生可以更加清晰地认识自己在数学学习中的优点和不足，从而有针对性地改进自己的学习方法。同时，反思学习还能够帮助学生将所学知识进行内化和整合，形成自己的知识体系。例如，在完成一个几何图形的变换实验后，学生可以反思自己在变换过程中遇到的问题和解决的方法，以及变换前后图形性质的变化规律等。这种反思和总结不仅能够加深学生对数学知识的理解，还能够培养他们的逻辑思维能力和问题解决能力。

第十一章 小学生数学反思能力培养的评价体系

第一节 小学生数学反思能力培养评价的原则与方法

在小学数学教育中，培养学生的反思能力至关重要。它不仅能够帮助学生更好地理解数学知识，还能提高他们的解题能力和创新思维能力。为了科学、全面地评价小学生的数学反思能力，我们应当遵循一定的评价原则，并采用恰当的评价方法。

一、评价原则

在评价小学生的数学反思能力时，我们需要遵循以下原则，以确保评价的准确性、公正性和有效性。

（一）科学性原则

在评价小学生的数学反思能力时，科学性原则是评价工作的基石。它要求我们在进行评价时，必须确保评价内容、方法和标准的科学性、准确性和无歧义性，以便真实反映学生的数学反思能力。为了实现科学性原则，我们需要从以下几个方面入手：

1. 制定科学的评价标准

评价标准的制定必须基于数学教育和心理学的研究成果，这样才能确保标准的科学性和合理性。我们应该深入研究数学反思能力的内涵和特点，结合小学生的认知发展特点，制定出符合实际情况的评价标准。这些标准应该具有明确性、可操作性和可测量性，以便于评价者进行准确的评价。

2. 选择符合小学生认知特点的评价方法和手段

评价方法和手段的选择对于评价结果的准确性至关重要。我们应该选择那些符合小学生认知特点和发展规律的评价方法和手段，以确保评价结果能够真实反映学生的数学反思能力。例如，可以采用观察、访谈、问卷调查等方法，从多个角度全面了解学生的反思能力。

3. 定期审查和更新评价标准和方法

数学教育是一个不断发展的领域，新的教学理念和方法层出不穷。为了确保评价的科学性，我们需要定期对评价标准和方法进行审查和更新，以适应数学教育的发展和变化。这样，评价才能始终保持与时俱进，真实反映学生的数学反思能力。

4. 加强评价者的专业培训

评价者的专业素质直接影响评价结果的准确性和科学性。因此，我们需要加强对评价者的专业培训，提高他们的评价能力和水平。通过培训，评价者能够熟练掌握科学的评价方法和手段，准确理解和运用评价标准，从而确保评价结果的科学性和可靠性。

(二) 全面性原则

全面性原则是评价小学生数学反思能力时应遵循的重要原则之一。为了确保评价的全面性，我们需要从多个维度和方面来考查学生的反思能力，以便更准确地了解学生的实际水平和发展潜力。

1. 设计多维度的评价指标

为了全面评价学生的数学反思能力，我们应设计涵盖多个维度的评价指标。这些指标可以包括学生的问题解决能力、思维灵活性、逻辑推理能力、归纳总结能力以及批判性思维等。通过多维度的评价，我们可以更全面地了解学生的反思能力水平，为后续的教学提供有针对性的指导。

2. 关注解题过程和思路

在评价学生的数学反思能力时，我们不仅要关注学生的最终答案是否正确，更要关注他们的解题过程和思路。通过观察学生的解题步骤和思维方式，我们可以更深入地了解学生的反思过程，发现他们在问题解决中的优点和不足。

3. 鼓励学生展示反思过程和结果

为了更全面地了解学生的反思能力，我们应鼓励学生积极展示他们的反思过程和结果。这可以通过课堂讨论、作业展示、小组合作等多种形式实现。通过学生的展示，教师可以更直观地了解他们的思维方式和反思过程，从而更准确地评价他们的反思能力。

4. 综合评价结果，提供个性化指导

在收集了学生的多维度评价指标、解题过程和思路以及反思展示后，教师应进行综合评价，并根据每个学生的具体情况提供个性化的指导。这可以帮助学生更好地认识自己在数学反思能力方面的优势和不足，制订针对性的提升计划。

（三）发展性原则

在发展性原则的指导下，我们强调对小学生数学反思能力的评价应着眼于学生的进步和发展，关注他们在不同阶段的能力变化。为了实现这一原则，我们可以从以下几个方面着手。

1. 建立学生反思能力的成长档案

为了持续跟踪和评估学生的反思能力发展，我们应为每个学生建立成长档案。这些档案应详细记录学生在不同时间点的反思表现，包括他们的解题策略、思维过程以及总结归纳等方面的进步。通过成长档案，教师和学生可以清晰地看到学生在数学反思能力上的成长轨迹。

2. 定期评估与及时反馈

定期对学生的数学反思能力进行评估是必要的，这有助于及时发现学生的进步和需要改进的地方。评估可以通过课堂观察、作业分析、测试等方式进行。在评估后，教师应及时给予学生反馈，肯定他们的进步，并指出需要改进之处。这样，学生可以明确自己的发展方向，并在教师的指导下逐步提升反思能力。

3. 调整评价标准以适应学生发展

随着学生的成长和发展，他们的数学反思能力也会不断提高。因此，我们需要根据学生的发展阶段和特点，适时调整评价标准和方法。这可以确保评价标准始终与学生的实际水平相匹配，从而更准确地反映他们的反思能力。通过不断调整评价标准，我们可以更好地激发学生的发展潜力，促使他们在数学反思能力上不断取得新的突破。

（四）多样性原则

在评价小学生的数学反思能力时，应采用多样性原则对学生进行评价。该原则强调采用多种评价方法和手段，以确保评价的全面性和客观性。为了实现这一原则，我们可以从以下几个方面进行考虑：

1. 结合定性与定量评价

定性评价能够详细描述学生的反思过程和特点，而定量评价则能提供更具体、可比较的数据。因此，将两者结合使用可以更全面地评价学生的数学反思能力。例如，教师可以通过观察学生的课堂表现、作业完成情况等进行定性评价，同时结合测试成绩等定量数据进行综合分析。

2. 采用自评、互评与教师评价相结合的方式

自评能够帮助学生更好地认识自己的优点和不足，互评则可以促进学生之间的学习和交流，而教师评价则能提供更专业、更全面的反馈。通过这三种评价方式的结合，我们可以从多个角度了解学生的反思能力，提高评价的

全面性和客观性。

3. 利用多种评价工具和方法收集信息

除了传统的测试和作业分析外，我们还可以利用观察、访谈、作品分析等多种评价工具和方法来收集学生反思能力的相关信息。例如，教师可以通过对学生的课堂表现进行观察，了解他们的思维活跃度和解题策略；通过与学生进行一对一访谈，深入了解他们的反思过程和思考方式；通过分析学生的数学作品，如数学日记、解题报告等，评估他们的总结归纳能力和问题解决能力。这些多样化的评价方法可以更全面地反映学生的数学反思能力。

4. 鼓励创新和个性化的评价方式

在遵循多样性原则的同时，我们还应鼓励创新和个性化的评价方式。每个学生都有自己独特的思维方式和反思习惯，因而评价方法也应因人而异。教师可以根据学生的实际情况和特点，设计个性化的评价任务和活动，以便更准确地评估他们的数学反思能力。例如，教师可以为不同学生设计不同难度的数学问题，通过观察他们解决问题的过程和结果来评价他们的反思能力。这种个性化的评价方式能够更真实地反映学生的能力水平和发展潜力。

二、评价方法

为了科学、全面地评价小学生的数学反思能力，我们需要采用恰当的评价方法。以下是几种推荐的评价方法：

（一）自评与互评相结合

1. 自评的重要性与实施方法

自评是学生对自己数学反思能力的自主评价，它不仅是一个自我认知的过程，也是一个自我提升的机会。通过自评，学生可以对自己的思维过程、解题策略以及总结归纳能力进行深入剖析，明确自己在数学反思中的优点与不足。

在实施自评时，教师应提供明确的自评指导。首先，教师可以设计一份自评表，列出数学反思能力的关键指标，如问题解析能力、策略选择能力、验证答案的能力等。学生根据这些指标，结合自己的实际情况进行打分和评论。其次，教师应鼓励学生在自评中提供具体的案例或经历，以便更真实地反映自己的反思水平。最后，自评结果应作为改进学习的依据，而不仅仅是评价的终点。

2. 互评的价值与实践方式

互评是同学之间对数学反思能力的相互评价，它能够帮助学生从他人的视角审视自己的反思能力，发现可能被自己忽视的问题。互评还能促进学生之间的交流与合作，共同提升数学反思能力。

在互评环节，教师应确保评价的公正性和客观性。首先，教师可以制订详细的互评标准，让学生明确评价的依据。其次，鼓励学生提供建设性的反馈，而不仅仅是简单的批评或赞扬。此外，互评的结果可以作为教师了解学生反思能力的重要参考，但不应作为最终评价的唯一依据。

3. 自评与互评的结合运用

自评和互评并不是孤立的，而是应该相互结合，共同促进学生的数学反思能力提升。教师可以定期组织学生进行自评和互评活动，让学生在自我评价的基础上，听取同学的意见和建议，从而更全面地认识自己的反思能力。同时，教师也可以根据自评和互评的结果，为学生提供个性化的指导和帮助。

（二）定性与定量评价相结合

1. 定性评价的深入剖析

定性评价侧重于描述学生的具体表现和特征，它关注学生的解题思路、策略选择以及总结归纳的方式等。通过定性评价，教师可以深入了解学生的数学反思过程，发现其中的优点和需要改进的地方。

在实施定性评价时，教师可以通过观察、访谈、作品分析等多种方式收集信息。例如，观察学生在课堂上的表现，了解他们解题时的思维过程；与学生进行一对一访谈，探究他们的反思策略和方法；分析学生的数学作业或测试卷，评估他们的总结归纳能力。这些信息可以为教师更全面的评价学生提供依据。

2. 定量评价的客观量化

定量评价是通过具体的数值或等级来量化学生的反思能力的，它能够使评价结果更为直观和客观。教师可以根据学生的反思成果给出具体的分数或等级，从而更准确地衡量学生的反思水平。

在进行定量评价时，教师需要制订明确的评分标准，并确保评分的公正性和一致性。同时，定量评价的结果可以用于比较不同学生在反思能力上的差异，以及同一学生在不同时间点的反思能力的变化。这些数据可以为教师提供有针对性的教学建议和改进措施。

3. 定性与定量评价的融合应用

定性与定量评价并不是相互排斥的，而是可以相互补充的。教师可以结合使用这两种评价方式，以提供更全面、准确的数学反思能力评价。例如，教师在给出定量评分的同时，提供定性的反馈和建议，帮助学生了解自己的优势和不足。此外，教师还可以利用定性与定量评价的结果来制订个性化的教学计划，以满足不同学生的需求。

（三）过程评价与结果评价相结合

1. 过程评价的关注点与实施

过程评价主要关注学生的反思过程和方法，以及他们在这一过程中的表现。通过过程评价，教师可以了解学生的解题思路、策略运用以及在问题解决过程中的调整与优化。

在实施过程评价时，教师需要密切关注学生的反思行为。例如，观察学生在面对数学问题时是如何分析、尝试和修正的；记录学生在解题过程中的关键步骤和决策点；评估学生在遇到困难时策略调整的正确性。这些信息有助于教师更深入地了解学生的反思能力和学习风格。

2. 结果评价的重点与意义

结果评价主要关注学生的反思成果和质量。它检验了学生的反思效果和应用能力，是教师评估学生数学反思能力的重要依据。

在进行结果评价时，教师应关注学生的最终答案是否正确、解题步骤是否完整、总结归纳是否到位等。同时，教师还应关注学生的创新思维和问题解决能力在结果中的体现。通过结果评价，教师可以为学生的后续学习提供有针对性的指导和建议。

3. 过程与结果评价的相互补充

过程评价和结果评价各有侧重，但都是评价学生数学反思能力的重要组成部分。教师应将两者相结合，以提供更全面的评价。例如，在评价学生的数学作业时，教师既要关注学生的解题过程和策略运用（过程评价），也要关注学生的最终答案和解题质量（结果评价）。通过综合分析过程和结果两方面的信息，教师可以更准确地评估学生的数学反思能力，并为他们提供有效的反馈和指导。

第二节　小学生数学反思能力培养评价的指标体系

在培养小学生数学反思能力的过程中，构建一个科学、合理的评价指标体系至关重要。这一体系不仅有助于教师系统地评估学生的反思能力，还能为学生提供有针对性的指导和建议。

一、反思意识与态度

反思意识与态度是培养小学生反思能力的基石，它反映了学生对反思的认识、接受度和主动性。

（一）学生是否具有主动反思的意识和习惯

1. 主动反思的意识

主动反思的意识是指学生在学习过程中或学习完成后，能够自发地对学习过程、方法、结果进行审视和思考。这种意识的形成，对于提高学生的自主学习能力、优化学习方法、提升学习效果具有重要意义。为了培养学生的主动反思意识，教师需要从多个方面入手。

教师可以在教学过程中穿插反思环节，引导学生在完成学习任务后进行简短的回顾和总结。例如，在解决一个数学问题后，教师可以提问："你是如何解决这个问题的？""在解题过程中遇到了哪些困难，你是如何克服的？"可以通过这样的问题，引导学生对解题过程进行反思，从而逐渐形成主动反思的习惯。

教师可以通过布置反思日记或学习日志等作业形式，强制学生进行定期反思。在反思日记中，学生可以记录自己的学习进展、遇到的困难、解决问题的方法以及学习心得等。这种方式可以帮助学生形成系统反思的习惯，并逐渐内化为一种自觉的学习行为。

教师可以通过树立榜样、分享优秀反思案例等方式，培养学生的反思意识。当学生看到其他同学通过反思取得了显著的进步时，他们会更加认识到反思的重要性，并主动加入反思的行列。

2. 反思的习惯培养

习惯是行为的自动化，良好的习惯能够使人更高效地完成任务。培养学生的反思习惯，就是让他们在学习过程中自然而然地进行反思活动，从而提高学习效率和质量。

要培养学生的反思习惯，教师需要制订明确的培养目标和计划。教师可以在每节课结束后留出几分钟时间，让学生进行简短的课堂反思。这可以帮助学生及时总结本节课的学习内容和方法，为后续学习打下基础。

教师可以定期组织学生开展小组反思活动。在小组内，学生可以互相交流学习心得和反思成果，共同探讨学习中遇到的问题和解决方法。这种活动形式可以帮助学生拓宽视野、取长补短，形成良好的学习氛围和反思习惯。

此外，教师还可以利用家庭作业和课外辅导等机会，引导学生进行针对性反思。例如，在批改家庭作业时，教师可以针对学生的错误和问题，给出具体的反思建议和指导。这样不仅可以帮助学生纠正错误、巩固知识，还能促进他们形成良好的反思习惯。

3. 反思的实践应用

实践是检验真理的唯一标准，也是培养学生反思意识和习惯的重要途径。教师可以通过设计具有挑战性的学习任务和项目，让学生在实践中体验反思的价值和意义。

例如，教师可以组织学生进行数学建模活动或解决实际问题的小组研究。在这些实践活动中，学生会遇到各种问题和挑战，需要不断地进行反思和调整。通过实践中的反思活动，学生可以更加深刻地认识反思在学习过程中的重要性，并逐渐形成良好的反思意识和习惯。

(二) 学生对待反思的积极态度和兴趣

1. 积极态度的重要性

积极的反思态度是指学生对待反思活动所持有的正面、主动的心理倾向。具有积极态度的学生更愿意主动地进行反思活动，从而发现自身存在的问题并采取有效措施进行改进。这种态度对于提高学生的自主学习能力和持续发展具有重要意义。

为了培养学生的积极反思态度，教师需要关注学生的情感体验和学习动机。教师可以通过正面的评价和激励来增强学生的自信心。当学生在反思过程中取得进步或发现新的学习方法时，教师应及时给予肯定和鼓励。

教师可以引导学生认识反思的价值和意义，通过分享成功的反思案例或讨论反思带来的好处等方式来激发学生的学习动机和热情。当学生意识到反思可以帮助他们更好地掌握知识和提高学习效率时，他们自然会形成积极的反思态度。

2. 兴趣的培养与激发

兴趣是最好的老师，培养学生对反思的兴趣是激发他们持续进行反思活动的关键。教师可以通过多种方式来激发学生的学习兴趣和热情。

教师可以利用多样化的教学手段和资源来吸引学生的注意力。例如，教师使用多媒体课件、实物模型等辅助教学工具来展示反思过程和成果，从而让学生更加直观地感受反思的乐趣和实用性。

教师可以设计具有趣味性和挑战性的反思任务来激发学生的学习动力。例如，组织反思竞赛或设置奖励机制来激励学生积极参与反思活动并争取优异成绩。

教师可以通过开展丰富多彩的课外活动来拓宽学生的视野和激发他们的学习兴趣。例如，组织数学俱乐部或研究小组等社团活动让学生有更多的机会进行实践探索和反思交流，从而培养他们的学习兴趣和爱好。

3. 反思兴趣的维护与提升

培养学生对反思的兴趣并非一蹴而就，而是需要长期维护和提升。教师可以通过定期评估和调整教学策略以确保学生对反思活动的持续兴趣。

教师可以定期收集学生的反馈意见，并针对性地改进教学方法和内容，以满足学生的学习需求和兴趣偏好。教师可以与其他教师或教育专家进行交流与合作，共同探讨如何更好地激发学生的学习兴趣和热情。此外，教师还可以鼓励学生将反思成果应用于实际生活中去解决实际问题，从而让他们更加深刻地感受反思的实用性和价值所在。通过这种方式，学生可以更加主动地参与反思活动，并不断提升自己的学习能力和综合素质。

二、反思内容与深度

反思内容与深度体现了学生反思的广度和深度，是评价学生反思能力的重要指标。

(一) 学生全面、深入地反思自己的学习过程

1. 全面反思学习过程的必要性

全面反思学习过程对于学生来说至关重要，因为它能帮助学生从多个角度审视自己的学习，从而更全面地了解自己的优势和不足。通过全面反思，学生不仅可以关注学习结果，更能深入分析学习过程、方法、策略等，这对于提升学生的自主学习能力和学习效果具有积极意义。

为了引导学生进行全面反思，教师可以鼓励他们回顾自己的学习路径，包括学习计划、时间安排、资源利用等各个方面。同时，教师还可以指导学生分析在不同学习阶段遇到的问题和解决方法，从而帮助他们更全面地认识自己的学习过程。

2. 深入反思以触及问题本质

深入反思是学生学习过程中不可或缺的一环，它要求学生能够挖掘出错误或困难的根源，而不是仅仅停留在表面现象上。通过深入反思，学生可以更加清晰地认识自己的学习短板，并找到有效的解决方案。

为了帮助学生进行深入反思，教师可以引导他们从多个层面分析问题，如知识掌握程度、解题策略、学习态度等。同时，教师还可以鼓励学生提出自己的见解和疑问，通过讨论和交流，激发他们的思维火花，促使他们更深入地思考问题。

3. 教师引导与学生自主反思相结合

在引导学生进行全面、深入反思的过程中，教师需要充分发挥自己的引导作用。教师可以通过提供具体的反思问题和框架，帮助学生明确反思的方向和目标。同时，教师还应鼓励学生发挥自主性，让他们根据自己的学习情况和需求进行有针对性的反思。

此外，教师还可以定期组织学生进行反思分享和交流活动，让他们在互相学习和借鉴中不断提升自己的反思能力。通过这种方式，学生可以更加全面、深入地反思自己的学习过程，为今后的学习打下坚实的基础。

(二) 学生反思的内容具有针对性和实效性

1. 针对性反思的关键性

针对性反思是指学生能够根据自己的学习情况和目标，聚焦关键问题进行反思。这种反思方式能够帮助学生更加明确自己的学习重点和难点，从而更加高效地利用时间和精力进行提升。

为了引导学生进行针对性反思，教师需要帮助学生明确学习目标，指导他们围绕目标进行有针对性学习和反思。例如，教师可以根据学生的实际情况，为他们制订个性化的学习计划，并引导他们在学习过程中不断对照计划进行反思和调整。

2. 实效性反思的实践性

实效性反思要求学生通过反思能够找到切实可行的改进方案，并将这些方案付诸实践。这种反思方式不仅有助于学生解决当前学习中存在的问题，还能培养他们的实践能力和创新精神。

为了提高学生的反思实效性，教师可以鼓励他们将反思成果转化为具体的行动计划。例如，教师可以引导学生根据自己的反思结果制订改进计划，明确改进目标和措施，并在后续的学习过程中不断跟进和调整。通过这种方式，学生可以更加有效地解决学习中存在的问题，提升自己的学习效果。

3. 教师支持与学生自主性的平衡

在引导学生进行针对性和实效性反思的过程中，教师需要给予学生足够的支持和引导。教师可以通过提供具体的反思方法和案例来帮助学生更好地进行反思实践。同时，教师还应尊重学生的自主性，鼓励他们根据自己的实际情况和需求进行个性化的反思和实践。

为了平衡教师支持和学生自主性之间关系，教师可以采用引导—自主—反馈的教学模式。在这种模式下，教师首先为学生提供必要的引导和支持，然后鼓励学生自主进行反思和实践，最后及时给予学生反馈和建议，以便他们更好地调整和改进自己的学习方法和策略。通过这种方式，教师可以有效地引导学生进行针对性和实效性的反思实践，并帮助他们不断提升自己的学习能力和综合素质。

三、反思方法与技能

反思方法与技能是评价学生反思能力的重要方面，它反映了学生运用反思方法的熟练程度和思维品质。

（一）学生掌握和运用反思方法的熟练程度

1. 熟练掌握反思方法的重要性

熟练掌握反思方法对学生来说至关重要，因为它不仅关乎学生的学习效率，更影响着他们的自主学习能力与创新思维的发展。当学生能够熟练运用各种反思方法时，他们就能更加主动地监控和调整自己的学习过程，从而提高学习效果。

为了帮助学生熟练掌握反思方法，教师需要在教学过程中进行有针对性的指导和训练。教师可以通过讲解、演示、实践等多种方式，使学生深入理解反思方法的原理和操作步骤，进而能够在日常学习中自如运用。

2. 灵活运用反思方法的实践意义

灵活运用反思方法是指学生能够根据具体的学习情境和问题，选择合适的反思方法进行自我监控和调整。这种灵活性不仅体现了学生对反思方法理解的深度，也展示了他们在实际学习中的应变能力。

例如，在面对一道复杂的数学题目时，学生可以先用自我提问的方法梳理题目中的关键信息，再用总结归纳的方法提炼出解题步骤，最后用对比分析的方法验证答案的正确性。这样的反思过程既能帮助学生理清思路，又能提高他们的解题效率。

为了培养学生灵活运用反思方法的能力，教师可以设计多样化的学习任务和场景，让学生在实践中不断尝试和调整。同时，教师还应鼓励学生分享自己的反思经验和策略，以便他们相互学习和借鉴。

3. 教师如何帮助学生掌握和运用反思方法

教师在帮助学生掌握和运用反思方法方面发挥着关键作用。

首先，教师可以通过示范教学的方式，向学生展示如何使用不同的反思方法来解决问题。这样的示范不仅能让学生直观地了解反思方法的应用过程，还能激发他们的学习兴趣。

其次，教师可以通过实践练习的方式，让学生在亲身体验中掌握反思方法。例如，教师可以布置一些具有挑战性的数学任务，要求学生在完成任务的过程中运用所学的反思方法进行自我监控和调整。这样的练习能够帮助学生更加深入地理解和运用反思方法。

最后，教师应及时给予学生反馈和指导。当学生在运用反思方法时遇到困难或问题，教师应及时给予解答和引导，帮助他们克服困难、提升能力。同时，教师还应关注学生在反思过程中的情感变化和心理状态，给予他们必要的支持和鼓励。

（二）学生在反思过程中展现的思维品质和技能

1. 批判性思维在反思中的体现

批判性思维是学生在反思过程中需要展现的重要思维品质之一。它要求学生能够独立思考、不盲从权威，对信息和观点进行客观分析和评价。在反思过程中，学生需要运用批判性思维来审视自己的学习过程和成果，发现其中的问题和不足，并提出改进方案。

为了培养学生的批判性思维，教师可以鼓励学生对所学的知识和观点提出疑问和探讨。同时，教师还可以引导学生参与课堂讨论和辩论活动，让他们在交流和争辩中锻炼批判性思维。

2. 创新性思维在反思中的发挥

创新性思维是学生在反思过程中需要展现的另一种重要思维品质。它要求学生能够打破传统思维模式，提出新颖、独特的观点和解决方案。在反思过程中，学生需要运用创新性思维来寻找新的学习方法和策略，以提高学习效率和质量。

为了培养学生的创新性思维，教师可以为学生提供宽松、自由的学习环境，鼓励他们勇于尝试和创新。同时，教师还可以引导学生参与一些创造性活动，如数学建模、科技创新活动等，让他们在实践中培养创新性思维。

3. 逻辑推理能力在反思中的运用

逻辑推理能力是学生在反思过程中需要展现的重要技能之一。它要求学生能够根据已知信息和规则进行推理和判断，得出合理的结论。在反思过程中，学生需要运用逻辑推理能力来分析自己的学习过程和成果，发现其中的逻辑漏洞和问题，并提出解决方案。

为了培养学生的逻辑推理能力，教师可以引导学生进行一些逻辑推理题目的练习和训练。同时，教师还可以鼓励学生在日常生活中多运用逻辑推理来解决问题和分析事物之间的联系。通过这些练习和实践，学生可以逐渐提高自己的逻辑推理能力，并在反思过程中更好地运用这一技能。

四、反思效果与应用

反思效果与应用是评价学生反思能力的最终目的，它体现了学生反思的实际成果和影响力。

（一）学生的反思成果是否对后续学习产生积极影响

1. 反思成果指导后续学习的重要性

学生的反思成果，如果能够对后续学习产生积极影响，那么这种反思就是富有成效的。反思不仅仅是对过去学习的回顾和总结，更是为了从中汲取经验，为未来的学习铺平道路。学生通过反思，可以明确自己在哪些方面存在不足，进而在后续学习中加以改进。

例如，当学生在解决某一类数学问题时遇到困难，通过反思，他可能会发现自己对某一概念或方法的理解不够深入。在后续学习中，学生就可以针对这一问题进行重点复习和实践，从而避免在同类问题上再次犯错。

2. 如何评估反思成果对后续学习的影响

要评估学生的反思成果是否对后续学习产生了积极影响，教师就需要关注学生的后续学习表现是否得到了改善。这包括观察学生在课堂上参与讨论的积极性、作业完成的质量、测试成绩的变化等方面。通过这些具体的学习表现，教师可以较为准确地判断学生的反思是否真正落到了实处。

此外，教师还可以鼓励学生将反思成果转化为具体的学习计划或目标。这样不仅可以帮助学生更加明确自己的学习方向，也有助于教师更好地了解学生的反思效果。当学生能够根据自己的反思结果制订出切实可行的学习计划，并在后续学习中付诸实践时，这就说明他们的反思成果已经对后续学习产生了积极影响。

3. 如何促进学生反思成果对后续学习的积极影响

为了促进学生反思成果对后续学习的积极影响，教师需要采取一系列措施。首先，教师要引导学生养成定期反思的习惯，让他们在学习过程中不断回顾和总结。其次，教师要为学生提供必要的指导和支持，帮助他们明确反思的方向和目标，确保反思的针对性和实效性。最后，教师还要及时给予学生反馈和鼓励，激发他们的学习动力和培养自信心。

（二）学生能否将反思成果应用于实际问题解决中

1. 运用反思成果解决实际问题的重要性

学生将反思成果应用于实际问题解决中，是检验他们反思能力的重要标准。如果学生能够运用所学的知识和通过反思获得的经验解决实际问题，那么这种反思就是具有实际价值的。这不仅可以帮助学生巩固和深化对知识的理解，还能培养他们的实践能力和创新精神。

在数学学习中，学生经常会遇到各种实际问题，如测量、统计、优化等。通过运用反思成果，学生可以更加灵活地运用所学的数学知识和方法解决实际问题，从而提高他们的解题能力和思维水平。

2. 如何评估学生运用反思成果解决实际问题的能力

要评估学生运用反思成果解决实际问题的能力，教师可以通过设计具有实际应用价值的数学问题或项目来进行检验。这些问题或项目应该与学生的实际生活密切相关，且能够激发他们的学习兴趣和探索欲望。

例如，教师可以设计一个关于城市规划的问题，让学生运用所学的几何知识和通过反思获得的解题策略来优化城市规划方案。通过观察和评估学生在解决实际问题过程中的表现，教师可以较为准确地判断他们运用反思成果的能力。

3. 如何培养学生运用反思成果解决实际问题的能力

为了培养学生运用反思成果解决实际问题的能力，教师需要采取多种措施。首先，教师要引导学生关注生活中的数学问题，让他们意识到数学与实际生活的紧密联系。其次，教师要为学生提供充足的实践机会，让他们在解决实际问题的过程中不断尝试和运用反思成果。最后，教师还要注重培养学生的创新意识和团队协作精神，激发他们的学习潜力和创造力。

同时，教师还可以通过开展数学建模、数学实验等活动，帮助学生更好地理解数学知识的实际应用价值，并培养他们的实践能力和解决问题的能力。通过这些活动，学生可以更加深入地了解数学与实际生活的联系，提高他们的数学素养和综合素质。

第三节　小学生数学反思能力培养评价结果的反馈与应用

小学生数学反思能力培养评价结果对于提升学生的数学能力和教师的教学质量都至关重要。通过科学、全面的评价，我们能够更清晰地了解学生的优点和不足，进而为他们提供更有针对性的指导和帮助。

一、评价结果的反馈

及时、有效的反馈是评价结果发挥作用的关键。通过反馈,学生可以明确自己的数学反思能力水平,了解自己的优点和不足,从而调整学习策略,提升学习效果。

(一)及时向学生反馈评价结果

1. 反馈的及时性与重要性

在学生学习数学的过程中,对其反思能力的评价是至关重要的一环。而评价的结果,若不能及时、有效地反馈给学生,那么评价本身就失去了其应有的意义。及时的反馈能够让学生迅速了解自己的学习状况,明确自己在数学反思能力上的优点和不足。这种即时的认知可以帮助学生及时调整学习策略,修正错误,从而更快地提升学习效果。

反馈的重要性还体现在它对学生学习动力的影响上。学生在得知自己的表现后,会对自己的学习成果有一个更为客观的认识。对于表现优异的学生,及时的正面反馈可以增强他们的自信心;对于表现不佳的学生,反馈可以作为一个警钟,提醒他们需要更加努力地学习。

因此,教师在评价结束后,应尽快整理评价结果,并通过适当的方式及时地反馈给学生。这不仅是评价过程的一个必要环节,也是确保评价结果能够真正发挥作用的关键。

2. 反馈内容的明确性与针对性

反馈给学生时,内容必须明确、具体,不能含糊其词。教师应明确指出学生在数学反思能力方面的优点和不足,让学生对自己的表现有一个清晰、全面的认识。这种明确的反馈可以帮助学生准确地定位自己的问题所在,从而进行有针对性的改进。

同时,反馈内容还应具有针对性。每个学生的情况是不同的,因而反馈不能千篇一律。教师应根据学生的具体情况,给出个性化的反馈意见。例如，对于反思能力较强的学生，教师可以提出更高的要求，鼓励他们进一步拓展思维；对于反思能力较弱的学生，教师则应给予更多的指导和鼓励，帮助他们建立信心，逐步提升。

3. 反馈方式的多样性与互动性

为了确保反馈的有效性，教师应采用多种方式进行反馈。书面报告是一种常见的方式，它可以详细地列出学生的表现和评价结果，便于学生仔细阅读和反思。但是，书面报告并不是唯一的方式，面对面交流或线上沟通同样重要。

面对面交流可以让学生直接感受到教师的关心和指导，有助于增强师生之间的信任。线上沟通则更加灵活便捷，师生可以随时随地进行交流和反馈。无论采用哪种方式，教师都应注重与学生的互动，鼓励学生提出自己的疑问和想法。

通过互动，教师可以更好地了解学生的学习需求和困惑，从而给出更加贴切的指导和建议。这种互动式的反馈不仅可以提高学生的学习效果，还有助于构建和谐的师生关系。

(二) 与学生共同制订改进计划

1. 存在的问题

在向学生反馈评价结果后，教师应与学生一起坐下来，深入分析存在的问题。这一步是至关重要的，因为只有明确了问题所在，才能有针对性地制订改进计划。

在分析问题的过程中，教师要引导学生主动思考，让他们自己发现自己的不足。同时，教师也要给出专业的意见和建议，帮助学生更全面地认识问题。这种师生互动的分析方式可以提高学生的自我认知能力和解决问题的能力。

2. 制订明确、具体、可行的改进计划

在分析了存在的问题后，接下来就是要制订改进计划了。这个计划必须是明确、具体、可行的，不能是空洞的口号或遥不可及的目标。

要明确改进的目标是什么。例如，如果学生的数学反思能力较弱，那么目标就可以是提高学生的数学反思能力，使其能够更好地理解和解决数学问题。

计划要具体。例如，可以要求学生每周完成一定数量的数学反思练习，或者定期参加数学讨论会等。这些具体的行动可以帮助学生更好地执行计划。

计划必须是可行的。这意味着计划要考虑到学生的实际情况和能力水平，不能过于苛刻或超出学生的承受范围。一个可行的计划能够让学生保持积极的学习态度并持续努力。

3. 发挥学生的主体作用并定期检查指导

在制订改进计划的过程中，要充分发挥学生的主体作用。教师要鼓励学生积极参与计划的制订和执行过程，让他们感受到自己是学习的主人。同时，教师也要尊重学生的意见和建议，确保计划是符合学生实际需求的。

在执行计划的过程中，教师还要对学生的计划执行情况进行定期检查和指导。这不仅可以监督学生的学习进度和效果，还可以及时发现问题并给予纠正。通过定期的检查和指导，教师可以确保改进计划的有效实施，并帮助学生逐步提升数学反思能力。

二、评价结果的应用

评价结果不仅可以为学生提供个性化的学习指导，还可以为教师的教学改进和学校的教学质量评估提供依据。

（一）教师根据评价结果调整教学策略和方法

1. 深入了解学生的学习特点和需求

教师可以通过对学生数学反思能力的评价结果，更深入地了解每个学生的学习特点和需求。这种了解是制订、个性化教学策略的基础。例如，有的学生可能在逻辑推理方面表现出色，而在空间想象能力上有所欠缺；有的学生可能善于总结归纳，但在创新思维方面还有待提高。通过评价结果，教师可以清晰地看到每个学生的长处和短板，从而为后续的教学提供有力的参考。

2. 调整教学策略以满足不同学生

在了解了学生的学习特点和需求后，教师可以根据评价结果来调整自己的教学策略。对于反思能力较弱的学生，教师可以采用更加直观、形象的教学方式，如使用实物模型、动画演示等，帮助学生更好地理解抽象的数学概念。同时，教师还可以为学生提供更多的反思机会，引导他们在学习过程中不断回顾、总结，逐步提升他们的反思能力。

对于反思能力较强的学生，教师则可以给予更高层次的挑战。例如，教师可以引导他们探究更深层次的数学问题，参与数学竞赛或研究项目，以激发他们的创新思维和解决问题的能力。

3. 优化教学内容和进度

评价结果还可以帮助教师优化教学内容和进度。如果发现学生在某一数学领域或知识点上存在普遍的困难，教师可以适时地调整教学计划，增加该部分的教学时间和练习量。反之，如果学生在某些知识点上表现出较好的掌握情况，教师则可以适当加快教学进度，引入更高难度的内容。

(二) 学校和教育部门根据评价结果评估数学教学质量

1. 评估教师的教学效果

学生的数学反思能力评价结果可以作为评估教师教学效果的重要依据。学校和教育部门可以通过对比不同班级、年级学生的反思能力水平，来评价教师的教学质量。这种评价方式相较于传统的单一考试成绩评价方式更为全面和客观，能够更真实地反映教师的教学水平和学生的学习效果。

2. 推动数学教学水平的提高

根据评价结果，学校和教育部门可以及时发现数学教学中存在的问题和不足，从而有针对性地进行改进和优化。例如，如果发现某一班级学生的反思能力普遍较弱，就可以组织教师进行教学研讨和交流，共同探讨提高数学教学质量的方法和策略。这种以评价结果为驱动的教学改革能够更有效地提升数学教学水平。

3. 制订科学的教学计划和政策

学校和教育部门还可以利用评价结果来制订更科学、更合理的数学教学计划和政策。例如，针对反思能力普遍较弱的学生群体，可以制订专项的数学教学计划，加强基础知识和技能的训练；同时，还可以开设拓展课程或组织数学竞赛等活动，为反思能力较强的学生提供更多的学习机会和挑战。

（三）家长根据评价结果了解孩子的数学反思能力发展状况

1. 深入了解孩子的学习状况

家长通过查看孩子的数学反思能力评价结果，可以更深入地了解孩子的学习状况。这种了解有助于家长发现孩子在学习上的优点和不足，从而给予他们更有针对性的支持和帮助。例如，如果孩子的反思能力较弱，家长就可以与孩子一起制订学习计划，加强相关方面的训练；如果孩子的反思能力较强，家长则可以鼓励他们继续保持并寻求更高层次的挑战。

2. 与孩子共同制订学习计划

根据评价结果，家长可以与孩子共同制订学习计划。这个计划应该包括明确的学习目标、合理的时间安排以及有效的学习方法等。通过制订并执行这个学习计划，家长可以帮助孩子更好地规划自己的学习进程并提升学习效果。同时，这也有助于培养孩子自主学习和自我管理的能力。

3. 与教师进行更有效的沟通

家长利用评价结果还可以与教师进行更有效的沟通。通过了解孩子在学校的表现以及教师的教学计划和期望，家长可以更好地配合教师的教学工作并给予孩子必要的支持和引导。这种家校之间的紧密合作有助于促进孩子的全面发展并提升他们的学习效果。

第十二章 小学生数学反思能力培养的未来发展

第一节 小学生数学反思能力培养的趋势与挑战

随着教育理念的不断更新和教学方法的持续改进,小学生数学反思能力的培养也呈现出新的发展趋势,同时面临着诸多挑战。

一、发展趋势

(一)强调学生主体性与自主学习

1. 学生主体性的凸显

在当今的教育改革中,学生的主体性被越来越多地强调。传统的以教师为中心的教学模式正在逐渐向以学生为中心的教学模式转变。在数学反思能力的培养过程中,学生不再是被动的知识接受者,而是学习过程的积极参与者。他们被鼓励主动思考、自主探索,通过反思来深化对数学知识的理解。

2. 自主学习的重要性

自主学习是与传统接受学习相对应的一种现代化学习方式。在小学生数学反思能力培养中,自主学习被视为一种重要的学习方式。学生需要在教师的引导下,独立地确定学习目标、选择学习方法、监控学习过程,并对学习结果进行自我检查、总结、评价和补救。这种学习方式有助于培养学生的自主学习能力，提高他们的数学反思能力。

（二）注重跨学科融合与实际应用

1. 跨学科融合的意义

在培养小学生数学反思能力的过程中，跨学科融合成为一个显著的趋势。数学不再是孤立的学科，而是与其他学科如科学、艺术、社会研究等紧密相连的学科。通过跨学科的学习活动，学生可以更全面地理解数学知识的应用，提高解决实际问题的能力。同时，跨学科融合还有助于培养学生的综合素养，提升他们的创新思维和批判性思考能力。

2. 实际应用的重视

随着素质教育的推进，小学数学教学越来越注重数学知识的实际应用。在反思能力的培养中，学生被鼓励将数学知识应用于日常生活和实际问题中，通过解决实际问题来加深对数学知识的理解和运用。这种趋势不仅激发了学生的学习兴趣，还有助于培养他们的实践能力和创新精神。

（三）技术融合与创新教学方法

1. 技术融合的优势

随着科技的不断发展，教育技术也在不断进步。在培养小学生数学反思能力的过程中，技术的融合为教学提供了更多的可能性和便利性。例如，利用多媒体技术可以呈现更生动、直观的数学内容，在线教育平台则为学生提供了随时随地学习的机会，人工智能等先进技术还可以根据学生的学习情况提供个性化的学习建议。这些技术的应用不仅丰富了教学手段，还提高了教学效果，丰富了学生的学习体验。

2. 创新教学方法的探索

在传统的教学方法之外，越来越多的教师开始探索创新的教学方法来培养学生的数学反思能力。例如，项目式学习可以让学生通过完成实际项目来深化对数学知识的理解；翻转课堂可以让学生在课前通过自主学习掌握基础知识，在课堂上则专注于解决问题和深化理解；合作学习可以鼓励学生通过小组合作来共同解决问题，培养他们的团队协作能力和沟通技巧。这些创新的教学方法都有助于激发学生的学习兴趣和积极性，提高他们的数学反思能力。

二、面临的挑战

（一）教育资源分配不均与技术鸿沟

1. 教育资源分配不均的现状与影响

教育资源分配不均是教育领域长期存在的问题之一，尤其在培养小学生数学反思能力的过程中表现得尤为突出。一些学校，特别是偏远地区或经济条件较差的学校，可能缺乏必要的教学设备和优质的教学资源。这不仅限制了教师的教学手段，也影响了学生的学习效果和数学反思能力的培养。

具体来说，教育资源的不均衡分配可能导致以下几个问题：一是教学设备不足，使得一些先进的教学方法难以实施。二是教学资源匮乏，限制了学生的学习材料和参考书籍的选择。三是师资力量薄弱，缺乏专业的数学教师，难以提供高质量的数学教学。这些问题共同作用，使得在培养小学生的数学反思能力上遇到重重困难。

为了改善这一状况，我们需要从多个方面入手。首先，政府和教育部门应加大对教育的投入力度，特别是对偏远地区和经济条件较差的学校的支持，通过增加教育经费、提供教学设备和资源等方式，帮助这些学校改善教学条件。其次，学校应积极开展教学资源的共享和合作，通过校际的交流与合作，实现教学资源的优势互补。最后，社会各界也应关注教育资源分配不均的问题，积极参与教育公益事业，为偏远山区和经济条件较差的学校提供更多的教育机会和资源支持。

2. 技术鸿沟对小学生数学反思能力培养的制约

随着技术的不断发展，数字鸿沟问题也逐渐凸显出来。一些学生可能因为家庭经济条件、地域差异等原因无法接触到先进的技术和教育资源，这使得他们在学习过程中处于不利地位。特别是在数学反思能力的培养上，缺乏先进的技术支持会严重影响学生的学习效果和兴趣。

技术鸿沟主要体现在以下几个方面：一是信息技术的接触和使用差距，条件较差的学生可能无法获得与条件较好的学生相同的信息技术资源和机会。二是数字化学习资源的差距，一些学生可能无法获得丰富多样的数字化学习资源来辅助他们学习数学。三是学习方式的差距，一些学生可能习惯于传统的学习方式，缺乏利用技术进行自主学习和创新思维的能力。

为了解决技术鸿沟带来的问题，我们需要采取一系列措施。首先，政府和教育部门应推动信息技术的普及和教育应用，确保所有学生都能享受到技术带来的便利。例如，可以通过建立公共信息服务平台、提供免费或低价的数字化学习资源等方式来缩小技术鸿沟。其次，学校应加强对学生的信息技术教育，培养学生的信息素养和技术应用能力。最后，家长和社会各界也应关注技术鸿沟问题，积极为学生提供必要的技术支持和资源保障。

（二）教师专业发展需求与培训支持

1. 教师专业发展需求的重要性

随着教育理念的不断更新和教学方法的持续改进，教师需要不断学习以适应新的教学要求。特别是在培养小学生数学反思能力方面，教师需要具备专业的数学知识和有效的教学方法。然而，一些教师可能由于种种原因缺乏必要的培训和支持，导致他们的教学水平和专业素养无法得到有效提升。

为了满足教师的专业发展需求，我们应该重视教师的在职教育和培训。政府和教育部门应制定完善的教师培训计划和专业发展项目，为教师提供系统的培训和学习机会。同时，学校也应鼓励和支持教师参加各类专业研讨会、进修课程等活动，拓宽教师的视野和知识面。通过这些措施，我们可以帮助教师提升教学水平和专业素养，更好地培养学生的数学反思能力。

2. 培训支持对教师专业发展的促进作用

培训支持对于教师的专业发展至关重要。通过参加培训活动，教师可以接触到最新的教育理念、教学方法和技术应用等方面的知识，从而提升他们的教学水平和专业素养。同时，培训支持还可以为教师提供一个交流和学习的平台，让他们与同行分享经验、互相学习、共同进步。

为了提供有效的培训支持，我们可以采取多种形式的培训活动。例如，组织定期的教学研讨会和工作坊，邀请专家学者或优秀教师举办讲座和进行指导；开展在线课程和培训项目，方便教师进行远程学习和进修。这些培训活动应该具有针对性和实用性，且能够满足教师的实际需求，并提升他们的教学能力。

(三) 学生个性化需求与差异化教学

1. 学生个性化需求的重要性及其挑战

每个学生都是独一无二的个体，他们有着不同的学习风格、兴趣爱好和学习需求。在培养小学生数学反思能力的过程中，满足学生的个性化需求是至关重要的。然而，如何准确把握每个学生的特点并提供针对性的教学是一个巨大的挑战。

为了满足学生的个性化需求，教师需要深入了解每个学生的实际情况。通过观察学生的学习过程、与学生进行沟通交流等方式，教师可以了解学生的学习风格、兴趣爱好和学习难点等方面的信息。在此基础上，教师可以制订个性化的教学计划和教学策略，为每个学生提供适合他们的学习资源和活动安排。

同时，学校也应提供多样化的教学资源和活动以满足不同学生的需求。例如，学校可以开设拓展课程、兴趣小组等活动，让学生根据自己的兴趣选择参与的项目。这些措施不仅有助于激发学生的学习兴趣和积极性，还能帮助他们在数学反思能力的培养上取得更好的效果。

2. 差异化教学的实施策略与效果

差异化教学是针对学生个性化需求的一种有效教学方法。教师应根据学生的实际情况进行有针对性的教学设计并实施。差异化教学可以满足不同学生的需求并促进他们的共同发展。

在实施差异化教学时，教师可以采用分组教学、合作学习等多样化的教学方式。根据学生的学习水平、兴趣爱好等因素将学生分成不同的小组，并为每个小组提供适合他们的学习资源和活动安排。这种教学方式不仅可以激发学生的学习兴趣和积极性，还能帮助他们在与同伴的合作与交流中提升数学反思能力。

同时，教师还可以利用技术手段如智能推荐系统、在线学习资源等来为学生提供更加个性化的学习支持和服务。这些技术手段可以根据学生的学习情况和需求推荐适合他们的学习资源和活动，从而实现更加精准的差异化教学。

实施差异化教学可以更好地满足学生的个性化需求，提升学生的学习效果和数学反思能力。同时，这种教学方式也有助于培养学生的自主学习和合作学习能力，为他们的未来发展打下坚实的基础。

第二节　未来小学生数学反思能力培养的策略与建议

随着教育改革的不断深入，小学生数学反思能力的培养变得尤为重要。为了更好地适应未来教育的发展趋势，提升小学生的数学反思能力，以下将提出一些策略与建议。

一、策略方向

（一）构建以学生为中心的反思环境

1. 营造积极的课堂氛围

为了培养小学生的数学反思能力，教师需要营造一个积极、开放的课堂氛围。教师应该鼓励学生自由表达自己的观点和想法，允许他们犯错误并从中学习。同时，教师还可以定期组织课堂讨论，让学生分享自己的解题思路和方法，从而激发他们的反思意识。

2. 提供个性化的学习空间

每个学生都有自己独特的学习方式和节奏，因而教师应该为学生提供个性化的学习空间。这包括允许学生选择适合自己的学习资源和工具，以及给予他们足够的时间进行独立思考和反思。通过个性化的学习空间，学生可以更加深入地理解数学知识，提升自己的反思能力。

（二）创新教学方法，激发学生反思兴趣

1. 引入游戏化学习

游戏化学习是一种有效的教学方法，可以激发学生的学习兴趣和积极性。通过设计富有挑战性的数学游戏，教师可以让学生在游戏中进行数学反思，提高他们的思维能力和解决问题的能力。同时，游戏化学习还可以帮助学生更好地理解数学概念，提升他们的学习效果。

2. 采用项目式学习

项目式学习是一种以学生为中心的教学方法，可以帮助学生将数学知识应用于实际情境中。通过参与具有实际意义的数学项目，学生可以亲身体验数学知识的应用过程，从而更加深入地理解数学的本质和意义。在项目式学习中，教师还可以引导学生进行反思，让他们思考如何更好地解决问题和改进方法。

(三) 强化教师的专业发展与技术支持

1. 加强教师培训

为了提升小学生的数学反思能力，教师需要具备相应的专业素养和教学能力。因此，教育部门应该加强对教师的培训，提高他们的教学水平。培训内容可以包括数学反思教学的理论和实践、创新教学方法的应用等方面。通过培训，教师可以更好地引导学生进行数学反思，提升他们的学习效果。

2. 提供技术支持和资源共享

随着科技的发展，教育技术在教学中的应用越来越广泛。为了提升小学生的数学反思能力，教师可以利用技术手段来辅助教学。例如，教师可以利用在线教育平台来发布学习资源、组织在线讨论等。同时，教育部门还可以建立资源共享平台，为教师提供丰富的教学资源和经验分享，促进教师之间的交流和合作。

二、实施建议

(一) 整合信息技术与数学反思教学

1. 利用多媒体辅助教学

在教学中，教师可以利用多媒体技术来辅助教学，如使用PPT、视频等形式展示数学知识。通过生动、形象的展示方式，教师可以帮助学生更好地理解数学概念，激发他们的学习兴趣。同时，教师还可以利用多媒体技术引导学生进行数学反思，如通过动画演示解题思路和方法等。

2. 开展线上学习活动

随着互联网技术的不断发展，线上学习活动已经成为一种趋势。教师可以通过在线教育平台发布学习任务、组织线上讨论等活动来引导学生进行数学反思。线上学习活动可以突破时间和空间的限制，让学生随时随地进行学习和反思。同时，教师还可以利用线上学习活动的数据来分析学生的学习情况，为他们提供更个性化的指导。

(二) 设计具有挑战性和探索性的数学任务

为了提升学生的数学反思能力，教师可以设计一些具有挑战性和探索性的数学任务。这些任务可以激发学生的学习兴趣和好奇心，让他们更加深入地思考数学问题。例如，教师可以设计一些开放性的问题或者让学生自行设计数学问题并求解等。通过这些任务，学生可以锻炼自己的思维能力和解决问题的能力，提升自己的数学反思能力。

(三) 建立多元化的评价体系与激励机制

1. 多元化评价体系

为了全面评估学生的数学反思能力，教师需要建立多元化的评价体系。这个体系应该包括学生的课堂表现、作业完成情况、考试成绩等多个方面。同时，教师还可以引入学生自评、互评等方式来让学生更加深入地了解自己的学习情况并进行反思。通过多元化的评价体系，教师可以更加全面地了解学生的学习状况并为他们提供更个性化的指导。

2. 激励机制的建立

为了激励学生积极进行数学反思，教师可以建立相应的激励机制。例如，教师可以设立奖励制度来表彰在数学反思中表现突出的学生；教师还可以组织一些数学竞赛或者活动来激发学生的竞争意识并提升他们的反思能力。通过这些激励机制，教师可以鼓励学生更加积极地参与数学反思，并提升自己的学习效果。

第三节 小学生数学反思能力培养与数学教育改革的关联

随着时代的变迁，数学教育改革在全球范围内持续深化，其目的在于更好地适应社会的发展需求，提升学生的综合素养。数学反思能力作为数学素养的重要组成部分，其培养与数学教育改革紧密相连。

一、数学教育改革的方向与目标

(一)培养学生的逻辑思维与问题解决能力

1. 逻辑思维的培养在数学教育中的重要性

逻辑思维是数学思维的重要组成部分,它对于学生理解和掌握数学知识,以及解决数学问题具有至关重要的作用。在数学学习中,逻辑思维能够帮助学生理清思路、准确判断、严谨推理,从而达到解决问题的目的。因此,数学教育改革将培养学生的逻辑思维作为重要方向之一。

为了实现这一目标,教师需要在教学过程中有意识地引导学生进行逻辑推理训练。例如,教师可以通过一些逻辑推理题目,让学生逐步学会如何根据已知条件进行推理,得出结论。同时,教师还可以结合数学知识,设计一些具有挑战性的问题,让学生在解决问题的过程中锻炼逻辑思维能力。

2. 问题解决能力的培养策略

问题解决能力是数学教育中的另一个重要目标。这种能力不仅仅局限于解决数学问题,更包括运用数学知识去解决实际生活中遇到的问题。因此,数学教育改革强调通过多样化的教学方法来提升学生的问题解决能力。

教师可以通过情境教学、问题导向教学等创新教学方法,引导学生主动思考和探索。在这些教学方法中,教师需要设计具有现实意义的问题情境,让学生在解决问题的过程中体验数学知识的实际应用。通过这种方式,学生不仅能够加深对数学知识的理解,还能够提升运用数学知识解决实际问题的能力。

教师可以通过开展数学建模等活动,让学生将数学知识与实际问题相结合。数学建模是一种将实际问题抽象成数学问题并进行求解的过程。在这个过程中,学生需要运用逻辑思维和问题解决能力来完成任务。通过参与这样的活动,学生可以在实践中锻炼和提升自己的问题解决能力。

(二) 倡导学生自主学习与合作学习

1. 自主学习的意义与实施策略

自主学习是一种以学生为主体的学习方式，它强调学生的主动性和独立性。在数学教育中倡导自主学习，有助于培养学生的自我规划、自我监控和自我调节能力。这些能力对于学生未来的学习和职业发展都具有重要意义。

为了实施自主学习策略，教师需要在教学过程中给予学生更多的自主权和选择权。例如，教师可以让学生自主选择学习内容、学习方式和学习进度。同时，教师还需要提供必要的学习资源和指导，以帮助学生更好地进行自主学习。此外，教师还可以通过设立明确的学习目标和提供及时的反馈来激励学生积极参与自主学习活动。

2. 合作学习的价值与实施方法

合作学习强调学生之间的互助与合作。在数学教育中倡导合作学习，有助于培养学生的团队协作精神和沟通能力。这些能力对于学生未来的社会生活和职业发展同样具有重要意义。

为了实施合作学习策略，教师需要在教学过程中合理分组并明确小组成员的角色和职责。同时，教师还需要设计具有合作性质的学习任务和活动来促进学生的交流与合作。例如，教师可以让学生以小组为单位进行数学问题的探讨和解决方案的制订与实施等活动。通过这些活动，学生可以学会如何在团队中发挥自己的优势并尊重他人的观点和建议，从而培养良好的团队协作精神。

(三) 强调数学知识的实际应用与创新意识

1. 数学知识的实际应用与教育策略

数学知识的实际应用是数学教育改革的一个重要方向。通过实际应用，学生可以更加直观地理解数学的价值和意义，从而激发他们的学习兴趣和动力，因而教师在教学过程中应该注重将数学知识与现实生活相联系，引导学生发现和解决生活中的数学问题。

为了实现这一目标，教师可以采用项目式学习的方法让学生在实际操作中运用数学知识解决问题。例如，教师可以设计一些与现实生活密切相关的数学问题让学生进行调查、研究和解决，通过这样的实践活动，学生可以更加深入地理解数学知识的实际应用价值，并提高他们的实践能力。

2. 创新意识的培养与教育方法

创新意识是培养学生创造性思维和创新能力的关键，在数学教育中强调创新意识的培养有助于激发学生的创造力和探索精神，为了培养学生的创新意识，教师需要在教学过程中鼓励学生敢于质疑、勇于尝试和不断创新。

教师可以通过开展一些开放性数学问题的探究活动来激发学生的创新思维。例如，教师可以设计一些具有挑战性和探索性的问题让学生尝试用多种方法去解决，并进行比较和优化。同时，教师还可以鼓励学生自主提出问题，并尝试解决，以此来培养他们的创新意识和实践能力。

除此之外，教师还可以利用一些现代化的教学手段，如多媒体技术、网络教学等，来丰富教学内容和形式，为学生提供更多的创新机会和资源。通过这些教学手段的应用，学生可以更加直观地理解数学知识，并激发他们的创新思维和想象力。

二、数学反思能力培养在教育改革中的作用

（一）反思能力作为数学教育的重要目标

1. 反思能力的定义与重要性

数学反思能力是指学生在学习数学的过程中，能够主动对自己的思维活动、解题方法以及学习策略进行回顾、分析和评价的能力。这种能力不仅仅是简单回顾过去，更是对思维过程的深入挖掘与批判性思考。在现代教育中，培养学生的反思能力尤为重要，这是因为它能够帮助学生形成自主学习的习惯，提升学习效果，同时也是培养创新精神和终身学习能力的关键。

数学反思能力作为数学素养的重要组成部分，体现了学生对数学知识的深刻理解和对数学思维方式的熟练掌握。具备反思能力的学生，能够在学习过程中不断调整自己的学习策略，优化解题方法，从而更高效地掌握数学知识，提升数学应用能力。

2. 反思能力与数学思维的发展

数学思维是一种高度抽象和逻辑严密的思维方式，它要求学生能够透过现象看本质，发现数学问题的内在规律和联系。反思能力在数学思维的发展中起着至关重要的作用。通过反思，学生可以对自己的思维过程进行审视和评价，发现其中的不足和错误，进而调整和完善自己的思维方式。

在数学学习中，学生经常会遇到各种复杂的问题和情境，需要他们灵活运用数学知识进行解决。具备反思能力的学生，能够在解决问题后对自己的思维过程进行回顾和分析，总结经验教训，为以后的学习提供借鉴。这种能力不仅有助于学生解决当前的数学问题，更能够为他们未来的学习和工作打下坚实的基础。

3. 反思能力与数学问题解决能力的提升

数学问题解决能力是学生数学素养的重要体现，也是数学教育的重要目标之一。反思能力在提升学生数学问题解决能力方面发挥着关键作用。通过反思，学生可以对自己的解题过程进行深入剖析和评价，发现其中的优点和不足，从而改进自己的解题方法，提高解题效率和准确性。

同时，反思还有助于学生形成正确的解题态度和习惯。在解题过程中，学生往往会遇到各种困难和挑战，需要他们具备坚韧不拔的毅力和积极面对问题的态度。通过反思，学生可以更好地认识自己的解题过程，增强自信心，提高抗压能力，形成积极向上的解题态度。这种态度不仅对学生当前的数学学习有益，更能够为他们未来的发展提供强大的精神支持。

（二）反思教学促进教育方法与手段的创新

1. 反思教学与传统教学的对比

传统的教学方式往往注重知识的灌输和应试技巧的训练，而忽视了学生的主体性和思维能力的培养。相比之下，反思教学更加注重学生的思维发展和能力培养，强调学生在学习过程中的主动性和创造性。

通过反思教学，教师可以引导学生对自己的学习过程进行深入的反思和探索，发现其中的问题和不足，并寻求改进的方法。这种教学方式不仅能够激发学生的学习兴趣，还能够培养他们的创新思维和问题解决能力。

2. 反思教学在教育方法与手段创新中的作用

随着教育改革的不断深入，教育方法和手段的创新成为提高教育质量的关键。反思教学作为一种创新的教学方式，在教育方法与手段的创新中发挥着重要作用。

反思教学促进了教师对教学方法的深入思考和改进。在反思教学中，教师需要关注学生的思维过程和解题方法，引导他们进行深入的反思和探索。这就促使教师不断地思考和改进自己的教学方法，以适应学生的学习需求和思维发展。

反思教学推动了教学手段的多样化发展。为了更好地引导学生进行反思学习，教师需要运用多种教学手段来激发学生的学习兴趣。例如，教师可以利用多媒体技术、网络教学等现代化教学手段来丰富教学内容和形式，为学生提供更多的学习资源和交流平台。

反思教学促进了教育评价体系的改革。传统的教育评价体系往往只注重对学生的知识掌握程度和应试能力的评价，而忽视了对他们的思维能力和创新精神的评价。反思教学的引入，使得教育更加注重对学生思维和能力的培养，推动了教育评价体系的改革和创新。

（三）反思学习提升学生数学素养与综合能力

1. 反思学习与数学思维能力的提升

数学思维是数学学习的核心，它涉及逻辑推理、归纳分类、化归等思维方法的培养。反思学习通过引导学生对自己的思维过程进行回顾和分析，能够帮助他们更加清晰地认识到自己的思维方式和解题策略，从而有针对性地进行改进和优化。

在反思学习的过程中，学生会不断地对自己的思维进行监控和调节，发现其中的不足和错误，并及时进行纠正。这种自我监控和调节的能力是数学思维能力的重要组成部分，也是学生未来学习和发展的关键能力。

2. 反思学习与自主学习能力的培养

自主学习能力是现代学生必备的重要能力之一，它要求学生能够主动地规划自己的学习过程，选择合适的学习策略和方法，并对自己的学习成果进行客观的评价。反思学习是培养学生自主学习能力的重要途径之一。

通过反思学习，学生可以更加清晰地认识到自己的学习需求和目标，从而有针对性地制订学习计划和策略。同时，反思学习还能帮助学生发现自己的学习问题和不足，及时调整学习策略和方法，提高学习效率和质量。这种自主学习能力的培养不仅有助于学生当前的数学学习，更能够为他们未来的学习和职业发展打下坚实的基础。

3. 反思学习与综合能力的提升

综合能力是指学生在面对复杂问题时能够综合运用所学知识进行分析和解决的能力。反思学习在提升学生综合能力方面发挥着重要作用。

反思学习能够帮助学生形成系统化的知识结构。通过反思学习，学生可以对自己的学习过程进行回顾和总结，将所学知识进行归纳和整理，形成清晰的知识脉络和体系。这种系统化的知识结构有助于学生更好地理解和运用所学知识解决实际问题。

反思学习能够培养学生的创新意识和实践能力。在反思学习的过程中，学生会不断地对自己的思维方式和解题策略进行探索和创新，尝试寻找更加高效和简洁的解题方法。这种创新意识和实践能力是学生未来学习和职业发展的重要支撑。

反思学习能够提升学生的沟通能力和团队协作精神。在反思学习的过程中，学生需要与他人进行交流和讨论，分享自己的学习经验和思维成果。这种沟通和交流的过程不仅能够提升学生的沟通能力,还能够培养他们的团队协作精神和集体荣誉感。

三、教育改革对数学反思能力培养的推动

（一）教育政策与标准的引导与支持

1. 明确数学反思能力培养的重要性

教育改革通过制定和实施相关的教育政策,明确地将数学反思能力培养作为数学教育的重要目标之一。这种政策导向使得各级教育部门和教师更加重视对学生反思能力的培养,将其视为提高学生数学思维能力和问题解决能力的关键。

教育政策不仅对数学反思能力培养提出了明确要求,还为其提供了具体的实施指导和支持。例如,政策中包含关于如何设计教学任务、如何引导学生进行反思等具体建议,这些都有助于教师在教学过程中更加有针对性地培养学生的反思能力。

2. 设立评价机制和奖励机制

为了激励教师和学生积极参与数学反思能力的培养,教育改革还设立了相应的评价机制和奖励机制。这些机制旨在评估学生的反思能力水平,并对在反思能力培养方面取得优异成绩的学生和教师给予表彰和奖励。

评价机制包括定期的反思能力测试、课堂表现评估等,通过这些评价,教师可以及时了解学生的反思能力发展情况,并及时调整教学策略和方法。奖励机制可以通过颁发证书、提供奖学金等方式,激励学生取得更好的成绩。

3. 提供支持和保障

教育政策还为数学反思能力培养提供了必要的支持和保障。例如,政策要求学校为数学教师提供必要的教学资源和培训机会,以确保他们具备培养学生反思能力所需的专业知识和技能;规定学校要为学生提供足够的学习时

间和实践机会，以便他们在学习过程中有足够的时间进行反思和总结。

（二）教师专业发展与培训体系的完善

1. 加强数学反思教学的理论与实践培训

教育改革要求通过完善教师专业发展和培训体系，加强对数学教师反思教学理论和实践的培训。这种培训旨在帮助教师深入理解数学反思教学的内涵和要求，掌握有效的教学方法和手段来培养学生的反思能力。

在理论培训方面，教师可以通过学习相关的教学理论和研究成果，了解数学反思教学的最新理念和方法。在实践培训方面，教师可以通过观摩优秀教师的教学案例、参与教学实践活动等方式，提升自己的教学反思能力。

2. 提升教师的专业素养和教学能力

教师是培养学生反思能力的关键因素之一。教育改革致力于通过专业发展和培训体系的完善，提升教师的专业素养和教学能力，使他们更好地承担起培养学生反思能力的重任。

这种培训体系不仅注重理论知识的传授，还强调实践操作能力的提升。教师可以通过参加专业培训课程、参与教学研讨活动等方式，不断提高自己的教学水平和反思能力。同时，教育部门还鼓励教师进行自我学习和提升，并为他们提供必要的学习资源和支持。

3. 掌握培养学生反思能力的方法

通过教师专业发展和培训体系的完善，教师不仅可以提升自己的专业素养和教学能力，还可以掌握更多培养学生反思能力的方法。这些方法包括设计具有挑战性的教学任务、引导学生参与课堂讨论、鼓励学生进行自我评价等。

掌握这些方法有助于教师在教学过程中更加有针对性地培养学生的反思能力，提高他们的数学思维能力和问题解决能力。同时，这些方法还可以帮助教师更好地激发学生的学习兴趣和积极性，提升他们的学习效果和自信心。

(三)教育资源与技术的不断更新与投入

1. 利用信息技术手段创建互动学习环境

教育改革通过利用信息技术手段来创建互动的学习环境,支持学生的数学反思能力培养。例如,教师可以利用在线教育平台、教学软件等工具进行远程授课、实时互动和作业批改等操作,为学生提供更加便捷、高效的学习体验。同时,这些信息技术手段还可以记录学生的学习轨迹和反思过程,为教师提供更加全面、准确的学生学习数据和分析报告。

在这种互动学习环境中,学生可以随时随地进行学习、交流和反思,而教师则可以根据学生的学习情况和反馈及时调整教学策略和方法。这种灵活、个性化的学习方式有助于激发学生的学习兴趣和积极性,提高他们的学习效果和反思能力。

2. 开发多样化的学习资源和学习工具

教育改革致力于开发多样化的学习资源和学习工具来支持学生的数学反思能力培养。这些学习资源和工具可能包括在线课程、教学视频、交互式模拟实验等,它们可以为学生提供更加丰富、生动的学习体验和反思机会。

通过使用这些学习资源和工具,学生可以更加深入地理解数学知识和思维方法,提高自己的数学思维能力和问题解决能力。同时,这些资源和工具还可以帮助学生发现自己的学习问题和不足,并及时调整学习策略和方法,提高学习效率和质量。

第十三章　小学生数学反思能力培养的案例分析

第一节　小学生数学反思能力培养的成功案例分享

一、案例背景介绍

随着教育改革的不断深入，小学生数学反思能力的培养逐渐受到教育界的重视。为了探索有效的培养方法，某市实验小学在数学教学中进行了一系列创新实践，并取得了显著成果。以下是对该校背景、教师背景和学生背景的简要介绍。

（一）学校背景

某市实验小学是一所以素质教育为导向的学校，注重学生的全面发展。学校拥有先进的教育理念和丰富的教学资源，为师生提供了良好的教育环境。近年来，学校在数学教学方面不断探索创新，致力于培养学生的数学思维能力和反思能力。

（二）教师背景

该校的数学教师队伍素质较高，具备丰富的教学经验和先进的教育理念。他们关注学生的学习过程，注重引导学生自主探究和合作学习，培养学生的数学思维能力和解决问题的能力。在反思能力培养方面，教师们积极探索有效的教学方法，为学生提供有针对性的指导。

（三）学生背景

虽然该校学生有着不同的家庭背景和学习基础，但是学生普遍表现出对数学学习的兴趣和热情。在教师的引导下，学生们逐渐形成了自主学习的习惯，善于思考、总结和反思。他们在数学学习中不断提高自己的思维能力和解决问题的能力，为未来的学习和发展奠定了坚实的基础。

二、成功案例描述

（一）案例一：通过数学日记培养反思能力

1. 实施过程

为了培养学生的数学反思能力，某市实验小学的数学教师们尝试了一种新颖的教学方法——数学日记。他们要求学生每天记录自己在数学学习中的所思所感，包括对课堂知识的理解、解题过程中的困惑与收获、对数学学习的态度和情感等。教师则定期批阅学生的数学日记，了解学生的学习情况和心理状态，并给予针对性的指导和鼓励。

在实施过程中，教师们注重引导学生深入反思自己的学习过程和思维方式。他们鼓励学生提问、质疑和探究，培养学生的批判性思维和创新能力。同时，教师们还通过数学日记与学生进行心灵沟通，关注学生的情感需求，帮助他们建立积极的学习态度和自信心。

2. 成效展示

经过一段时间的实践，数学日记在培养学生反思能力方面取得了显著成效。学生们通过记录自己的学习过程和思考，逐渐形成了自我监控、自我调节的学习习惯。学生们能够更加清晰地认识到自己在学习上的进步和不足之处，从而调整学习策略和方法。同时，数学日记还培养了学生的自主学习意识和责任感，激发了他们对数学学习的热情和兴趣。

(二) 案例二：利用小组合作促进反思

1. 小组合作模式介绍

在某市实验小学的数学教学中，小组合作是一种常见的学习方式。教师们将学生分成若干小组，让他们在小组内进行交流、讨论和合作，共同解决数学问题。小组合作不仅能够促进学生的知识建构和思维发展，还能够培养他们的团队协作精神和沟通能力。

在小组合作中，每个学生都有机会发表自己的观点和想法，与他人分享自己的学习经验和解题思路。通过相互交流和讨论，学生们可以发现自己和他人的优点和不足，从而进行深入的反思和改进。

2. 反思活动的组织与开展

为了更好地利用小组合作促进学生的反思能力发展，教师们设计了一系列反思活动。例如，在小组合作解决问题后，教师会组织学生进行小组内的反思和总结，让他们分析解题过程中的成功与失败、策略与方法的选择等。此外，教师们还鼓励学生进行跨小组的交流和分享，让他们在更广泛的范围内进行反思和学习。

这些反思活动不仅提高了学生的数学思维能力和解决问题的能力，还培养了他们的批判性思维和创新能力。学生们在反思过程中逐渐学会了如何调整自己的学习策略和方法、如何优化自己的思维方式和解题技巧等。

(三) 案例三：结合信息技术提升反思效果

1. 信息技术的具体应用

随着信息技术的发展及其在教育领域的广泛应用，某市实验小学的数学教师们也在积极探索将信息技术与数学教学相结合的方法。他们利用多媒体课件、网络教学平台等现代化教学手段辅助教学，为学生提供了更加直观、生动的学习体验。

在信息技术的支持下，教师们可以更加方便地展示数学概念和解题过程，帮助学生更好地理解和掌握数学知识。同时，信息技术还为学生提供了更加丰富的学习资源和自主学习工具，支持他们进行个性化的学习和反思。

2. 反思效果的改善与提升

信息技术的应用为学生的数学反思能力培养带来了显著的提升效果。首先，信息技术使学生的学习过程更加可视化、可追踪和可评估。教师可以通过学生的学习数据和反馈信息及时了解学生的学习情况和问题所在，为他们提供更加具有针对性的指导和帮助。其次，信息技术丰富了学生的学习资源和交互方式，使他们能够更加深入地探索和思考数学问题。最后，信息技术还支持学生进行自主学习和合作学习相结合的学习方式，提高了他们的学习积极性和参与度。

第二节 小学生数学反思能力培养过程中的问题与解决策略

一、遇到的问题与挑战

小学生数学反思能力的培养是数学教育中的重要环节，然而在实际操作过程中，教师往往会面临一系列问题和挑战。

（一）学生参与度不高

1. 学生对反思活动的兴趣不足

在培养小学生数学反思能力时，教师经常面临的一个问题就是学生对反思活动的兴趣不足。这是因为学生没有意识到反思的重要性，或者他们认为反思是一个枯燥、无趣的过程。为了提高学生的参与度，教师需要设计富有吸引力和趣味性的反思活动，让学生在参与的过程中感受到数学的魅力和反思的乐趣。例如，教师可以通过引入游戏化的元素，让学生在轻松愉快的氛围中进行反思，从而激发他们的参与热情。

2. 学生对反思的重要性和意义认识不足

除了兴趣不足外，学生对反思的重要性和意义认识不足也是导致参与度不高的一个重要原因。为了解决这个问题，教师需要向学生明确阐述反思在数学学习中的重要作用，让他们明白通过反思可以更好地理解和掌握数学知识，提高自己的思维能力。同时，教师还可以通过具体的案例和实践来展示反思的效果，从而加深学生对反思重要性的认识。

3. 教学方式过于单一和枯燥

传统的教学方式往往过于单一和枯燥，这也是导致学生参与度不高的一个重要原因。为了改善这种情况，教师需要尝试多样化的教学方式，如小组合作、角色扮演、项目式学习等，以激发学生的学习兴趣和参与度。同时，教师还可以根据学生的年龄和兴趣特点，订制个性化的教学方案，让每个学生都能在反思活动中找到自己的位置和价值。

（二）反思深度不够

1. 学生缺乏深入的思考和探究

在反思过程中，学生往往只停留在问题的表面，没有进行深入的思考和探究。这可能是因为学生缺乏深入思考的习惯，或者他们没有掌握有效的思考方法。为了解决这个问题，教师需要引导学生进行深入的思考和探究，培养他们的深度思维能力。例如，教师可以通过提问、讨论等方式激发学生的思维火花，引导他们逐步深入问题的本质和核心。

2. 教师没有给予足够的引导和启发

除了学生自身的原因外，教师没有给予足够的引导和启发也是导致学生反思深度不够的一个重要原因。在反思活动中，教师需要充分发挥自己的引导作用，通过提问、点拨等方式启发学生进行深入的思考和探究。同时，教师还需要根据学生的实际情况和反馈及时调整自己的教学策略，以确保反思活动的有效性和深度。

(三) 教师指导困难

1. 教师对数学反思能力的理解和认识不够深入

部分教师对数学反思能力的理解和认识可能不够深入，这导致他们在引导学生进行反思时缺乏有效的指导和支持。为了解决这个问题，教师需要加强对数学反思能力的学习和研究，深入理解其内涵和重要性。同时，教师还可以通过参加培训、交流研讨等方式培养自己的专业素养和指导能力。

2. 教师缺乏有效的教学方法和手段

一些教师可能缺乏有效的教学方法和手段来支持学生的反思活动，这使得反思活动的开展变得困难重重。为了改善这种情况，教师需要积极探索和创新教学方法和手段，以适应不同学生的需求和特点。教师可以利用信息技术手段来辅助反思活动的开展，如使用在线学习平台、教育游戏等工具来激发学生的学习兴趣。同时，教师还可以尝试与其他学科进行整合教学，让学生在跨学科的学习中提升反思能力。

3. 加强对教师的专业培训和教学支持

为了解决教师指导困难的问题，教师还需要加强专业培训和获得教学支持。这包括提供系统的培训课程、分享优秀的教学案例和实践经验、建立教师之间的交流和合作机制等。这些措施可以帮助教师更好地理解和掌握数学反思能力的培养方法和策略，提高他们的教学能力和指导水平。同时，教育部门和学校也应该为教师提供必要的资源和支持，以确保他们能够顺利地开展反思教学活动，并取得良好的效果。

二、针对问题的解决策略

为了解决上述问题，提升小学生数学反思能力的培养效果，可以采取以下策略：

(一) 提高学生参与度的策略

1. 设立激励机制

为了提升学生的参与度，教师可以通过设立激励机制来激发学生的参与热情和积极性。具体而言，可以设立奖励制度或开展竞赛活动，鼓励学生积极参与反思活动。例如，可以设立"最佳反思者"奖项，对在反思活动中表现出色的学生进行表彰和奖励；还可以定期组织数学反思能力竞赛，让学生通过竞赛的形式展示自己的反思成果，进一步激发他们的学习积极性。

在设立激励机制时，教师需要注意奖励的公平性和合理性，避免因过度强调竞争而忽略了学生的个体差异和成长需求。同时，教师还要及时给予学生正面的反馈和评价，让他们感受到自己的进步和成就，从而更加积极地投入反思活动。

2. 丰富反思活动的形式

为了使学生更加积极地参与反思活动，教师需要丰富反思活动的形式，让反思变得生动有趣。可以采用多样化的教学方式和方法，如小组合作、角色扮演、游戏等，来吸引学生的注意力。例如，在小组合作中，学生可以互相交流和讨论，共同解决问题；在角色扮演中，学生可以扮演不同的角色，从不同的角度思考问题；在游戏中，学生可以在轻松愉快的氛围中进行反思和学习。

丰富反思活动的形式，不仅可以提高学生的参与度，还可以培养他们的团队合作精神和创新能力。同时，教师还需要根据学生的年龄和兴趣特点来选择合适的活动形式，以确保每个学生都能在活动中找到自己的位置和价值。

(二) 深化反思的策略

1. 设计有层次性的反思任务

为了深化学生的反思，教师需要设计有层次性的反思任务。根据学生的认知水平和思维能力，设计不同难度的反思问题，引导学生逐步深入思考。

例如，对于低年级的学生，可以设计一些简单的反思问题，如"这道题为什么做错了""下次应该怎么做才能避免类似的错误"等；对于高年级的学生，可以设计一些更加复杂的问题，如"这个问题背后隐藏着什么规律""有没有更好的解题方法"等。

通过设计有层次性的反思任务，教师可以帮助学生逐步深入问题的本质和核心，培养他们的深度思维能力。同时，教师还需要根据学生的实际情况和反馈及时调整反思任务的难度和内容，以确保反思活动的有效性和深度。

2. 给予学生适当的启发和引导

除了设计有层次性的反思任务外，教师还需要给予学生适当的启发和引导，帮助他们挖掘问题背后的本质和规律。具体而言，教师可以通过提问、讨论等方式激发学生的思维火花，引导他们逐步深入问题的核心。例如，在解题过程中，教师可以问学生"你觉得这道题考查了什么知识点""还有没有其他解题方法"等问题，以此来引导学生进行反思和探究。

同时，教师还需要注意给予学生足够的思考时间和空间，不要急于给出答案或评价。通过适当的启发和引导，教师可以帮助学生更好地理解和掌握数学知识，提高他们的思维能力。

(三) 教师指导的改进策略

1. 加强对数学教师的专业培训

为了提高教师的指导能力，学校和教育部门需要加强对数学教师的专业培训，通过组织专题讲座、研讨会等活动，提高教师对数学反思能力培养的认识和理解。培训内容可以包括数学反思能力的内涵、重要性、培养方法等方面。同时，还可以邀请有经验的教师进行经验分享和交流，让教师们从实践中学习和借鉴。

专业培训可以帮助教师更好地理解和掌握数学反思能力的培养方法和策略，提高他们的教学能力和指导水平。同时，教师还需要不断更新自己的知识和观念，以适应不断变化的教育环境和学生需求。

2. 提供具体的教学支持和资源

除了专业培训外，学校和教育部门还可以为教师提供具体的教学支持和资源，如为教师提供优秀的教学案例、教学反思工具等，帮助他们更好地开展反思教学活动。这些资源和工具可以包括教学反思表格、学生反思作业样本、教学反思课件等。

提供具体的教学支持和资源可以帮助教师更加高效地开展反思教学活动，提高他们的教学效果和指导能力。同时，教师还需要根据自己的实际情况和需求选择合适的资源和工具，确保反思活动的有效性和针对性。

3. 鼓励教师之间的交流与合作

为了提高教师的指导能力，学校还可以鼓励教师之间多多交流与合作，通过定期组织教师研讨会、教学观摩等活动，促进教师之间的经验分享和交流。同时，还可以建立教师之间的合作机制，共同探讨数学反思能力培养的有效方法和策略。

交流与合作有助于教师们相互学习和借鉴，提高他们的教学水平和指导能力。同时，教师还需要积极参与交流与合作活动，不断拓宽自己的视野和思路，为更好地培养学生的反思能力打下坚实的基础。

第三节 小学生数学反思能力培养成功案例的启示与意义

一、对学生数学学习的启示

（一）反思能力对数学学习的促进作用

反思能力在数学学习中起着至关重要的作用。通过反思，学生可以对自己的学习过程进行监控和评估，及时发现并纠正错误，从而提高学习效率。在小学生数学反思能力培养的成功案例中，我们可以看到，那些具备良好反思能力的学生，往往能够更快地掌握新知识，更准确地理解数学概念，更灵活地运用数学方法。这不仅有助于提高学生的数学成绩，还能培养他们的逻辑思维能力和创新能力。

此外，反思还能帮助学生建立自主学习的习惯。通过不断地反思自己的学习过程和成果，学生可以逐渐明确自己的学习目标和方向，从而更加主动地投入数学学习。这种自主学习的态度和能力，对学生的终身学习和发展都具有重要意义。

（二）学生如何主动培养反思习惯

1. 设立明确的学习目标

在学习数学之前，学生应该为自己设立明确的学习目标，以便在学习过程中有所依据和方向。这有助于学生在反思时更加明确自己的学习进度和成果。

2. 记录学习过程与心得

学生可以在学习过程中记录自己的思考过程、解题方法和遇到的问题。这不仅可以帮助学生回顾和总结自己的学习经历，还能为他们在反思时提供宝贵的素材。

3. 与他人交流分享

学生可以与同学或老师交流自己的学习心得和体会，通过他人的反馈和建议来完善自己的反思。这种互动交流还能帮助学生拓宽视野，发现更多的问题和解决方法。

4. 定期回顾与总结

学生应该定期回顾自己的学习过程和成果，总结自己的进步和不足。这有助于学生及时发现问题并调整学习策略，从而更好地培养他们的反思能力。

二、对教师教学方法的启示

(一) 如何有效结合数学教学与反思能力培养

1. 创设问题情境,激发学生的反思动力

在数学教学中,教师可以通过精心创设问题情境,将数学知识与实际生活相联系,从而激发学生的学习兴趣和探究欲望。问题情境的创设应具有一定的挑战性和启发性,这有助于学生在解决问题的过程中主动思考、积极探索。在问题情境的引导下,教师应鼓励学生提出问题、分析问题,并尝试解决问题。在这一过程中,学生不仅能够掌握数学知识,还能在思考和解决问题的过程中培养反思能力。

为了更有效地创设问题情境,教师可以根据学生的年龄特点和认知水平,设计贴近学生生活实际的数学问题。例如,通过购物、旅行等场景,引出与数学相关的概念和计算方法。同时,教师还可以利用多媒体教学资源,如动画、图表等,使问题情境更加生动、形象,从而更好地吸引学生的注意力。

在问题情境的创设中,教师还应注重问题的层次性和开放性。层次性问题能够引导学生逐步深入思考,从简单到复杂,逐步揭示问题的本质。开放性问题有助于培养学生的发散思维和创新能力,使学生在解决问题的过程中能够尝试多种方法,并进行比较和优化。

2. 鼓励自主探究,促进学生的深度反思

自主探究学习是培养学生反思能力的重要途径之一。在数学教学中,教师应鼓励学生进行自主探究学习,让他们在探索过程中不断试错、反思和调整。这种学习方式不仅能够帮助学生深入理解数学知识,还能培养他们的独立思考和解决问题的能力。

为了促进学生的自主探究学习,教师可以为学生提供一定的学习资源和指导。例如,教师可以为学生提供一些具有挑战性的数学问题或实际应用的案例，让学生尝试独立解决。在解决问题的过程中，教师应鼓励学生进行多次尝试和修正，引导他们分析问题的本质和规律，从而培养他们的反思能力。

同时，教师还可以组织学生进行小组合作学习，让他们在小组内共同探讨数学问题，分享解题方法和经验。在小组合作学习的过程中，学生可以相互启发、互相质疑，从而促进他们的深度反思和合作学习能力的提高。

通过鼓励自主探究学习，教师可以帮助学生建立独立思考和解决问题的能力，培养他们的反思能力，并提高他们的数学素养和综合能力。

3. 提供及时反馈，引导学生正确反思

在数学教学中，及时反馈对于培养学生的反思能力至关重要。教师应该及时给予学生反馈和建议，帮助他们发现自己的优点和不足，从而促使他们更好地进行反思和改进。

为了提供有效的及时反馈，教师需要关注学生的学习过程和成果，及时评价他们的表现。在评价过程中，教师应注重学生的进步和闪光点，并给予他们积极的肯定和鼓励。同时，教师还应针对学生的不足之处提出具体的改进建议，引导他们进行正确的反思和调整。

除了传统的书面反馈外，教师还可以利用现代教学技术提供即时反馈。例如，利用在线学习平台或教学软件，教师可以实时查看学生的答题情况和进度，及时给予指导和建议。这种即时反馈能够帮助学生及时发现问题，提高他们的学习效果和反思能力。

通过提供及时反馈，教师可以引导学生正确地进行反思，帮助他们发现自己的优点和不足，从而更好地规划学习路径和目标。同时，及时反馈还能够增强学生自信心，促进他们的全面发展。

（二）教师在反思能力培养中的角色与策略

1. 教师作为引导者：提问与讨论的艺术

在数学教学中，教师的角色不仅仅是传授知识，更重要的是引导学生学会学习、学会思考。作为引导者，教师可以通过提问和讨论的方式，帮助学生建立正确的反思意识和习惯。

教师要善于提问，通过有针对性的问题激发学生的思考。这些问题可以是对知识点的深入理解，也可以是对解题方法的探讨，甚至是对数学概念的哲学思考。通过提问，教师可以引导学生逐步进行深入思考，挖掘问题的本质，培养他们的反思能力。

教师要组织有效的课堂讨论。讨论是培养学生反思能力的良好途径，因为它能让学生听到不同的观点，从而拓宽自己的思维。在讨论中，教师要鼓励学生大胆发表自己的看法，引导他们相互质疑、相互启发。同时，教师还要善于捕捉讨论中的亮点和问题，并及时进行点评和引导，使讨论更加深入、有意义。

作为教师，要充分发挥引导者的作用，通过提问和讨论帮助学生建立反思的习惯，提升他们的思维能力。这样，学生不仅能在数学学习中取得更好的成绩，还能在未来的生活和工作中更好地应对各种挑战。

2. 教师作为支持者：提供必要的帮助与鼓励

在培养学生的反思能力过程中，教师还需要扮演支持者的角色，为学生提供必要的帮助和鼓励。当学生遇到困难时，教师应及时给予指导和建议，帮助他们克服障碍，继续前进。

教师要密切关注学生的学习进程，及时发现他们的困惑和问题。这就要求教师具有敏锐的观察力和良好的沟通能力，以及能够准确把握学生的学习状态和需求。当发现学生有困惑时，教师要主动与学生沟通，了解他们的想法和思路，然后给予针对性的指导和帮助。

教师要鼓励学生勇敢面对挑战和失败。在学习过程中，学生难免会遇到挫折和失败，这时他们需要教师的鼓励和支持。教师要告诉学生，失败并不可怕，重要的是从失败中吸取教训，进行反思和改进。同时，教师要肯定学生的努力和进步，让他们在反思过程中保持积极的态度。

作为教师支持者，要时刻关注学生的需求和困惑，为他们提供及时的帮助和鼓励。通过教师的支持，学生可以更加自信地面对学习中的挑战和困难，从而更好地培养反思能力。

3. 教师作为示范者：以身作则展示反思过程

身教重于言教。在培养学生的反思能力时，教师自身的行为和态度起着至关重要的作用。教师作为示范者，应该通过自身的行为来影响和激励学生。

教师要在课堂上展示自己的解题过程和反思经验。当教师在解决数学问题时，不仅要给出正确的答案，还要展示自己的思考过程和解题方法。同时，教师还可以分享自己在解题过程中遇到的困难和挑战，以及是如何通过反思和调整来解决问题的。这样可以让学生了解并模仿正确的反思方法和态度。

教师要勇于承认自己的错误并进行反思。在教学过程中，教师难免会出现一些错误或疏忽。这时，教师应该坦诚地面对自己的错误，并引导学生进行反思和讨论。通过这一过程，学生可以学会如何面对错误、如何从错误中吸取教训并进行改进。

教师作为示范者，要以身作则地展示反思过程和方法。通过教师的示范和引导，学生可以更加直观地了解反思的重要性和方法，从而更好地培养自己的反思能力。同时，教师的示范行为还能够激发学生的学习兴趣，使他们在学习过程中更加积极主动地进行反思和改进。

三、对教育改革的启示

（一）反思能力培养在教育改革中的重要性

1. 反思能力与自主学习

在当今信息爆炸的时代，知识更新速度极快，因而学生需要具备自主学习的能力，以便在未来的学习和工作中不断更新自己的知识体系。反思能力是实现自主学习的关键。通过反思，学生可以对自己的学习过程进行监控和调整，发现学习中的问题并寻求解决方法。这种自我监控和调整的能力，是自主学习不可或缺的组成部分。因此，培养学生的反思能力，有助于培养他们自主学习的习惯，为终身学习打下坚实的基础。

2. 反思能力与学习效率

在学习过程中，学生经常会遇到各种困难和挑战。具备反思能力的学生，能够在遇到问题时停下来思考，分析问题产生的原因和寻找解决问题的方法，而不是盲目地继续学习。这种有针对性的学习方式，可以帮助学生更快地找到问题所在，提高学习效率。同时，通过反思，学生还可以对自己的学习方法和策略进行优化，进一步提高学习效率。因此，反思能力是提高学生学习效率的关键因素。

3. 反思能力与思维视野

培养学生的反思能力，不仅有助于他们解决当前学习中的问题，还能拓宽他们的思维视野。通过反思，学生可以对自己的思维方式和认知模式进行审视和调整，打破思维定势，发现新的思考角度和解决问题的方法。这种开放的思维方式，可以帮助学生更好地适应未来社会的多变环境，使他们成为具有创新精神和实践能力的人才。

(二) 如何通过教育政策推动反思能力的培养

1. 制定与落实相关政策

为了推动学生反思能力的培养，教育部门首先需要制定明确的政策，将反思能力培养纳入教育教学体系。政策应明确指出反思能力培养的目标、要求和实施路径，为学校和教育者提供明确的指导。同时，教育部门还应建立相应的评价体系，将学生反思能力作为重要评价指标，以量化方式评估学生的反思水平，确保培养目标的实现。

在实施过程中，教育部门应加强对学校执行政策的监督和指导，以确保政策得到有效落实。对于执行不力的学校，应采取相应的问责措施，促使其重视并加强对学生反思能力的培养。此外，教育部门还可以定期组织经验交流会、研讨会等活动，为学校和教师提供分享经验、交流学习的平台，共同推动反思能力培养工作的深入开展。

2. 提供全面系统的教师培训

教师是培养学生反思能力的关键因素。因此，教育部门需要为教师提供全面系统的培训来提升他们的专业素养和教育教学能力。培训内容应包括反思能力的内涵、重要性、培养方法及评价策略等方面，使教师全面了解和掌握反思能力培养的相关知识和技能。

在形式上，培训可以采用线上线下相结合的方式，为教师提供灵活多样的学习途径。例如，可以组织专家讲座、工作坊等线下活动，让教师与专家面对面交流学习；也可以利用网络平台提供在线课程、教学视频等学习资源，方便教师进行自主学习和提升。

全面系统的教师培训，不仅可以提升教师的专业素养和教育教学能力，还能激发他们对学生反思能力培养的积极性和创造性。这将为学生反思能力的培养提供有力保障。

3. 加强家校之间的合作与沟通

家庭和学校是学生成长的重要环境，两者之间的紧密合作对学生反思能力的培养至关重要。教育部门应鼓励学校和家长加强合作与沟通，共同关注学生的成长和发展。

学校可以定期开展家长会等活动，与家长面对面交流学生的学习情况、成长进步及存在的问题。同时，利用现代信息技术手段如网络平台等，建立家校即时通信渠道，方便双方随时沟通和反馈。这些措施有助于家长了解学校的教育理念和教学计划，从而更好地配合学校开展反思能力培养工作。

此外，教育部门还可以开展家庭教育指导活动，帮助家长提升教育理念和方法，使他们能够在家庭教育中有效地引导孩子进行反思和学习。家校共育的方式，不仅为学生创造了一个良好的学习环境和氛围，而且促进了他们反思能力的全面发展。

参考文献

[1] 李健，彭倩梅. 小学低段数学情境教学的价值意蕴与实施策略：以"我的1分"教学为例 [J]. 教育科学论坛，2024（10）：42－44.

[2] 夏日扎提·尼牙孜，武小鹏. 从师生话语的显著性行为审视小学课堂对话教学：基于交互序列分析软件（GSEQ）的编码分析 [J]. 教学研究，2024，47（02）：40－47＋92＋2.

[3] 何晓燕. "双减"背景下农村小学数学家庭作业设计的策略探析 [J]. 甘肃教育研究，2024（03）：93－96.

[4] 毛晓雪. 小学数学实施单元整体教学法的策略探析 [J]. 甘肃教育研究，2024（03）：103－105.

[5] 管华. "双减"政策下小学数学作业优化研究 [J]. 甘肃教育研究，2024（03）：109－111.

[6] 肖璐. 深度学习理论下小学数学大单元教学策略探讨 [J]. 甘肃教育研究，2024（03）：140－142.

[7] 陈碧芬，韩紫瑶. 中国、新加坡小学数学课程标准"测量"内容比较研究 [J]. 浙江师范大学学报（自然科学版），2024（03）：353－360.

[8] 马萍，张晓阳. "双减"政策下小学数学课后作业设计研究 [J]. 兵团教育学院学报，2024，34（02）：67－71＋84.

[9] 陈芳. 小学数学单元整体教学的设计与实施 [J]. 亚太教育，2024（05）：30－32.

[10] 王兆春. 中华优秀传统文化融入滇西北地区小学数学教育的现状分析 [J]. 科教导刊, 2024（09）: 141-144.

[11] 彭纯棋, 盛礼萍. 小学数学跨学科项目式学习流程建构与案例设计: 以《我是小小营养师》为例 [J]. 南京晓庄学院学报, 2024, 40（02）: 16-23+123-124.

[12] 卜俊. 大数据赋能小学数学作业精准化的探索: 以"Likids"自适应人工智能教育云平台为例 [J]. 南京晓庄学院学报, 2024, 40（02）: 32-38.

[13] 杨慧娟, 于艺璇, 张雨, 等. 中日韩小学数学教材中度量衡内容难度比较研究 [J]. 南京晓庄学院学报, 2024, 40（02）: 24-31.

[14] 张洵忠. 中小学数学学习方式的衔接路径探索 [J]. 教学与管理, 2024（08）: 54-59.

[15] 罗松, 姜立刚. 小学数学教科书例题编排研究 [J]. 教学与管理, 2024（08）: 68-72.

[16] 于正军. 小学数学运算方法迁移的"现实化"过程 [J]. 教学与管理, 2024（08）: 34-37.

[17] 孙谦, 吴玉国. 从"局部"到"整体"的教学观转变: 小学数学结构化教学促进教师专业成长的路径 [J]. 上海教育科研, 2024（03）: 63-68.

[18] 王伟松. 理解性学习视角下的小学中高年级数学概念教学 [J]. 亚太教育, 2024（06）: 17-19.

[19] 林秀香. 小学高段数学教学中渗透转化思想的实践 [J]. 亚太教育, 2024（06）: 27-30.

[20] 陈彭义. 小学数学与现实生活融合的教学设计 [J]. 亚太教育, 2024（06）: 157-160.

[21] 杨昊安. "双新"视角下小学数学核心素养落实途径 [J]. 亚太教

育，2024（06）：56—58.

[22] 胡军. 基于量感可视化的小学数学教学策略［J］. 亚太教育，2024（06）：186—189.

[23] 林丽娟. 核心素养视野下小学数学教学中学生计算能力的培养策略［J］. 亚太教育，2024（06）：47—49.

[24] 苏雅仙. 以数学素养为导向构建小学数学说理课堂［J］. 亚太教育，2024（06）：154—156.

[25] 谢丽兰. 教学评一致性视域下的小学数学教学实践［J］. 亚太教育，2024（06）：31—33.

[26] 钟汉姿. 小学数学高年级作业优化设计的对策［J］. 亚太教育，2024（06）：170—172.

[27] 赖红艳. "双减"背景下提高小学数学课堂教学效率的策略［J］. 亚太教育，2024（06）：151—153.

[28] 林菲菲. 数形结合教学中小学生自主学习能力的培养［J］. 亚太教育，2024（06）：115—117.

[29] 邓淑艳. "双减"背景下的小学数学课堂教学优化措施［J］. 河南教育（教师教育），2024（03）：36—37.

[30] 杨迎军. 小学数学作业多样化设计与实施［J］. 河南教育（教师教育），2024（03）：57.

[31] 付冠华，邢畅，陈芳. 核心素养导向下小学数学主题式教学课堂实践初探［J］. 河南教育（教师教育），2024（03）：58—59.

[32] 张琴. 小学数学课程中学生核心素养培养的策略探析［J］. 河南教育（教师教育），2024（03）：69—70.

[33] 申英，梁永丁，王胜伟. 民间手工艺在中小学数学课堂教学中的融入［J］. 西部素质教育，2024，10（05）：113—116.

[34] 罗晋，姜佳鑫. "双减"背景下小学数学科普活动探索与实践研

究：以承德市小学为例［J］．科技风，2024（07）：40－42．

　　［35］张传燕．信息化教具在小学数学教学中的整合应用［J］．科技创新与生产力，2024，45（03）：41－43．

　　［36］马天红．小学数学跨学科学习任务群的结构逻辑与实施路径［J］．教育理论与实践，2024，44（08）：51－54．